智能会计人才培养新形态系列教材

财务机器人开发与应用

任道纹　梁颖聪　邓晔莹　主　编

谭敏夫　朱培源　魏佳丹　王意杰　副主编

清华大学出版社

北　京

内容简介

本书紧跟数字化、智能化财务转型趋势，选取某企业智能财务案例，通过金蝶EAS财务实践平台和金蝶智能财务教学平台，让学生体验从智能财务规划到智能财务应用的过程，全面掌握财务机器人开发的基本原理和应用价值。全书共分12章，分章节详细介绍财务机器人的开发与应用，包括财务机器人开发的基本理论、应用案例背景、财务信息化、财务业务处理、记账机器人、对账机器人、报表机器人、收款机器人、付款机器人、应收机器人、应付机器人、报销机器人等。本书可作为高等院校会计学、财务管理、审计学等相关专业的教材，也适合社会财务工作者学习和拓展财务机器人开发与应用相关知识使用。

本书提供丰富的教学资源，包括但不限于教学课件、操作视频、教学计划、教学大纲、习题答案。

图书在版编目(CIP)数据

财务机器人开发与应用 / 任道纹，梁颖聪，邓晔莹

主编. -- 北京：清华大学出版社，2025.7. -- (智能会计人才

培养新形态系列教材). -- ISBN 978-7-302-69606-3

Ⅰ. F275；TP242.3

中国国家版本馆CIP数据核字第2025YH0477号

责任编辑：高 屾
封面设计：周晓亮
版式设计：思创景点
责任校对：成凤进
责任印制：宋 林

出版发行：清华大学出版社

网　　址：https://www.tup.com.cn，https://www.wqxuetang.com

地　　址：北京清华大学学研大厦A座　　　　　　邮　　编：100084

社 总 机：010-83470000　　　　　　　　　　　邮　　购：010-62786544

投稿与读者服务：010-62776969，c-service@tup.tsinghua.edu.cn

质 量 反 馈：010-62772015，zhiliang@tup.tsinghua.edu.cn

印 装 者：三河市人民印务有限公司

经　　销：全国新华书店

开　　本：185mm×260mm　　　印　　张：16.25　　　字　　数：406千字

版　　次：2025年8月第1版　　　印　　次：2025年8月第1次印刷

定　　价：69.00元

产品编号：104160-01

前　言

在当今科技飞速发展的时代，企业运营的各个环节都在经历着深刻的数字化变革，而财务领域作为企业的核心命脉，其变革的深度和广度更是引人注目。党的二十大报告指出："必须坚持科技是第一生产力、人才是第一资源、创新是第一动力，深入实施科教兴国战略、人才强国战略、创新驱动发展战略，开辟发展新领域新赛道，不断塑造发展新动能新优势。"财务机器人作为一种创新的技术应用，正逐渐成为财务行业转型与发展的关键驱动力。目前国内已有多所学校开设数智财会相关专业，制订人才培养计划，力求提升数智财会的教学效果。各高校紧密围绕产业需求，引进企业应用平台，开设数智财会相关课程，让学生全方位实践和掌握数智化时代的新管理思想、数智财会技术，将其培养成数字经济背景下企业所需的复合型创新人才。学校是培养财会人才的主要场所之一，应将培养人工智能应用人才作为专业转型的重点方向，这也是高端数智财会人才培养的突破口。

在此背景下，我们精心编写了这本教材，选取某企业智能财务案例，通过金蝶EAS财务实践平台和金蝶智能财务教学平台，让学生体验从智能财务规划到智能财会应用的过程，全面掌握财务机器人开发的基本原理和应用价值，从而更好地迎接财会智能化时代的挑战与机遇。本教材可作为高等院校会计学、财务管理、审计学等相关专业的教材，也适合社会财务工作者学习和拓展财务机器人开发与应用相关知识使用。

财会工作长期以来一直是企业稳定运营的重要保障，其涵盖了从基础的账务处理到复杂的财务分析、预算编制、风险管理等各个层面。然而，随着数智化时代的到来，传统财务工作模式面临巨大的压力。一方面，数据量呈爆炸式增长。企业每天都要处理海量的财务交易数据，包括销售记录、采购发票、银行对账单等。传统的手工录入和处理方式不仅效率低下，而且极易出现人为错误，这些错误可能会在后续的财务流程中不断累积，引发严重的财务风险。另一方面，企业对财务信息的时效性和准确性要求越来越高。在快速变化的市场环境中，管理层需要利用及时、准确的财务数据来进行决策，而传统财务流程的滞后性往往无法满足这一需求。例如，在财务报表编制过程中，复杂的核算和数据汇总工作可能导致报表生成时间过长，使得管理层无法根据最新信息及时调整战略。此外，财务合规性要求日益严格，各国家和地区的财务法规、税收政策不断更新和细化，企业需要确保财务工作严格遵守这些规定。这对财务人员来说是一项巨大的挑战，他们不仅需要花费大量的时间来研究这些复杂的法规，还要保证日常财务工作的正常进行。财务机器人的出现为解决以上问题提供了一种创新的解决方案。它是将机器人流程自动化(RPA)技术与财务业务深度融合的产物，能够模拟人类在财务软件和系统中的操作，自动完成重复性、规律性的财务任务。

财务机器人在财务工作中的开发与应用具有重要的意义。首先，它极大地提高了财务工作效率。以发票处理为例，财务机器人可以自动识别发票信息，进行数据提取和录入，将原本需要人工数小时甚至数天完成的工作在几分钟内完成，大大缩短了处理周期。其次，财务机器人显著降低了人为错误率。其按照预设的规则和算法运行，可以避免犯下人类因疲劳、疏忽等因素导致的错误，从而提高财务数据的准确性和质量。这对于财务报表的编制和财务分析等对数据质量要求极高的工作来说尤为重要。最后，财务机器人能够实现财务流程的标准化和规范化。它将企业的财务流程以代码的形式固定下来，确保每一次操作都按照相同的标准执行，有利于企业加强内部控制和财务管理，同时也便于满足财务的合规性要求。从战略层面来看，财务机器人的应用使财务人员能够从烦琐的日常工作中解脱出来，将更多的精力投入高层次的财务分析、风险管理和战略决策支持等工作中，从而提升财务部门在企业中的价值。

　　本教材的编写目的是全面掌握财务机器人开发的基本原理和全面系统地进行财务机器人实训，通过案例实训，使学生熟练掌握财务机器人在实际财务工作中的应用方法。

（一）内容架构

　　本教材内容丰富，结构清晰，涵盖了财务机器人从开发基础原理到实际应用的各个方面。

　　在开发的基础原理部分，本教材详细介绍了财务机器人产生的背景、概念、特点和功能，财务机器人给财务工作带来的改变，财务机器人应用的场景，使用财务机器人与传统人工模式的区别，财务机器人对财务工作的影响，财务机器人未来的发展等内容，帮助读者建立对财务机器人全面、基本的认识。

　　在应用场景部分，本教材列举了大量财务机器人在实际财务工作中的应用案例，包括但不限于记账和对账处理、财务报表编制、收款和付款、应收和应付、报销工作等。通过这些案例，读者可以清晰地看到财务机器人如何在不同的财务业务场景中发挥作用，提高财务工作效率和质量。

（二）特色

1. 理论与实践相结合

　　本教材搭建全面且实用的财务知识体系，注重理论与实践的紧密结合，引导学生全面了解财务机器人的应用，突出"财务机器人应用+企业案例仿真实训"的教学形式。每一个知识点都配有丰富的案例和操作演示，使学生能够迅速将其应用到实际场景中。通过实际业务场景的模拟，学生不仅能够从理论上理解财务机器人应用，还有机会进行实际操作。

2. 注意德育培养

　　本教材在培养学生应用新知识、新技术解决财务问题的同时，注重引导学生形成正确的价值观，强化学生终身学习的意识，引导其持续学习财务与技术知识，不断提高专业素养和综合素质。

3. 跨学科融合

　　财务机器人是跨学科融合的产物，涉及财务、计算机科学、自动化等多门学科。本教材将财务知识与计算机技术有机结合，使学生能够在掌握业务逻辑的基础上，运用计算机技术完成财务机器人的应用。除此以外，本教材还介绍了一些跨学科的前沿知识和研究成果，拓宽了学生的视野。

4. 校企共同编写

　　本教材为校企合作产物，金蝶国际软件集团有限公司为本教材的编写提供了软件、教学资料及技术指导。同时，本教材结合企业案例，有效对接当前行业企业一线岗位实际工作任务和需求，有利于任务情境式教学的设计与开展。

5. 资源配套充分

本教材提供详细的操作视频，可扫描书中二维码观看；同时，本教材提供丰富的教学资源，包括但不限于教学课件、教学大纲、教学计划、习题答案，可扫描右侧二维码获取。

教学资源

本教材得到了2021年广东省质量工程项目"数智财会校企联合实验室"、广东省重点建设学科科研能力提升项目(2021ZDJS123、2022ZDJS143)、广州工商学院实验教学示范中心项目(SYJXSFZX202402)、2022年广州工商学院会计学重点学科项目、2023年广州工商学院教材建设项目"财务机器人实训"和MPAcc项目的支持。

本教材由广州工商学院会计学院任道纹、梁颖聪、邓晔莹担任主编，广州工商学院会计学院谭敏夫、朱培源、王意杰及金蝶国际软件集团有限公司魏佳丹经理担任副主编。任道纹提出全书的整体规划，负责全书的审核、定稿，撰写前言和第1章；梁颖聪撰写第2章和第3章；邓晔莹撰写第2章和第3章；朱培源撰写第6章和第7章；谭敏夫撰写第8章和第9章；王意杰制作了各章节教学资源；魏佳丹对各章节内容进行修改与完善。

本教材在编写的过程中参考了已有的相关专著、教材和文献，以及金蝶国际软件集团有限公司的相关资料，在此向有关作者和单位表示感谢。本教材的编写在内容安排上有新的尝试，如有不妥之处，敬请专家、学者和读者提出宝贵意见。

我们衷心希望本教材能够成为学生在财务机器人开发与应用领域的得力助手，帮助学生在这个充满机遇的领域中取得成功，共同推动财务行业向智能化、高效化的方向不断迈进。

编者

2025年7月

目 录

第1章 财务机器人开发的基本理论 ························· 1
1.1 财务机器人的发展背景 ·························· 1
1.2 财务机器人的概念、特征和功能 ··············· 2
1.3 财务机器人开发的基本原理与技术 ············· 3
1.4 财务机器人应用的场景 ························ 5
1.5 使用财务机器人与传统人工模式的区别 ········· 7
1.6 财务机器人对财务工作的影响 ················· 8
1.7 财务机器人的发展 ·························· 9

第2章 应用案例背景 ··································· 11
2.1 案例企业构建与财务信息化模拟 ··············· 11
2.2 财务机器人应用实践与教学价值 ··············· 12

第3章 财务信息化 ···································· 13
3.1 业务说明 ·································· 13
3.2 企业信息化平台搭建 ························ 14
3.2.1 任务一 (必)创建管理单元 ··············· 14
3.2.2 任务二 (必)维护管理单元组织属性 ········· 19
3.2.3 任务三 (必)搭建组织架构 ··············· 24
3.2.4 任务四 (必)用户管理 ················· 35
3.2.5 任务五 (必)分配会计科目 ··············· 42
3.2.6 任务六 (必)分配基础资料 ··············· 43
3.2.7 任务七 (必)新增银行账号 ··············· 51
3.2.8 任务八 (必)新建凭证类型 ··············· 53
3.3 会计系统初始化 ···························· 54
3.3.1 任务九 (必)总账初始化 ················· 54
3.3.2 任务十 (必)出纳初始化 ················· 60
3.3.3 任务十一 (必)应收初始化 ··············· 63
3.3.4 任务十二 (必)应付初始化 ··············· 69
3.3.5 任务十三 (必)参数设置 ················· 74
3.3.6 任务十四 (必)新增收款信息 ············· 79

第 4 章 财务业务处理 ··· 81

4.1 往来业务 ··· 81

　4.1.1 任务一 (应)应收业务——公司与哈博森签订销售合同,确认应收 ·········· 82

　4.1.2 任务二 (应)应收业务——公司与科亚特签订销售合同,确认应收 ·········· 85

　4.1.3 任务三 (应)应付业务——公司和德瑞制造公司签订采购合同,确认应付 ····· 87

　4.1.4 任务四 (应)应付业务——公司与深圳赛格签订采购合同,确认应付 ·········· 90

4.2 报销业务 ··· 93

　4.2.1 任务五 (应)费用报销业务——秦义招待客户,申请报销 ····················· 93

　4.2.2 任务六 (应)差旅费报销——秦义出差,申请差旅报销 ························· 95

　4.2.3 任务七 (应)对公报销业务——报销本季度支付的办公室租金 ·············· 99

　4.2.4 任务八 (应)物品采购费报销业务——秦义购买员工文化衫 ················ 101

4.3 收款业务 ·· 104

　4.3.1 任务九 (应)其他收款业务——企业收到政府对创新企业的补贴 ··········· 104

　4.3.2 任务十 (应)其他收款业务——企业收到银行提供的贷款 ················· 107

　4.3.3 任务十一 (应)销售业务收款——收到哈博森股份有限公司的货款 ········ 109

4.4 付款业务 ·· 112

　4.4.1 任务十二 (应)采购付款业务——企业购买特殊原材料,支付预付款 ········ 112

　4.4.2 任务十三 (应)其他业务付款——公司领导决定对公益事业进行捐款 ······ 115

　4.4.3 任务十四 (应)采购业务付款——支付德瑞制造公司的采购货款 ··········· 117

　4.4.4 任务十五 (应)其他业务付款——出纳支付费用报销款 ··················· 120

　4.4.5 任务十六 (应)其他业务付款——出纳支付对公报销款 ··················· 122

　4.4.6 任务十七 (应)其他业务付款——出纳支付差旅报销款 ··················· 124

　4.4.7 任务十八 (应)其他业务付款——出纳支付物品采购报销款 ·············· 126

4.5 课后练习题 ··· 128

　任务十九 (选)生产领用原材料账务处理 ·· 128

　任务二十 (选)一般耗用原材料账务处理 ·· 128

　任务二十一 (选)确认主营业务成本账务处理 ··································· 128

　任务二十二 (选)计提车间人员工资 ··· 128

　任务二十三 (选)计提折旧 ··· 128

　任务二十四 (选)完工产品入库账务处理 ·· 128

　任务二十五 (选)结转进项税额 ·· 129

　任务二十六 (选)结转销项税额 ·· 129

　任务二十七 (选)计提地税 ··· 129

　任务二十八 (选)计提企业所得税 ··· 129

第 5 章 记账机器人 ··· 131

5.1 业务说明 ·· 131

5.2 银行日记账收款记账业务 ·· 132

　5.2.1 任务一 (应)银行日记账收款记账规划设置 ································ 132

　5.2.2 任务二 (应)银行日记账收款单智能记账处理 ······························ 134

5.3　银行日记账付款记账业务 ·· 135
    5.3.1　任务三 (应)银行日记账付款记账规划设置 ················· 135
    5.3.2　任务四 (应)银行日记账付款单智能记账处理 ············· 137
5.4　收款单记账业务 ··· 138
    5.4.1　任务五 (应)收款单记账规划设置 ····························· 138
    5.4.2　任务六 (应)收款单智能记账处理 ····························· 142
5.5　付款单记账业务 ··· 143
    5.5.1　任务七 (应)付款单记账规划设置 ····························· 143
    5.5.2　任务八 (应)付款单智能记账处理 ····························· 145
5.6　应收单记账业务 ··· 145
    5.6.1　任务九 (应)应收单记账规划设置 ····························· 146
    5.6.2　任务十 (应)应收单智能记账处理 ····························· 148
5.7　应付单记账业务 ··· 149
    5.7.1　任务十一 (应)应付单记账规划设置 ·························· 149
    5.7.2　任务十二 (应)应付单智能记账处理 ·························· 151

第6章　对账机器人 ··· 153
6.1　业务说明 ··· 153
6.2　银行对账单核对业务 ·· 154
    6.2.1　任务一 (应)银行对账单的自动登记规划设置 ············· 154
    6.2.2　任务二 (应)工行银行对账单的智能登记处理 ············· 155
6.3　银行存款核对业务 ·· 156
    6.3.1　任务三 (应)银行存款对账规划设置 ·························· 156
    6.3.2　任务四 (应)银行存款对账智能处理 ·························· 157
6.4　应收期末对账业务 ·· 158
    6.4.1　任务五 (应)应收期末对账规划设置 ·························· 158
    6.4.2　任务六 (应)应收期末对账智能处理 ·························· 160
6.5　应付期末对账业务 ·· 160
    6.5.1　任务七 (应)应付期末对账规划设置 ·························· 160
    6.5.2　任务八 (应)应付期末对账智能处理 ·························· 162
6.6　出纳期末对账业务 ·· 162
    6.6.1　任务九 (应)出纳期末对账规划设置 ·························· 162
    6.6.2　任务十 (应)出纳期末对账智能处理 ·························· 164

第7章　报表机器人 ··· 165
7.1　业务说明 ··· 165
7.2　凭证期末审核业务 ·· 165
    7.2.1　任务一 (应)凭证期末审核规划设置 ·························· 166
    7.2.2　任务二 (应)凭证审核智能处理 ································· 167
7.3　凭证期末过账业务 ·· 168
    7.3.1　任务三 (应)凭证期末过账规划设置 ·························· 168

7.3.2　任务四 (应)凭证过账智能处理 ·· 169

7.4　期末自动转账业务 ·· 169

7.4.1　任务五 (应)期末自动转账规划设置 ·· 169

7.4.2　任务六 (应)期末自动转账智能处理 ·· 171

7.5　期末结转损益业务 ·· 172

7.5.1　任务八 (应)期末结转损益规划设置 ·· 172

7.5.2　任务九 (应)期末结转损益智能处理 ·· 173

7.6　期末结账业务 ·· 174

7.6.1　任务十三 (应)期末结账规划设置 ·· 174

7.6.2　任务十四 (应)期末结账智能处理 ·· 175

7.7　课后练习题 ··· 175

任务七　(选)自动转账凭证处理 ·· 175

任务十　(选)结转损益凭证处理 ·· 176

任务十一　(选)报表模板设置 ·· 176

任务十二　(选)编制报表 ·· 176

第8章　收款机器人 ··· 177

8.1　业务说明 ·· 177

8.2　智能收款 ·· 178

8.2.1　任务一 (应)收款单填写规划设置 ·· 178

8.2.2　任务二 (应)收款单审核规划设置 ·· 180

8.2.3　任务三 (应)销售预收业务智能处理 ··· 181

8.2.4　任务四 (应)销售收款业务智能处理 ··· 182

8.2.5　任务五 (应)收回代垫客户费 ·· 182

8.2.6　任务九 (应)收款单智能审核处理 ·· 183

8.3　课后练习题 ··· 184

任务六　(选)收到保险公司赔偿款 ··· 184

任务七　(选)收到政府奖励 ·· 184

任务八　(选)贷款收入业务 ·· 184

任务十　(选)收款单智能登账处理 ··· 184

任务十一　(选)收款单智能记账处理 ·· 184

第9章　付款机器人 ··· 185

9.1　业务说明 ·· 185

9.2　智能付款 ·· 186

9.2.1　任务一 (应)付款单填写规划设置 ·· 186

9.2.2　任务二 (应)付款单审核规划设置 ·· 188

9.2.3　任务三 (应)给供应商支付预付款 ·· 189

9.2.4　任务七 (应)付款单审核智能处理 ·· 190

9.3　课后练习题 ··· 190

任务四　(选)支付办公室租用押金 ··· 190

　　　　任务五 (选)支付对外投资款 ………………………………………… 190
　　　　任务六 (选)支付公益捐款 …………………………………………… 191
　　　　任务八 (选)付款单智能登账处理 …………………………………… 191
　　　　任务九 (选)付款单智能记账处理 …………………………………… 191

第 10 章 应收机器人 ………………………………………………………………… 193
　10.1 业务说明 ……………………………………………………………………… 193
　10.2 智能应收 ……………………………………………………………………… 194
　　10.2.1 任务一 (应)付款单填写规划设置 ……………………………… 194
　　10.2.2 任务二 (应)应收单审核规划设置 ……………………………… 196
　　10.2.3 任务三 (应)普通销售应收业务(赊销) ………………………… 198
　　10.2.4 任务七 (应)应收单智能审核处理 ……………………………… 198
　10.3 课后练习题 …………………………………………………………………… 199
　　　　任务四 (选)其他应收业务 …………………………………………… 199
　　　　任务五 (选)退货应收业务处理 ……………………………………… 199
　　　　任务六 (选)寄售销售应收业务处理 ………………………………… 199
　　　　任务八 (选)应收单智能记账处理 …………………………………… 199

第 11 章 应付机器人 ………………………………………………………………… 201
　11.1 业务说明 ……………………………………………………………………… 201
　11.2 智能应付 ……………………………………………………………………… 202
　　11.2.1 任务一 (应)应付单填写规划设置 ……………………………… 202
　　11.2.2 任务二 (应)应付单审核规划设置 ……………………………… 204
　　11.2.3 任务三 (应)根据采购合同执行应付业务 ……………………… 205
　　11.2.4 任务八 (应)应付单智能审核处理 ……………………………… 206
　11.3 课后练习题 …………………………………………………………………… 207
　　　　任务四 (选)采购原材料票随货到执行应付 ………………………… 207
　　　　任务五 (选)与律师事务所合作 ……………………………………… 207
　　　　任务六 (选)与咨询公司合作 ………………………………………… 207
　　　　任务七 (选)公司购置办公座椅 ……………………………………… 207
　　　　任务九 (选)应付单智能记账处理 …………………………………… 207

第 12 章 报销机器人 ………………………………………………………………… 209
　12.1 业务说明 ……………………………………………………………………… 209
　12.2 费用报销单 …………………………………………………………………… 210
　　12.2.1 任务一 (应)费用报销单填单规划 ……………………………… 210
　　12.2.2 任务二 (应)费用报销单审核规划 ……………………………… 212
　　12.2.3 任务三 (应)报销通讯费 ………………………………………… 215
　　12.2.4 任务九 (应)费用报销单智能审核处理 ………………………… 216
　12.3 差旅费报销 …………………………………………………………………… 217
　　12.3.1 任务一 (应)差旅报销单规划 …………………………………… 217

　　12.3.2　任务二　(应)差旅报销单审核规划 ································· 221

　　12.3.3　任务三　(应)员工本地出差 ······································· 224

　　12.3.4　任务六　(应)差旅报销单智能审核处理 ·························· 225

12.4　对公费用报销 ·· 226

　　12.4.1　任务一　(应)对公费用报销单填单规划设置 ···················· 226

　　12.4.2　任务二　(应)对公费用报销单审核规划设置 ···················· 228

　　12.4.3　任务三　(应)报销公关费 ·· 231

　　12.4.4　任务九　(应)对公费用报销单智能审核处理 ···················· 233

12.5　物品采购报销 ·· 234

　　12.5.1　任务一　(应)物品采购报销单填单规划设置 ···················· 234

　　12.5.2　任务二　(应)物品采购报销单审核规划设置 ···················· 236

　　12.5.3　任务三　(应)员工报销购买的部门活动礼品 ···················· 238

　　12.5.4　任务五　(应)物品采购报销单智能审核处理 ···················· 239

12.6　课后练习题 ·· 240

　　12.6.1　费用报销单课后练习题 ·· 240

　　　　任务四　(选)报销培训费用 ·· 240

　　　　任务五　(选)员工报销房租物管费 ···································· 240

　　　　任务六　(选)报销购买标书的费用 ···································· 240

　　　　任务七　(选)加班打车费报销 ·· 241

　　　　任务八　(选)会议费报销 ·· 241

　　　　任务十　(选)费用报销单生成付款单规划设置 ······················ 241

　　　　任务十一　(选)费用报销单关联生成付款单 ························· 242

　　12.6.2　差旅费报销课后练习题 ·· 242

　　　　任务四　(选)员工邻近城市出差 ······································ 242

　　　　任务五　(选)员工出差洽谈业务 ······································ 242

　　　　任务七　(选)差旅报销单生成付款单规划设置 ······················ 242

　　　　任务八　(选)差旅报销单生成付款单智能处理 ······················ 243

　　12.6.3　对公费用报销课后练习题 ·· 243

　　　　任务四　(选)报销广告投放费 ·· 243

　　　　任务五　(选)报销物流运输费 ·· 243

　　　　任务六　(选)报销专业维护费 ·· 244

　　　　任务七　(选)报销猎头招聘费 ·· 244

　　　　任务八　(选)报销厂房水电费 ·· 244

　　　　任务十　(选)对公费用报销单挂账规划设置 ························· 244

　　　　任务十一　(选)对公费用报销单挂账智能处理 ······················ 245

　　12.6.4　物品采购报销课后练习题 ·· 245

　　　　任务四　(选)员工报销购买的部门优秀员工奖品 ···················· 245

　　　　任务六　(选)物品采购报销单挂账规划设置 ························· 245

　　　　任务七　(选)物品采购报销单挂账智能处理 ························· 246

第 1 章
财务机器人开发的基本理论

这是一个"万物互联、无处不在、虚实结合、智能计算、开放共享"的智能时代,云技术、流程机器人、可视化、高级分析、认知计算、内存计算和区块链是财务转型的技术支撑。随着科学的发展、技术的进步、企业财务需求的变化、数据环境的改善、行业竞争压力的增大,人工智能已快速走进我们的工作生活中,财务机器人正快速向我们走来。

1.1 财务机器人的发展背景

1. 科技的不断发展推动人工智能技术的进步

人工智能相关的算法、机器学习、深度学习等技术不断发展,使得机器能够模拟人类的思维和行为,处理复杂的任务,这为财务机器人具备智能的财务数据处理和分析能力提供了技术基础,例如财务机器人能够自动识别财务票据、给数据分类和做初步的数据分析等。自动化技术在工业、制造业等领域已经有了广泛的应用和发展,相关技术逐渐向财务领域渗透。像机器人流程自动化(RPA)技术,可以按照预设的规则自动执行重复性、规律性任务,与财务工作中大量存在的基础核算、数据录入、报表生成等工作需求高度契合。

2. 企业财务需求的变化对财务数据的实时性提出更高的要求

随着企业的不断发展壮大,业务规模持续扩张,财务数据量呈指数级增长,财务流程也变得日益复杂。传统的人工处理方式难以满足快速、准确处理大量财务数据的需求,企业需要更高效的工具来提升财务工作的效率和质量。人工处理财务工作不仅需要耗费大量的人力成本,而且容易出现错误和疏漏,导致纠错成本增加。财务机器人不仅可以克服人工处理财务工作弊端,长时间不间断地工作,且错误率极低,还能够帮助企业降低成本,为企业创造更大的价值,特别是在当今快速变化的商业环境中,企业管理层对财务数据的实时性要求越来越高,以便能够及时做出准确的决策。财务机器人可以快速地收集、处理和分析财务数据,实时生成财务报表和分析结果,满足企业管理层对财务数据实时性的需求。

3. 数据环境的不断改善推动企业逐步向数字化转型

当今社会处于数字化时代,企业的信息化建设不断推进,各种业务系统(如ERP系统、财务软件等)广泛应用,使得企业内部积累了大量的结构化电子数据。这些丰富的数据为财务机器人的应用提供了充足的素材，使其能够更好地发挥作用。随着数据环境的不断改善，数据标准化程度不断提高，不同系统之间的数据接口逐渐开放和统一，使得财务数据能够在不同的系统之间顺畅地传输和共享7，这为财务机器人在多个系统之间自动获取和处理数据提供了便利条件，打破了以往的"信息孤岛"现象。同时，随着产业数字化、数字产业化进程的不断推进，企业逐步向数字化转型，财务的数字化势在必行。

4. 为提升企业竞争力，企业开始使用财务机器人

在社会飞速发展、科技不断进步、市场激烈竞争的环境下，企业需要不断提高自身的运营效率和管理水平，以保持竞争优势。财务机器人作为一种先进的技术工具，可以帮助企业优化财务流程，提高财务工作的效率和质量，从而提升企业的整体竞争力。事实证明，一些率先应用财务机器人的企业取得了显著的成效，如提升了财务工作效率、降低了企业成本、提高了企业财务数据的准确性，实时生成的财务报表和分析结果，为企业管理层进行正确的决策提高了效率等，这些成功的案例对其他企业产生了示范效应和作用，促使更多的企业开始关注、引入和开发应用财务机器人。

1.2 财务机器人的概念、特征和功能

1. 财务机器人的概念

机器人(Robotic Process Automation，RPA)是一种软件机器人流程自动化技术，其核心是一种以软件的方式来模拟人工操作和自动化工作流程的先进技术。如今，RPA在企业中被广泛应用于多个场景，包括财务会计、人力资源、行政管理等，尤其是在财务会计方面，财务RPA可以帮助企业降低人工成本，提高财务管理效率等。

财务机器人是一种利用机器人流程自动化先进技术，在财务领域自动执行一系列重复性任务的人工智能应用程序。财务机器人不仅能够完成数据处理、财务核算、风险管理和报告生成等任务，自动完成发票管理、凭证编制、银行对账等任务，帮助企业高效地完成财务工作；还能通过实时流程监测和自动化数据录入处理，提高业务处理速度，保障数据处理的时效性。此外，财务机器人还能提供决策支持分析，从数据中识别趋势，帮助企业进行预算规划和财务目标设定。与传统的自动化软件不同，它更接近人工智能，能够学习、优化并模拟人的财务操作行为。

2. 财务机器人的主要特征

(1) 自动操作。财务机器人能够自动处理财务流程中大量的重复性任务，比如自动完成数据录入，从各种票据(如发票、报销单)中提取信息并录入财务系统，而不需要人工逐一键入；可以根据预先设定的规则自动执行财务流程，在固定的时间自动生成财务报表，无须人工提醒。

(2) 精确处理。财务机器人严格按照编程规则运行，减少了人为错误，例如在进行复杂的财务计算时，不会发生像人类因疲劳、粗心等因素导致的计算失误，从而保证财务数据处理的准确性和一致性。无论是数据输入还是数据输出，只要程序规则正确，每次的处理结果都是相同的。

(3) 高效工作。财务机器人处理速度快，能够在短时间内完成海量的财务任务。例

如，在处理大量的银行对账业务时，其速度远超人工操作；可以不间断工作，不受工作时间、疲劳等因素限制，能7×24小时持续运行，这对于处理紧急的财务事务或者大量积压的工作非常有效。

(4) 稳定可靠。财务机器人工作稳定性良好，只要软件和硬件环境正常，就能稳定地按照程序工作，不会像人一样受到情绪波动、身体状况等因素的干扰。数据处理过程规范，每个步骤都有迹可循，便于追溯和审计，增强了财务工作的可靠性。

(5) 安全性强。财务机器人可以通过权限设置等安全措施确保财务数据的安全，只有经过授权的用户才能访问和操作相关财务数据；可以在安全的网络环境下对数据进行加密传输和存储，保护企业的财务隐私。

3. 财务机器人的功能

(1) 数据处理与录入功能。财务机器人不仅可以自动读取和识别各种格式的数据，包括纸质发票、电子表格、文档等，例如，通过光学字符识别(OCR)技术提取发票上的关键信息，如金额、日期、发票号码等，并将其准确地录入财务系统；还能够处理大量数据录入工作，如银行对账单数据录入、费用报销单信息录入等，且录入速度快、准确性高。

(2) 账务处理功能。财务机器人不仅可以自动生成会计凭证，根据预设的会计规则和业务逻辑，对各类经济业务进行账务处理，例如，在收到销售订单和收款记录后，机器人能自动生成销售收入和银行存款的记账凭证；还能够进行账户对账，可以快速核对企业内部不同账户之间，或者企业账户与外部银行账户之间的账目，及时发现差异并标记出来。

(3) 财务报表编制功能。财务机器人不仅可以按照规定的财务报表格式和会计准则，收集和整理相关财务数据，例如，每月末自动从各个会计科目中提取数据，用于编制资产负债表、利润表和现金流量表；还能够根据不同的需求生成多种财务报表，如为管理层提供的内部管理报表、为税务机关提供的纳税申报表等。

(4) 税务处理功能。财务机器人不仅可以自动计算各种税费，根据企业的经营业务和税务法规，精确计算增值税、所得税等各类税费，例如，根据销售发票信息自动计算销项税额；还能够完成税务申报流程，自动填写和提交税务申报表，确保企业按时地、准确地进行纳税申报。

(5) 资金管理功能。财务机器人不仅可以进行资金结算与支付，在获得授权的情况下，按照预设的支付流程和规则，自动完成资金的划转，如支付供应商货款、员工工资等；还能够进行资金监控与预算控制，实时监控企业资金的流入和流出情况，对比资金预算进行预警，当资金使用超出预算范围时及时发出提醒。

(6) 财务分析功能。财务机器人不仅可以收集和整理用于财务分析的数据，包括财务比率计算所需的数据、成本结构分析数据等；还能够进行简单的数据分析，如计算偿债能力比率(流动比率、速动比率)、盈利能力比率(毛利率、净利率)等，并生成可视化的图表来做辅助分析。

1.3 财务机器人开发的基本原理与技术

1. 财务机器人开发的基本原理

财务机器人的开发围绕"自动化处理财务流程"展开，核心是通过技术手段模拟人工操作,完成重复性高、规则明确的财务任务。其基本原理可以概括为以下几点。

(1) 流程自动化(Robotic Process Automation,RPA)

它通过软件"机器人"模拟人类在电脑上的操作,比如单击鼠标、输入数据、复制、粘贴、读取表格或系统信息等。例如:自动从银行流水邮件中提取数据,录入财务系统;按固定规则核对发票信息与合同金额。

(2) 规则引擎驱动

财务机器人依赖明确的预设规则运行,只能处理符合规则的标准化任务。规则需提前定义,如"当发票金额超过合同10%时,自动标记为异常并发送通知"。

(3) 数据交互与集成

机器人需与各类财务系统(如ERP、网银、发票系统等)交互,读取或写入数据。方式包括:对接系统API接口、模拟界面操作(如登录网页版系统)、解析文件(Excel、PDF等)。

(4) 流程优化与标准化

在开发前,需要对财务流程进行梳理和标准化,去除冗余步骤,确保流程可被机器人"理解"和执行。例如,将报销单审核的人工判断标准转化为机器人可识别的数字规则。

简而言之,财务机器人是"规则+技术"的结合,通过自动化替代人工完成重复工作,提升效率和准确性。

2. 财务机器人开发的基本技术

财务机器人开发的基本技术可分为核心自动化技术、智能化技术及基础支撑技术,具体如下。

1) 核心自动化技术

核心自动化技术,主要包括流程自动化(RPA)、数据集成与接口技术。

(1) 流程自动化(RPA):通过模拟人工操作(如单击、输入、数据搬运等),实现财务流程的自动化,适用于规则固定、重复性高的场景(如发票审核、银行对账)。主流工具包括UiPath.Automation Anywhere等。

(2) 数据集成与接口技术:实现与财务系统、数据库、外部平台(银行、税务系统)的对接,通过API、数据库连接等方式完成数据的提取与传递。

2) 智能化技术

智能化技术,主要包括光学字符识别(OCR)、自然语言处理(NLP)、机器学习(ML)等。

(1) 光学字符识别(OCR):将发票、合同等纸质或图片类非结构化数据转化为可编辑的结构化数据,提取关键信息(如金额、税率、抬头),常用工具有Tesseract、阿里云OCR等。

(2) 自然语言处理(NLP):理解和处理文本信息(如邮件指令、合同条款),支持机器人与用户的自然语言交互,以及对复杂文本进行规则判断。

(3) 机器学习(ML):用于处理动态或复杂场景(如异常交易检测、风险预警),通过数据训练让机器人自主优化处理逻辑,提升适应性。

3) 基础支撑技术

基础支撑技术,主要包括编程语言、数据库技术、财务流程知识等。

(1) 编程语言:如Python用于RPA脚本开发、数据处理;C#语言用于部分RPA工具的底层开发。

(2) 数据库技术：通过数据存储、查询和管理(如MySQL、SQL Sever)功能，确保财务数据的准确存储与流转。

(3) 财务流程知识：熟悉财务核心流程(如报销、结账、税务申报)，才能设计合理的自动化逻辑，明确机器人的操作规则和边界。

这些技术的结合，能让财务机器人高效替代人工完成重复性工作，同时提升处理精度和效率。

1.4 财务机器人应用的场景

财务机器人的应用场景广泛，主要包括以下方面。

1. 财务核算与账务处理

(1) 会计凭证制作。财务机器人可以自动读取银行回执单、费用报销单等原始凭证信息，按照预设的会计科目和记账规则，快速准确地生成会计凭证，大大提高了凭证制作的效率和准确性，减少了人工录入可能出现的错误。例如，在月末或年末财务工作量较大时，机器人能够快速处理大量的凭证业务。

(2) 账务核对与调整。财务机器人自动对总账和明细账进行核对，发现差异后及时进行调整。对于一些跨系统的数据核对，如财务系统与业务系统之间的账目核对，财务机器人可以高效地完成，确保账务数据的一致性。

(3) 财务报表编制。财务机器人根据设定的模板和数据来源，定期自动提取财务系统中的相关数据，快速生成资产负债表、利润表、现金流量表等各种财务报表，并且能够按照不同的要求和格式进行报表的编制和输出，为企业管理层提供及时准确的财务信息。

2. 资金管理

(1) 银行对账。财务机器人能够自动登录企业的银行账户和财务系统，获取银行流水信息和企业内部的财务数据，然后按照预设的规则进行逐笔核对，生成银行对账单和余额调节表。这不仅提高了对账的效率和准确性，还能及时发现银行账户的异常情况。

(2) 资金结算与支付。财务机器人根据企业的资金支付计划和审批流程，自动完成资金的结算和支付操作。例如，在批量支付员工工资、供应商货款等场景下，机器人可以快速准确地完成支付指令的发送和款项的划转，减少了人工操作的烦琐步骤和风险。

(3) 资金预算与监控。财务机器人协助企业进行资金预算的编制和执行监控，通过对历史资金数据的分析和预测模型的应用，为企业提供资金预算的参考方案；同时，实时监控企业的资金流动情况，对预算执行偏差进行预警和分析，帮助企业及时调整资金策略。

3. 税务管理

(1) 纳税申报。财务机器人自动从企业的财务系统中提取税务相关的数据，如销售额、进项税额、销项税额等，按照税务部门的要求和申报格式，生成纳税申报表并进行网上申报。财务机器人可以确保申报数据的准确性和及时性，避免因人为疏忽导致的税务申报错误。

(2) 税务筹划。财务机器人通过对企业财务数据和税务政策的分析，为企业提供税务筹划的建议和方案。例如，根据企业的业务情况和税收优惠政策，合理规划企业的业务模式和交易结构，降低企业的税务负担。

(3) 发票管理。财务机器人实现了发票的自动开具、验真、认证和归档。对于大量的发票业务，机器人可以快速准确地完成发票信息的录入和验证，提高发票管理的效率和合规性。同时，能够对发票数据进行统计和分析，为企业的财务管理提供数据支持。

4. 费用报销管理

(1) 报销单据审核。财务机器人可以自动识别和审核费用报销单据的真实性、合规性和完整性。它通过光学字符识别(OCR)技术对发票等报销凭证进行信息提取，与企业的报销制度和预算标准进行比对，快速判断报销单据是否符合要求，提高审核效率和准确性。

(2) 报销流程自动化。按照企业设定的报销流程，财务机器人可以自动将审核通过的报销单据提交给相关领导进行审批，并跟踪审批进度。审批完成后，财务机器人可以自动生成报销付款凭证，完成报销款项的支付，实现费用报销流程的全自动化。

5. 供应链财务管理

(1) 采购付款管理。在采购到付款的流程中，财务机器人可以自动核对采购订单、入库单和发票信息，确保采购业务的准确性和完整性。然后财务机器人根据合同约定的付款条件，自动发起付款申请并完成支付操作，提高采购付款的效率和及时性。

(2) 销售收款管理。财务机器人可以自动跟踪销售订单的执行情况，及时提醒客户付款，并对收款情况进行核对和确认。对于销售退回和折扣等业务，财务机器人能够自动进行账务处理，保证销售收款业务的准确记录。

(3) 库存成本核算。财务机器人可以定期对企业的库存进行盘点和核算，自动计算库存成本和价值。根据库存的出入库情况和成本核算方法，财务机器人可以及时更新库存成本数据，为企业的成本控制和经营决策提供准确的信息。

6. 财务审计与风险管理

(1) 审计数据准备。在财务审计过程中，财务机器人可以快速收集和整理财务审计所需的财务数据和相关资料，按照财务审计要求进行数据筛选和分类，财务机器人可以为财务审计人员提供准确的财务审计样本和数据支持，提高财务审计工作的效率和质量。

(2) 风险监测与预警。财务机器人可以实时监控企业的财务风险指标，如资产负债率、流动比率、毛利率等，当指标超出预设的阈值时，财务机器人可以及时发出预警信号，提醒企业管理层采取相应的风险控制措施。同时，对企业的财务操作进行合规性检查，发现违规行为及时进行纠正和报告。

7. 财务机器人在金蝶公司中的运用

金蝶于2017年发布基于云端的财务机器人，应用云计算、大数据、图像语音识别、LBS等AI技术，为企业提供多场景全方位的智能财务服务。金蝶财务机器人未来让财会人员将会更加聚焦于公司的战略财务和业务财务决策上，把数据处理和分析报表交给智能财务机器人，这是技术开发的难度所在，也会是未来财务优化的主要方向。依托于金蝶云——中国SaaS企业级应用软件市场第一品牌，金蝶云财务机器人将以"大数据+云端+人工智能"的SaaS模式，在智能"黑科技"上继续优化，在财务智能方面拥有更多可能。

智能财务机器人的核心价值主要体现在以下几个方面：

- 通过系统的智能化处理，财务核算的工作效率得到较大提升，同时降低人工成本，释放的劳动力可以转移到高附加值的财务工作上；
- 财务智能化能通过系统收集的数据促进财务流程的优化和核算的标准化，提升财务核算质量；
- 财务数据直接来源于业务，促进了业财融合，财务数据能更真实地反映业务，为后续的财务分析提供准确、可靠的数据及依据；
- 财务智能化不需要进行较大的投入，可以在现有的系统基础上进行低成本的集成和改造。

1.5 使用财务机器人与传统人工模式的区别

随着云计算、大数据、物联网等技术不断兴起，企业在财务领域面对的数据量也呈现爆发式增长，数字化转型已成为企业的必经之路。与传统人工模式相比，使用财务机器人的优势明显，它能快速提升企业工作效率，指数级增强企业数据处理能力，解放劳动力，降低企业成本，从而提升企业整体竞争力。财务机器人是RPA(机器人流程自动化)在财务领域的具体应用，本质上是一种处理高频率重复性工作、模拟人工操作的智能化程序，助力财务人员完成交易量大、重复性高、易于标准化的基础业务。与传统人工模式相比，它具有以下优势。

1. 效率倍增，降低成本，化繁为简

财务机器人是提升工作效率的新引擎，它能够实现自动化财务流程管理与操作，全天24小时不间断工作。一个机器人约等于4～5个人工的效率产出，大大缩短了企业的财务周期，节约了人力成本。据悉目前有数字化劳动力可使企业减少40%～75%的成本支出。

2. 数据处理更精准、可靠

人工操作总会受一些主观或客观因素影响而产生一定的误差，从而影响工作的准确度和进度，而利用财务机器人就可以大大降低错误率，提高业务处理效率和质量，优化财务流程，降低财务合规风险。此外，财务机器人还弥补了人工操作带来的纰漏，增强了财务信息的可靠性。

3. 打破信息孤岛

财务机器人的数据是互联网整合而来，它打破了传统财务系统架构中数据与数据之间的壁垒，这将有利于企业将数据进行整合分析，更全面系统地反映企业的财务状况与经营成果，为财务人员和管理人员提供了决策的数据支撑。

4. 激励财务人员承担更高附加值的工作

数字员工替代原本枯燥的事务性劳动，会计人员能从繁重的数据中解放出来，把重心移到更多更高附加值的工作中，多维度为企业发展出谋划策。

可见，财务机器人让企业财务进入了财务管理全新时代，助力企业降本增效。但是，财务机器人尚未被普及应用，相信未来将会有更多企业通过它实现数字化转型。

1.6　财务机器人对财务工作的影响

1. 正面影响

(1) 提高工作效率与准确性。财务机器人能够进行大量重复任务处理，能够快速、准确地处理诸如数据录入、凭证制作、对账等大量重复性工作。例如，在银行对账业务中，可自动核对企业银行账户与银行对账单的信息，大大节省时间和人力，且出错率极低。以一家中型企业为例，原本每月财务人员需要花费数天时间进行银行对账，使用财务机器人后，对账工作可在数小时内完成。财务机器人还能够提升数据处理精度。它严格按照预设程序和规则运行，避免了人工操作可能出现的疏忽、疲劳等导致的错误，确保财务数据的准确性和一致性。在财务报表编制过程中，机器人能够精确地汇总、计算各项数据，使报表更加可靠，为企业决策提供准确的信息支持。

(2) 降低成本。企业使用财务机器人可以减少对基础财务人员的需求，从而降低人力成本。对于一些大型企业或财务业务量庞大的企业，财务机器人的应用能够节省大量的人力开支。例如，某大型企业集团在引入财务机器人后，财务部门的人员规模减小了20%～30%，同时工作效率得到了显著提升。财务机器人可以不间断工作，提高了设备和系统的利用率，减少了因人工操作导致的设备闲置和资源浪费；并且，财务机器人能够快速处理大量业务，缩短了业务处理周期，提高了企业的资金周转速度，降低了企业的运营成本。

(3) 加强内部控制与风险管理。财务机器人严格按照既定的业务流程和规则执行任务，确保了财务工作的标准化和规范化，这有助于企业建立统一的财务操作标准，减少人为因素对业务流程的干扰，提高了内部控制水平。例如，在费用报销流程中，机器人会根据预设的报销标准和审批流程自动审核报销单据，不符合规定的单据会被自动退回，保证了费用报销的合规性。在风险预警与监控方面，能够实时监控财务数据的变化，及时发现异常情况并发出预警。例如，在税务申报过程中，机器人可以对企业的税务数据进行实时监测，一旦发现税务风险，如税率计算错误、申报数据异常等，会立即提醒财务人员进行处理，降低了企业的税务风险。

(4) 提升财务决策支持能力。财务机器人能够快速收集、整理和分析大量的财务数据，并提供准确、详细的财务报告和分析结果。财务人员可以基于这些数据进行深入的财务分析，为企业的战略决策、预算编制、投资决策等提供有力的数据支持。例如，通过对企业历年的财务数据进行分析，财务机器人可以帮助企业预测未来的收入和利润趋势，为企业的战略规划提供参考。将财务人员从烦琐的基础工作中解放出来，使他们有更多的时间和精力专注于财务分析、预算管理、风险管理等具有创造性和战略性的工作，提升企业的财务管理水平。财务人员可以参与企业的业务决策中，与业务部门紧密合作，为企业的发展提供更有价值的建议。

2. 负面影响

(1) 就业岗位的冲击。财务机器人能够替代大量的基础财务工作，导致企业对基础财务人员的需求减少，一些从事简单、重复性财务工作的人员可能面临失业的风险。例如，一些数据录入员、凭证制作员等岗位可能会被财务机器人取代，基础财务岗位需求减少。

(2) 员工技能转型压力。财务人员需要不断提升自己的技能和知识水平，以适应财务工作的变化。他们需要掌握数据分析、信息技术、风险管理等方面的知识和技能，才能在企业中保持竞争力，这对财务人员来说是一个巨大的挑战。

(3) 数据安全与隐私问题。财务机器人在处理大量财务数据时，存在数据泄露的风险。如果企业的信息系统安全防护措施不到位，黑客可能会攻击企业的财务系统，窃取财务数据，给企业带来巨大的损失。例如，一些企业的客户信息、财务报表等敏感数据如果被泄露，可能会影响企业的声誉和市场竞争力。

(4) 数据滥用风险。财务机器人所依赖的算法和模型可能存在偏差或错误，如果企业对机器人的使用和管理不当，可能会导致数据被滥用。例如，在财务分析过程中，如果机器人的算法存在问题，可能会得出错误的分析结果，影响企业的决策。

(5) 系统集成与兼容性问题。企业现有的财务系统可能存在多种不同的软件和平台，财务机器人的引入需要与这些现有系统进行集成。然而，不同系统之间的数据格式、接口标准等可能存在差异，导致系统集成的难度较大，需要投入大量的时间和精力进行系统改造和升级。财务机器人的运行需要依赖企业的信息系统和网络环境，如果企业的系统和网络不稳定，可能会影响财务机器人的正常运行，如网络延迟、系统故障等问题可能会导致机器人的工作中断，影响财务工作的正常进行。

1.7　财务机器人的发展

财务数据化转型是企业数字化转型的起点，也是最关键的环节之一。财务管理是企业管理的"生命线"，财务部门作为企业核心职能部门，记录着企业所有的交易行为和信息往来，是企业天然的数据中心。财务的数字化转型就是要从"最小数据集"向"大数据"转变，成为企业的"数字神经网络"，为企业的利益相关者提供有价值的信息。传统的财务采用分散式的、封闭的手工作坊的操作模式，缺乏采集和处理的工具，复杂的交易行为不断被压缩进会计科目里，并通过多次平衡的复式记账法记录下来，经过从交易到原始凭证、从原始凭证到记账凭证、从记账凭证到明细账、从明细账到总账、从总账到会计报表的数据压缩过程，每一次压缩，都存在信息价值的损失，直到压缩成最小数据集。财务部门丢弃了最能真实反映企业业务经营状况的过程数据，仅仅记录了经营的结果，因而无法提供可信的经营决策支撑。在"大智移云物"的技术影响下，企业的数据将越来越多、越来越丰富，传统的财务低效滞后，财务工业化革命应运而生。财务的工业化革命将分散、封闭、手工的作坊变成"财务工厂"，把"财务工厂"转换成企业级"大数据中心"，通过与利益相关者的在线互联，高效地采集、加工、报告数据，建立企业的数字神经网络，帮助企业用数据来管理、用数据来决策、用数据来创新，帮助企业在多变的商业环境中保持竞争优势。

"财务机器人"最近几年被广泛提及，"财务机器人"是机器人流程自动化技术在财务中的应用。财务流程中应用了RPA技术，来实现异构系统间的数据传递，用软件机器人替代过去需要人工操作的活动。RPA技术为业务流程自动化提供了新技术路径，也显著提高了工作的精确度和事务处理效率，适用于具有清晰规则的重复性流程，而企业的财务共享服务中心存在大量这样的业务流程。

未来，机器以最佳方式将人与机器的能力结合在一起，将资源重新部署到价值更高的工作中去。企业应用财务机器人，最终的目标也不应该仅仅着眼于代替部分重复的手工操作，而是在提升业务效率、实现流程自动化的基础上，帮助财务人员从事更有价值的活动，更快地完成交易处理，更好地利用财务数据，更广泛、更深入地参与企业的经营与管理。财务机器人给会计行业带来的变革，不是让会计人员简单地被动淘汰，而是促使他们及时主动转型。

随着人工智能技术的不断发展，财务机器人将扮演更为重要的角色。企业将更加依赖人工智能工具来提高效率和准确性，而财务机器人将成为财务部门的新宠。然而，财务机器人仍需要不断地进行优化和完善，才能更好地适应复杂的商业环境。

第 2 章
应用案例背景

2.1 案例企业构建与财务信息化模拟

深圳智航科技有限公司(以下简称"智航科技")是本教材中设定的虚拟企业,目的是为财务机器人实训课程提供贴近企业业务场景的模拟平台。该企业被设定在高新技术行业,其业务涵盖无人机系统设计、定制化飞控产品开发及相关技术服务。通过虚拟企业的方式,使学生在模拟的真实情境中理解财务数字化转型的背景和需求,同时构建系统化的实训框架,覆盖组织架构建立、财务流程管理、系统用户配置、会计信息化搭建及各类财务机器人的操作与调试等多个环节,为财务机器人实训教学打下良好的基础。

智航科技的业务设计融合了现代企业常见的运营管理方式和信息化建设需求,具备明确的项目管理模式,服务流程中涉及多个环节与部门协作,企业组织架构层次清晰,岗位职责划分合理(见图2-1)。在模拟项目制运营背景下,企业将客户订单按项目独立管理,涵盖预算控制、成本归集、进度结算与回款追踪等环节,这不仅提升了业务的完整性,也为财务系统建模提供了复杂真实的场景。同时,企业的业务环节(如技术开发、销售执行、培训支持和售后服务)均会产生相应费用或收入确认需求,财务核算方式需与之高度匹

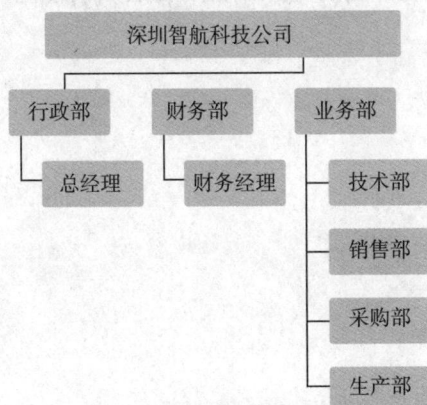

图2-1 案例企业公司架构

配。这种服务型与研发型业务并重的特点，促使学生在实训过程中必须掌握多模块间的数据处理与流程逻辑，进而推动其系统性思维能力的培养。

为提升企业运营效率和财务管理水平，智航科技构建了基于金蝶EAS系统的企业管理信息平台，模拟其数字化建设的完整路径。课程设计通过模拟企业信息系统实施过程，引导学生依次完成管理单元与组织结构的搭建、岗位与职员体系的配置、用户权限与操作流程的维护。系统各模块的搭建相互联通，要求学生以业务流程为主线，通过财务、行政、采购、销售等模块，学生不仅能熟悉常规的财务业务系统，还能掌握在ERP系统中部署与调试财务机器人的基础方法。

2.2　财务机器人应用实践与教学价值

结合企业设定的业务特征，教材系统设计了多种财务机器人应用场景，并通过模拟任务引导学生进行操作实践。记账机器人可依据业务数据自动生成会计凭证，对账机器人支持银行流水与账务数据的自动匹配与异常识别，报销机器人能通过发票识别技术完成数据提取与审批流程触发，收付款机器人负责根据合同信息执行资金流转与确认，税务机器人可完成发票统计、税负计算和模拟申报流程。这些财务机器人功能模块与系统构建任务相辅相成，贯穿教材多个章节，形成从系统搭建到流程应用、从人工录入到自动化处理的完整教学闭环。

通过本案例的实施，教材有效融合了信息技术与财务管理的教学目标，强化了学生的系统操作能力与业务分析思维。学生在实训过程中不仅能够理解和掌握金蝶EAS系统的应用逻辑，更能深入体验财务机器人在企业中的部署方式与实际应用效果。案例教学通过情境构建，使学生具备从企业战略规划到财务落地执行的综合能力，提升其跨岗位、跨系统的协同意识。同时，课程还注重培养学生的数据敏感度、问题诊断力及解决方案设计能力，为其在未来数智财会职业发展中打下坚实的技术与理论基础。

智航科技案例作为本教材的基础实训平台，以"虚拟但真实"的设计原则构建了全面覆盖财务流程的实验环境，不仅反映了现代企业信息系统建设的基本逻辑，也展示了财务机器人在企业流程再造中的实际应用潜力。通过此案例的学习，学生将在真实企业背景模拟中完成从系统搭建、流程设计到财务操作自动化的知识转化与能力提升。

第 3 章
财务信息化

2023年4月，全球最大的会计师事务所普华永道宣布计划投资10亿美元用于生成式人工智能(AIGC)，一度受到市场广泛关注。事实上，在近年来人工智能科技浪潮的催化下，作为企业经营的核心要素，财务体系的数字化、智能化愈发受到各行业领域重视。

在2023年7月6日召开的2023世界人工智能大会"智能财务论坛"上，财政部会计司副司长王东表示，财政部在积极配合司法部推动会计法和注册会计师法两部法律的修订，下一步要积极探索人工智能技术在会计领域的应用模式和应用规律。业界讨论的共识在于，当前企业财务数字化转型已是大势所趋，许多企业搭建了业务、支付、财务、资金、税务等各类系统，但如何打通不同系统之间的交互和连接、消除"信息孤岛"、实现数据共享和协同，正成为企业数字化转型过程中共同面临的难题。

财政部印发的《会计信息化发展规划(2021—2025年)》提出，要以信息化支撑会计职能拓展为主线，以标准化为基础，以数字化为突破口，积极推动会计数字化转型，构建符合新时代要求的国家会计信息化发展体系。王东表示，财政部将从完善法规体系、健全会计数据标准及强化职称体系三个方面，积极探索AI技术在会计领域的应用模式和规律。

资料来源：AI助推会计数字化转型，智能财务如何消除"信息孤岛"？ [EB/OL]. (2023-07-07). https://www.nbd.com.cn/articles/2023-07-07/2907660.html.

3.1 业务说明

为更好地支撑学生对企业财务信息化过程的理解，本节拟以智航科技公司为背景，开展信息化建模实训，涵盖组织架构搭建、基础资料维护等核心环节。通过模拟真实企业的建模流程，学生可直观掌握企业信息化系统的基本构建逻辑，夯实未来在数字化财会环境中操作与管理的能力基础。

该业务模块作为后续3.2节"企业信息化搭建"的任务实践基础，承担着承上启下的作用。通过对组织单元、管理权限、职员信息等数据的录入与维护，学生将理解企业在实施智能财务系统前的准备流程，有助于提升其对系统构成与权限设置等关键要素的敏感性和专业判断力。此外，财务信息化作为当前会计行业数字化转型的首要任务，与本教材聚焦的"财务机器人"实训密切相关。即本节所述业务的开展，不仅体现了信息系统与财务业务深度融合的趋势，也为后续机器人处理财务任务(如记账、报销、对账等)奠定数据结构和操作规则的基础。

3.2　企业信息化平台搭建

3.2.1　任务一 (必)创建管理单元

↗ 登录账号

登录账号：administrator。
登录密码：kdadmin。

↗ 实验步骤

☐　新建管理单元。
☐　维护administrator的组织范围。
☐　新建系统管理员。

↗ 实验数据

实验数据如表3-1、表3-2所示。

表 3-1　管理单元信息

管理单元编码	管理单元名称
学号	智航科技_姓名

表 3-2　系统管理员信息

用户账号	用户类型	用户实名	所属管理单元	密码	维护组织范围	缺省组织
admin_姓名	系统用户	admin_姓名	管理单元	学号	管理单元、智航科技_姓名	智航科技_姓名

↗ 操作指导

本案例任务采用学号"888"进行操作演示，实验时请使用学生学号。

操作视频

1. 新建管理单元

双击安装后生成的桌面快捷图标"金蝶EAS客户端"，打开金蝶EAS登录界面。选择老师提供的数据中心，用户名为"administrator"，默认密码为"kdadmin"，单击"登录"按钮，进入金蝶EAS系统(见图3-1)。

进入金蝶EAS系统后，依次单击"应用中心"|"企业建模"|"组织架构"|"管理单元"|"管理单元"选项，进入管理单元查询界面(见图3-2)。

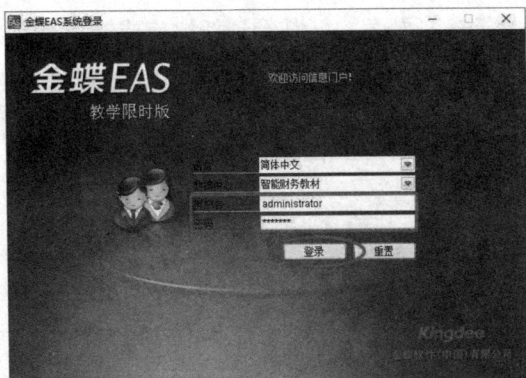

图3-1 系统登录

选中管理单元,单击"新增"按钮,打开管理单元新增界面。按照实验数据新建管理单元,输入编码为学号,名称为"智航科技_杨丹虹"(格式为"智航科技_姓名"),单击"保存"按钮(见图3-3)。

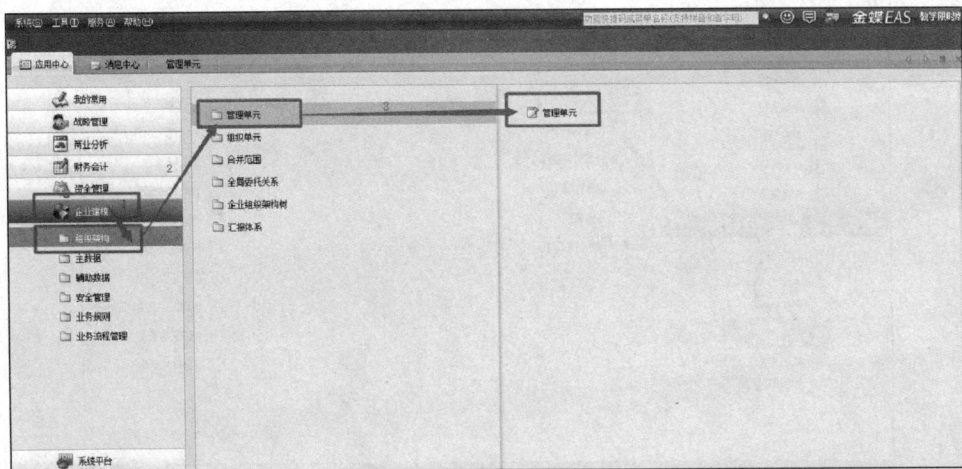

图3-2 管理单元查询界面

注意:此处的_必须是英文状态的下划线,否则会影响后续操作,请注意检查。

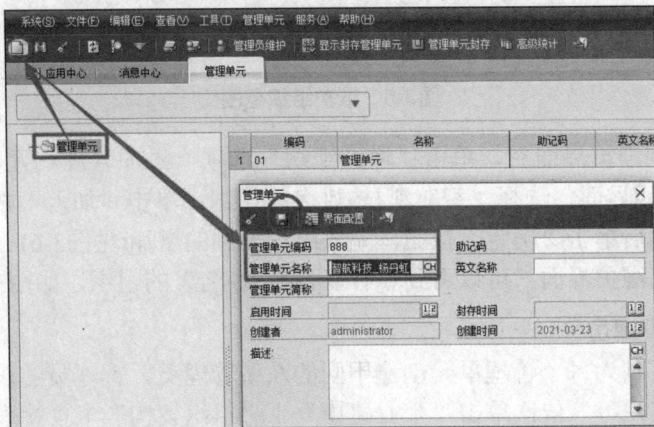

图3-3 新增界面

保存后，返回管理单元查询界面，可以看到新增完成的管理单元，如图3-4所示。

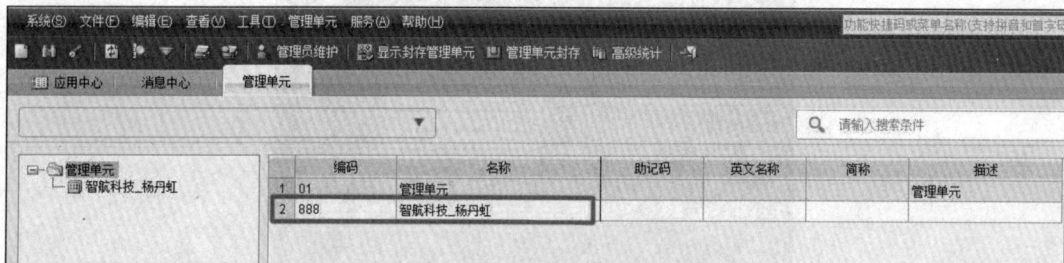

图3-4　查看新增完成的管理单元

2. 组织范围维护

超级管理员administrator应维护好新建的管理单元的组织范围，以使该管理单元的建立得以生效。依次单击"企业建模"｜"安全管理"｜"权限管理"｜"用户管理"选项，进入用户管理界面，选择用户administrator，单击"维护组织范围"选项，进入组织范围维护界面(见图3-5)。

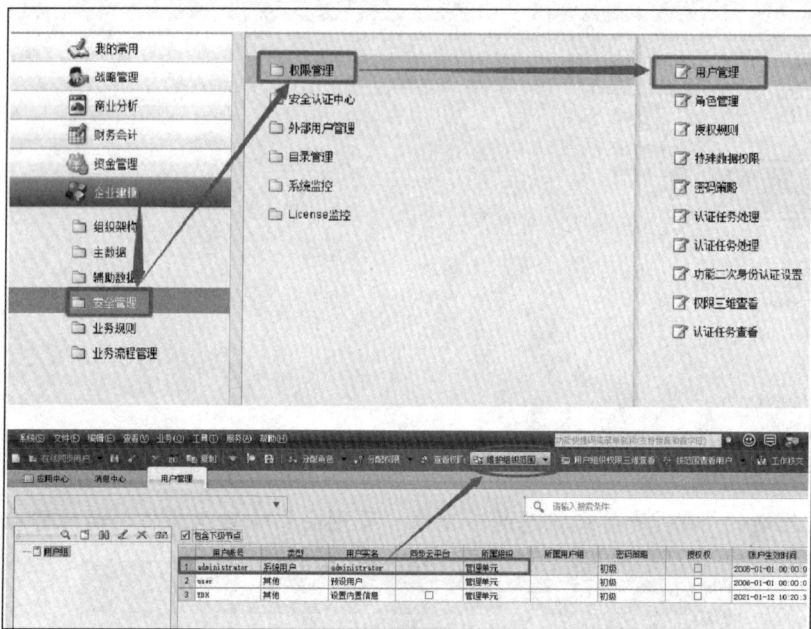

图3-5　维护组织范围

进入组织范围维护界面后，单击"增加组织"选项，添加管理单元范围"智航科技_姓名"。在管理单元界面，选择"智航科技_姓名"组织，单击"加入"按钮，添加到下方的已选列表中，然后单击"确定"按钮，完成组织范围的增加(见图3-6)。

返回组织范围维护界面，可以看到"智能科技_姓名"的组织，如图3-7所示。

3. 新建系统管理员

超级管理员可以为每个管理单元创建不同的系统管理员。管理员的职责为用户维护、权限管理、用户监控等。依次单击"企业建模"｜"组织架构"｜"管理单元"｜"管理单元"选项，进入管理单元查询界面(见图3-8)。

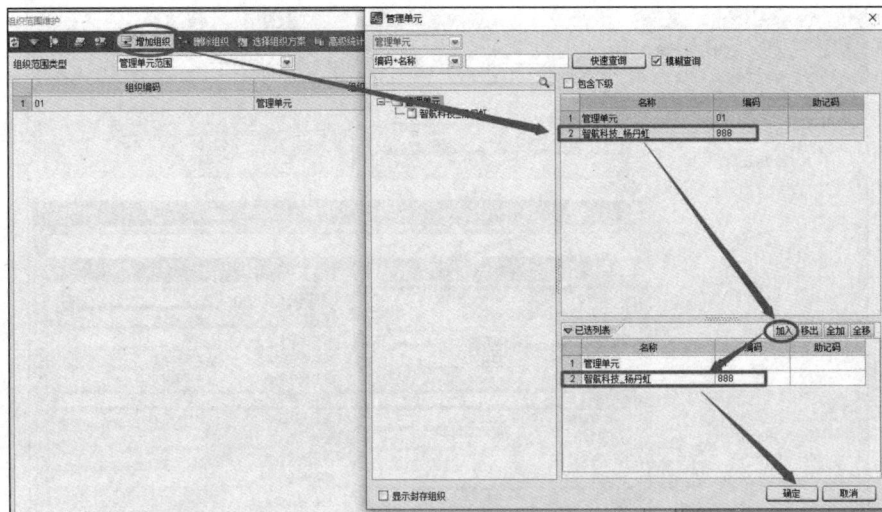

图3-6 增加组织

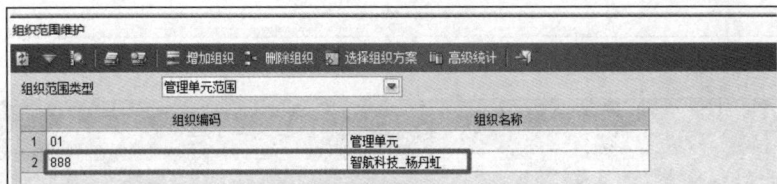

图3-7 组织范围维护界面

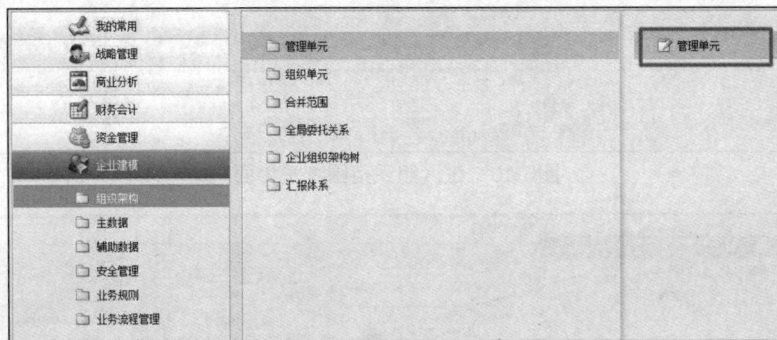

图3-8 进入管理单元查询界面

选择新创建的管理单元"智航科技_杨丹虹",单击"管理员维护"选项。根据系统管理员信息表创建管理员,用户账号为"admin_杨丹虹",用户类型为"系统用户",所属管理单元为"管理单元",用户实名为"admin_杨丹虹",缺省组织新增时默认为"智航科技_杨丹虹",用户密码及确认密码为学号,单击"保存"按钮,如图3-9所示。

保存管理员信息后,依次单击"企业建模"|"安全管理"|"权限管理"|"用户管理"选项,进入用户管理界面,选中"admin_杨丹虹"用户后,单击"维护组织范围"选项,进入组织范围维护界面(见图3-10)。

进入组织范围维护界面后,单击"增加组织"选项,添加管理单元范围"智航科技_杨丹虹"。在管理单元界面,选择"智航科技_杨丹虹"组织,单击"加入"按钮,添加到下方的已选列表中,然后单击"确定"按钮,完成组织范围的增加(见图3-11)。

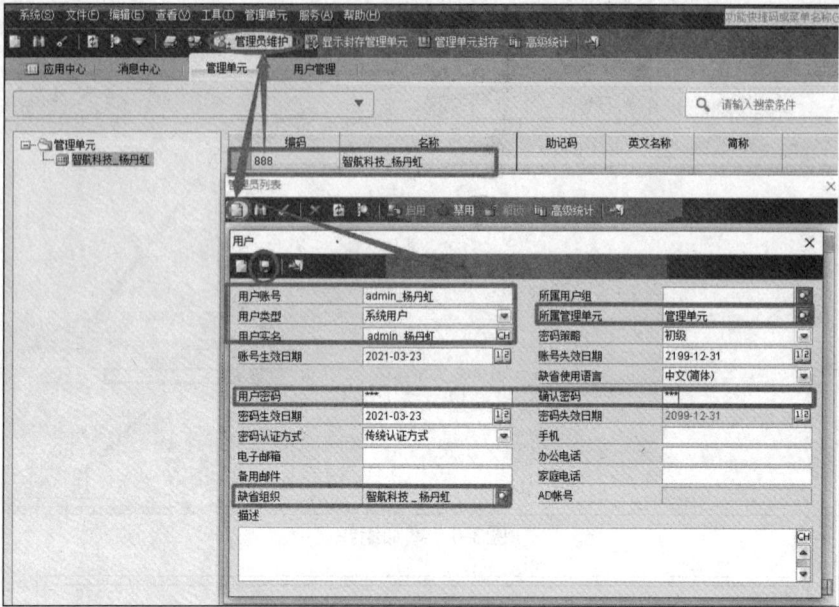

图3-9　管理员维护

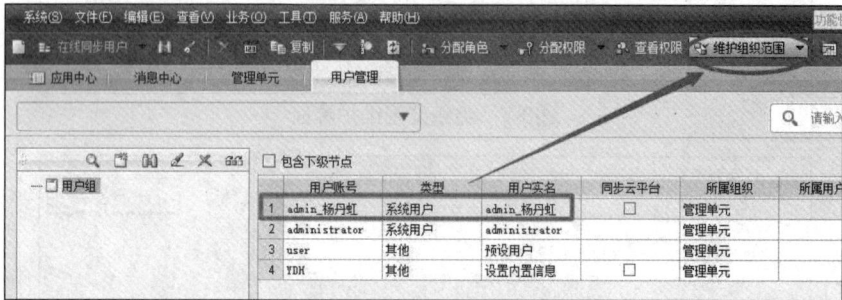

图3-10　进入组织范围维护界面

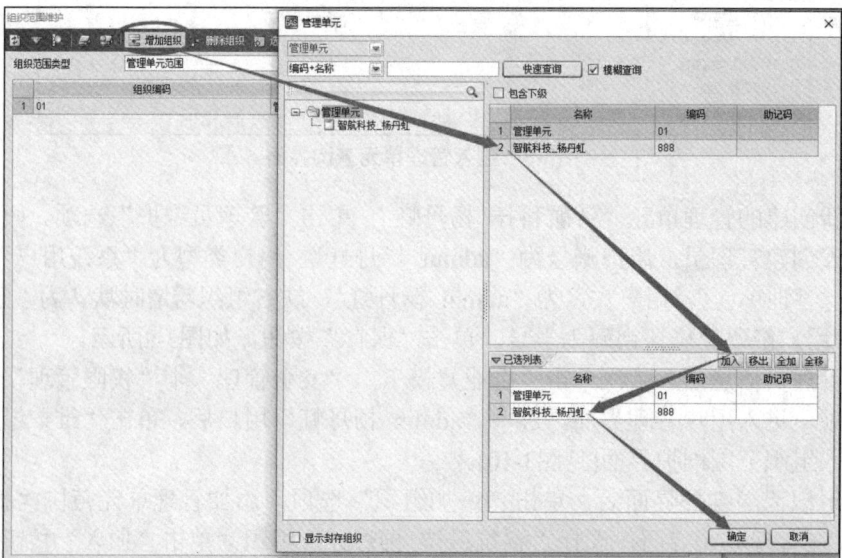

图3-11　完成组织范围的增加

返回组织范围维护界面，可以看到"智能科技_杨丹虹"的组织，如图3-12所示。

图3-12 查看完成的组织范围

返回用户管理查询界面，选中用户"admin_杨丹虹"，单击"修改"按钮，设置缺省组织为"智航科技_杨丹虹"，然后单击"保存"按钮，如图3-13所示。

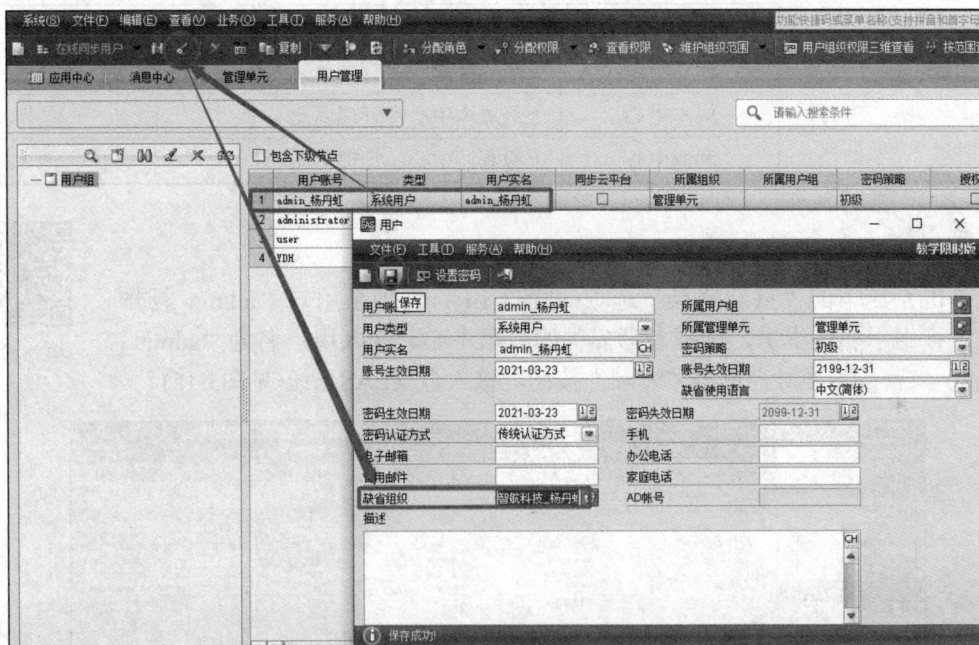

图3-13 设置缺省组织

3.2.2 任务二 (必)维护管理单元组织属性

↗ 登录账号

登录账号：admin_姓名。
登录密码：学号。

↗ 实验步骤

❑ 维护管理单元组织属性。

↗ 实验数据

实验数据如表3-3所示。

表 3-3　管理单元组织属性

管理单元名称	组织类型	属性内容
智航科技_姓名	行政组织	上级行政组织：管理单元
		组织层次：集团
		独立核算：勾选
	财务组织	上级财务组织：管理单元
		基本核算汇率表：基本核算汇率表
		会计期间类型：大陆期间类型
		本位币：人民币
	采购组织	上级采购组织：管理单元
	销售组织	上级销售组织：管理单元
	库存组织	上级库存组织：管理单元
	成本中心	上级成本中心：管理单元
	利润中心	上级利润中心：管理单元

↗ 操作指导

单击系统下的"重新登录"选项(见图3-14)，切换至用户"admin_杨丹虹"进行组织属性维护，选择老师提供的数据中心，输入用户名为"admin_杨丹虹"，密码为学号，单击"登录"按钮，进入金蝶EAS系统(见图3-15)。

操作视频

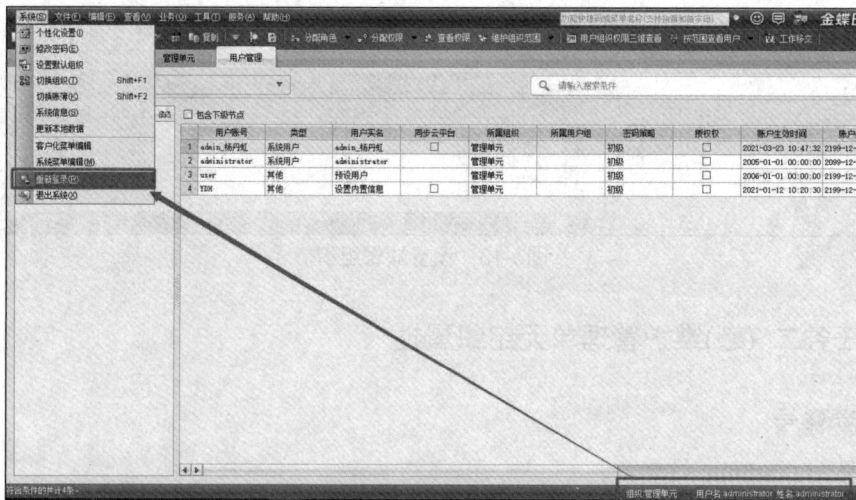

图3-14　重新登录(1)

登录金蝶EAS系统后，依次单击"企业建模"｜"组织架构"｜"组织单元"｜"组织单元"选项，进入组织单元查询界面(见图3-16)。

进入组织单元查询界面后，选择"智航科技_杨丹虹"组织，单击上方的"修改"按钮，打开管理单元组织属性维护界面，然后依次勾选"行政组织""财务组织""采购组织""销售组织""库存组织""成本中心""利润中心"复选框(见图3-17)。

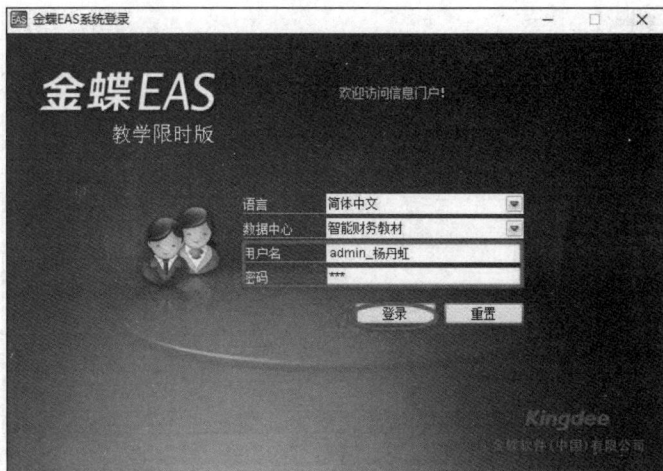

图3-15　重新登录(2)

图3-16　进入组织单元查询界面

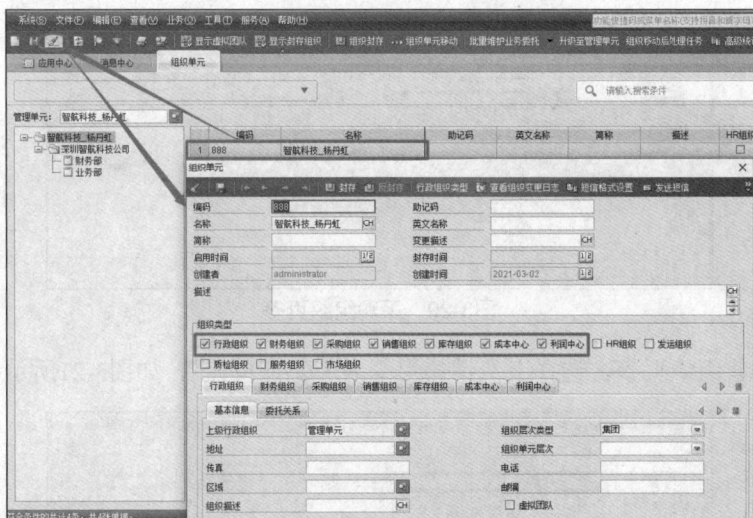

图3-17　打开管理单元组织属性维护界面

勾选完组织类型后依次设置各个页签的信息。

在行政组织页签下，单击"基本信息"选项，选择上级行政组织为"管理单元"，组织层次类型为"集团"，勾选"独立核算"复选框，如图3-18所示。

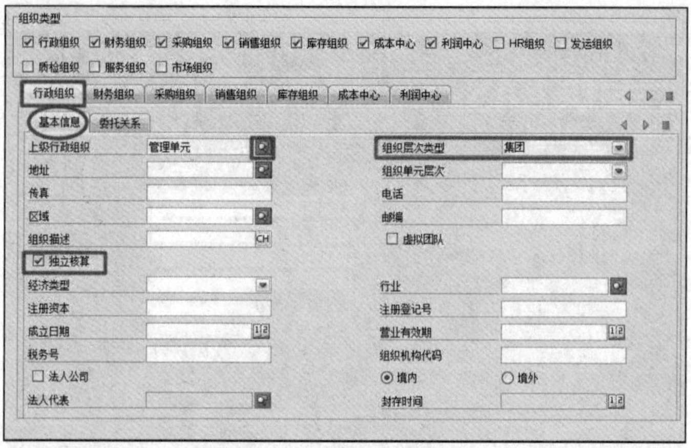

图3-18　行政组织页签

切换到财务组织页签，选择上级财务组织为"管理单元"，选择会计期间类型为"大陆期间类型"，基本核算汇率表为"基本核算汇率表"，本位币为"人民币"，如图3-19所示。

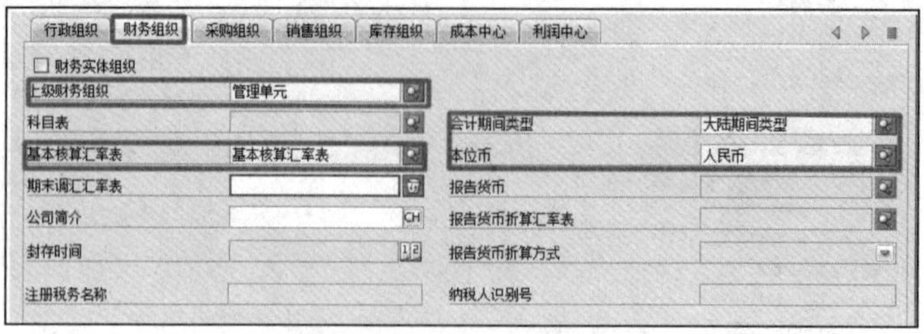

图3-19　财务组织页签

切换到采购组织页签，选择上级采购组织为"管理单元"，如图3-20所示。

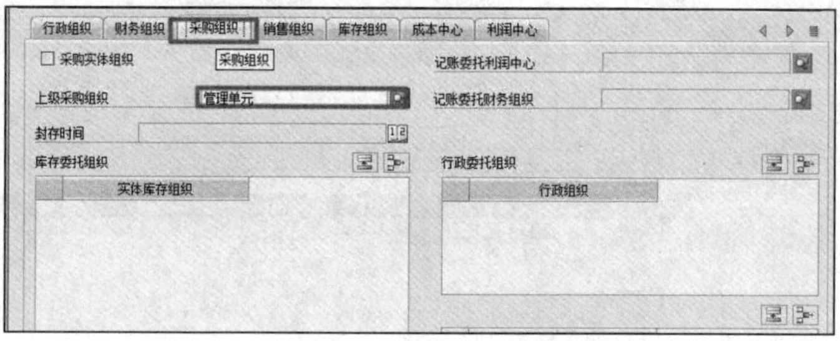

图3-20　采购组织页签

切换到销售组织页签，选择上级销售组织为"管理单元"，如图3-21所示。

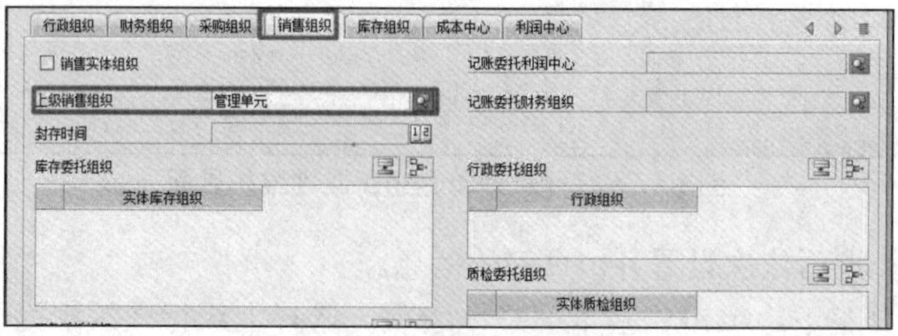

图3-21　销售组织页签

切换到库存组织页签，选择上级库存组织为"管理单元"，如图3-22所示。

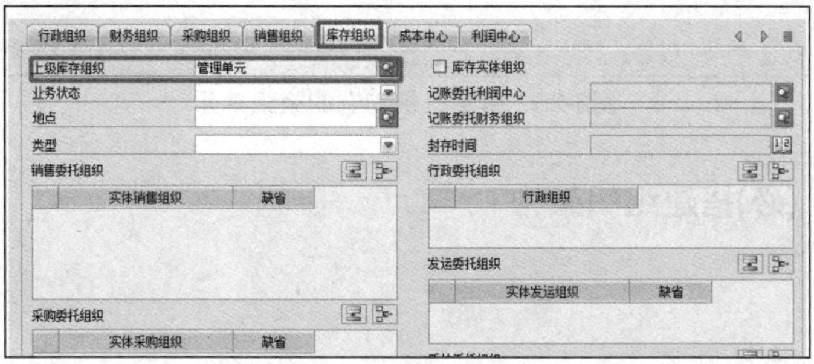

图3-22 库存组织页签

切换到成本中心页签，选择上级成本中心为"管理单元"，如图3-23所示。

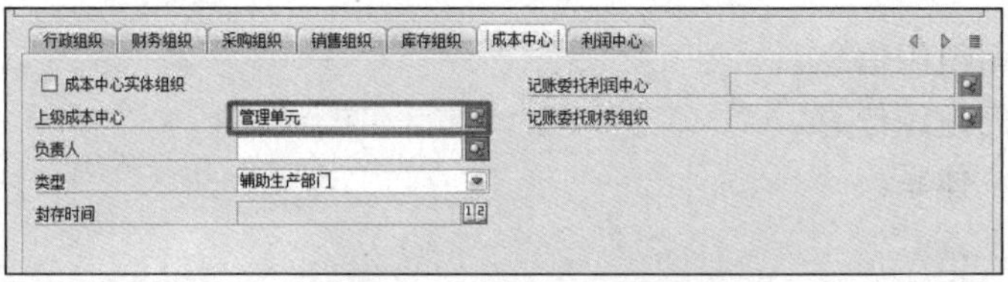

图3-23 成本中心页签

切换到利润中心页签，选择上级利润中心为"管理单元"，如图3-24所示。

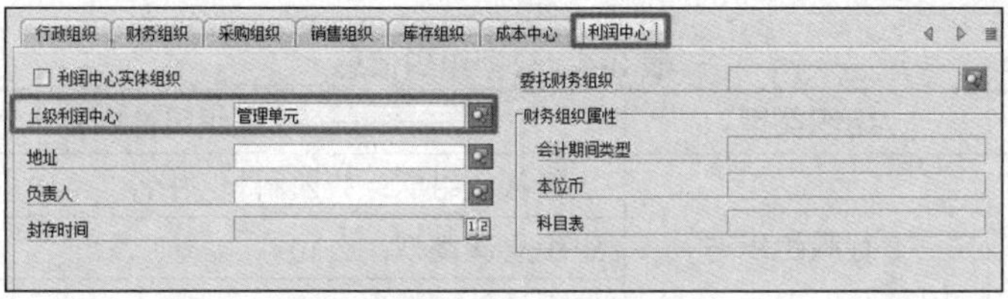

图3-24 利润中心页签

所有组织类型页签设置完毕后，保存组织单元信息即可，如图3-25所示。

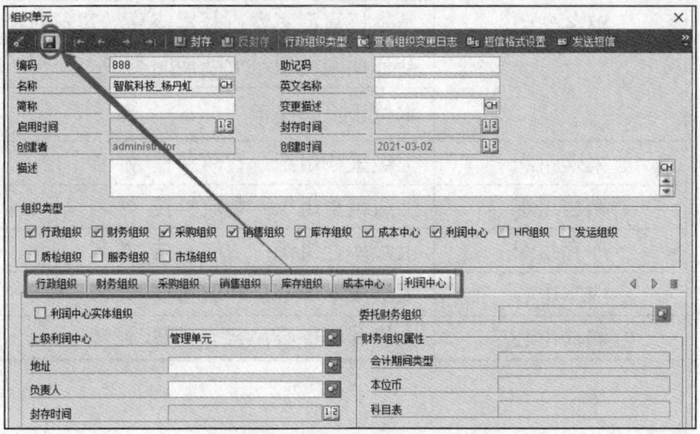

图3-25 保存组织单元信息

返回组织单元查询界面，可以看到组织单元的组织类型已被勾选，如图3-26所示。

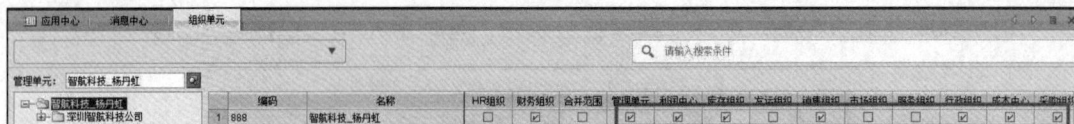

图3-26 查看已被勾选的组织单元

3.2.3 任务三 (必)搭建组织架构

↗ 登录账号

登录账号：admin_姓名。

登录密码：学号。

↗ 实验步骤

❑ 搭建公司组织信息。

❑ 搭建部门组织信息。

❑ 搭建职位体系。

❑ 创建员工。

↗ 实验数据

实验数据如表3-4～表3-7所示。

表 3-4 公司组织信息

组织信息	组织类型	组织属性内容	
编码：学号.01 名称：深圳智航 科技公司	行政组织	上级行政组织：智航科技_姓名	
		组织层次类型：公司	
		独立核算：勾选	
	财务组织	财务实体组织：勾选	
		上级财务组织：智航科技_姓名	
		基本核算汇率表：基本核算汇率表	
		会计期间类型：大陆期间类型	
		本位币：人民币	
	采购组织	上级采购组织：智航科技_姓名	
	销售组织	上级销售组织：智航科技_姓名	
	库存组织	上级库存组织：智航科技_姓名	
	成本中心	上级成本中心：智航科技_姓名	
	利润中心	上级利润中心：智航科技_姓名	

表3-5 部门组织信息

部门信息	组织类型	组织属性内容	
选中深圳智航科技公司后新增 编码：学号.01.01	行政组织	上级行政组织：深圳智航科技公司	
		组织层次类型：部门	
名称：财务部	成本中心	上级成本中心：深圳智航科技公司	
		成本中心实体：勾选	
选中深圳智航科技公司后新增 编码：学号.01.02 名称：业务部	行政组织	上级行政组织：深圳智航科技公司	
		组织层次类型：部门	
	成本中心	上级成本中心：深圳智航科技公司	
		成本中心实体：勾选	

表3-6 职位信息

编码	名称	行政组织	上级职位
学号.01	董事长	深圳智航科技公司	bigboss
学号.02	财务经理	财务部	董事长
学号.03	总账会计	财务部	财务经理
学号.04	往来会计	财务部	财务经理
学号.05	成本会计	财务部	财务经理
学号.06	出纳	财务部	财务经理
学号.07	综合业务员	业务部	成本会计

表3-7 员工信息

员工编码	员工	职位
学号.01	李宏亮	董事长
学号.02	邓永彬	财务经理
学号.03	聂小莉	总账会计
学号.04	周雯鑫	往来会计
学号.05	肖利华	成本会计
学号.06	李兴	出纳
学号.07	秦义	综合业务员

↗ 操作指导

1. 搭建公司组织信息

使用"admin_杨丹虹"账号登录金蝶EAS系统后，单击"应用中心"｜"企业建模"｜"组织架构"｜"组织单元"｜"组织单元"选项，进入组织单元查询界面，选中"智航科技_杨丹虹"后，单击"新增"按钮，打开组织单元新增界面(见图3-27)。

操作视频

进入组织单元新增界面后，输入编码为"学号.01"，名称为"深圳智航科技公司"，组织类型依次勾选"行政组织""财务组织""采购组织""销售组织""库存组织""成本中心""利润中心"复选框(见图3-28)。

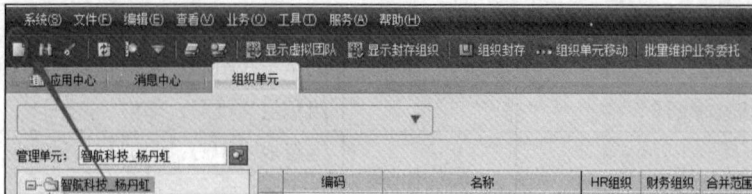

图3-27 打开组织单元新增界面

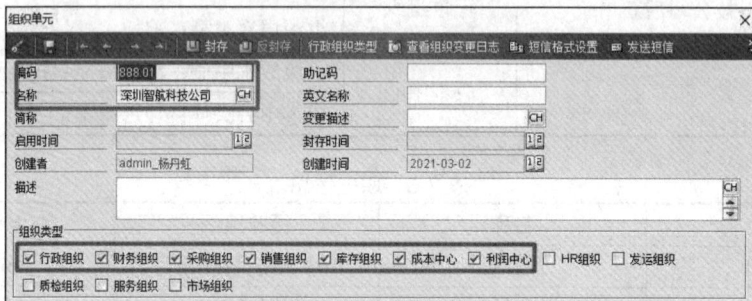

图3-28 勾选组织类型

勾选完组织类型后,依次设置各个页签的信息。

在行政组织页签上,单击"基本信息"选项,选择上级组织为"智航科技_杨丹虹",组织层次类型依次勾选"公司",勾选"独立核算"复选框(见图3-29)。

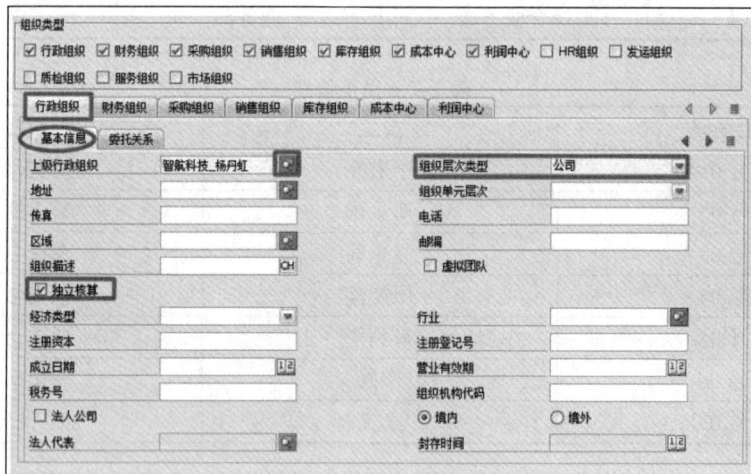

图3-29 行政组织页签

切换到财务组织页签,勾选"财务实体组织"复选框,选择上级财务组织为"智航科技_杨丹虹",会计期间类型为"大陆期间类型",基本核算汇率表为"基本核算汇率表",本位币为"人民币"(见图3-30)。

切换到采购组织页签,选择上级采购组织为"智航科技_杨丹虹",如图3-31所示。

切换到销售组织页签,选择上级销售组织为"智航科技_杨丹虹",如图3-32所示。

切换到库存组织页签,选择上级库存组织为"智航科技_杨丹虹",如图3-33所示。

切换到成本中心页签,选择上级成本中心为"智航科技_杨丹虹",如图3-34所示。

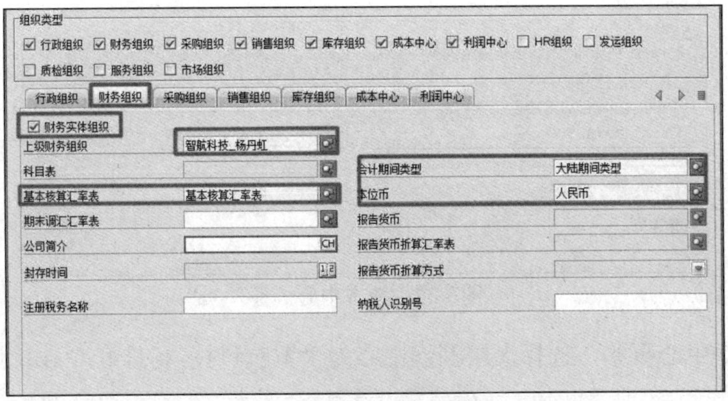

图3-30 财务组织页签

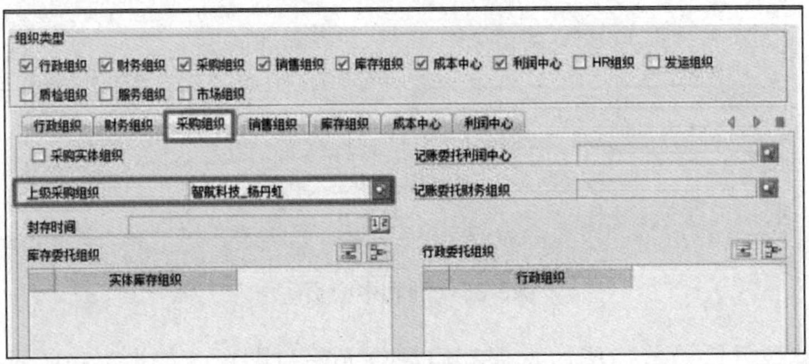

图3-31 采购组织页签

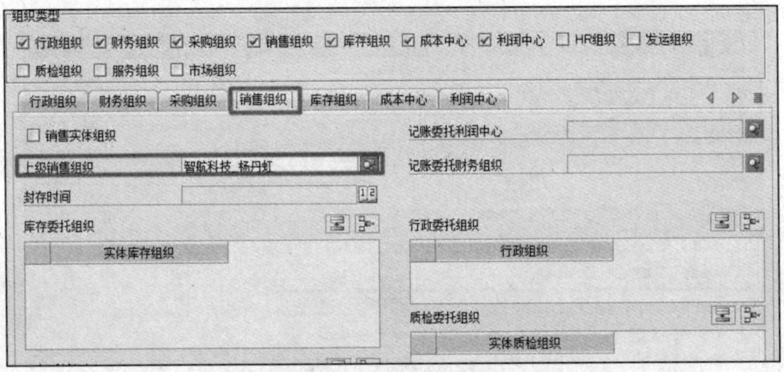

图3-32 销售组织页签

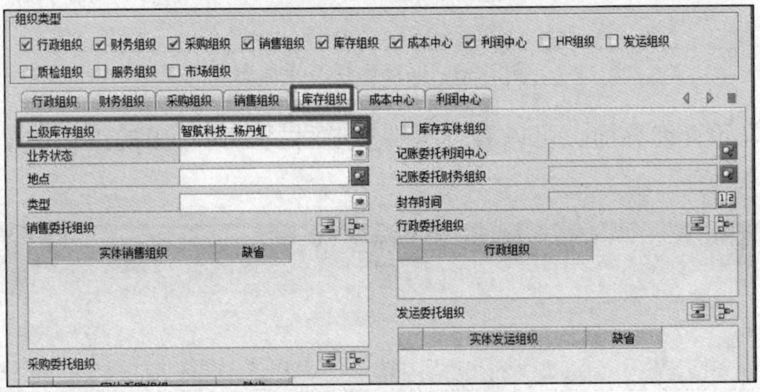

图3-33 库存组织页签

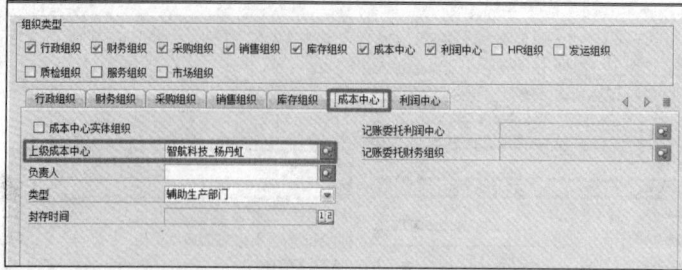

图3-34　成本中心页签

切换到利润中心页签,选择上级利润中心为"智航科技_杨丹虹",如图3-35所示。

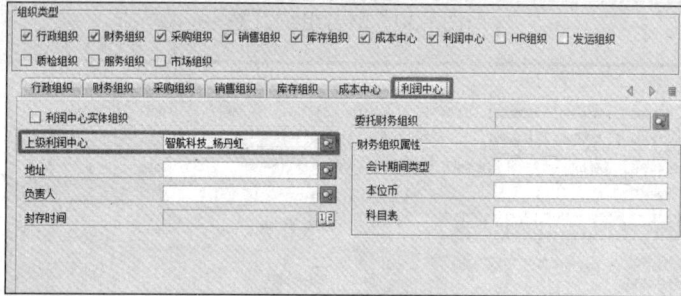

图3-35　利润中心页签

所有组织类型页签设置完毕后,保存组织单元信息即可,如图3-36所示。

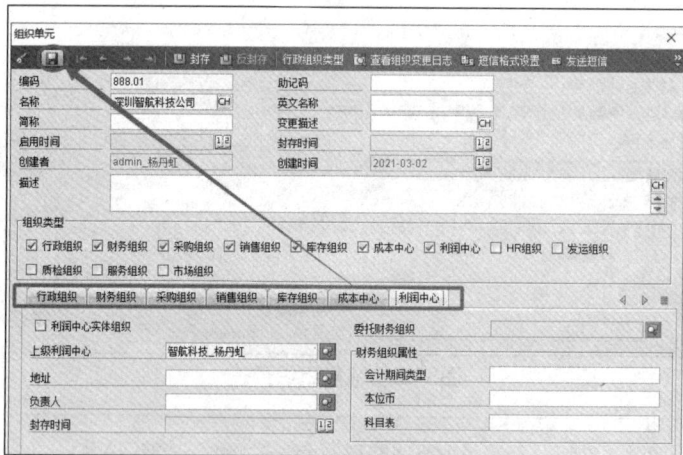

图3-36　保存组织单元信息

返回组织单元查询界面,可以看到深圳智航科技公司对应的组织类型已被勾选,如图3-37所示。

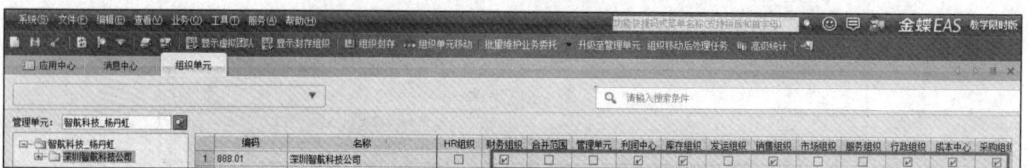

图3-37　查看已勾选的组织类型

2. 搭建部门组织信息

登录金蝶EAS系统后,依次单击"应用中心"|"企业建模"|"组织架构"|"组织单元"|"组织单元"选项,进入组织单元查询界面,选中深圳智航科技公司,单击"新增"按钮,打开组织单元新增界面(见图3-38)。

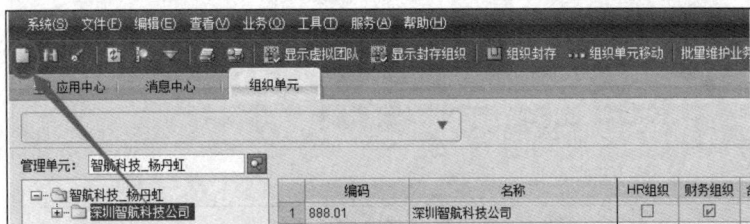

图3-38 打开组织单元新增界面

进入组织单元新增界面后,输入编码为"888.01.01"(格式为"学号.01.01"),名称为"财务部",组织类型勾选"行政组织""成本中心"复选框,如图3-39所示。

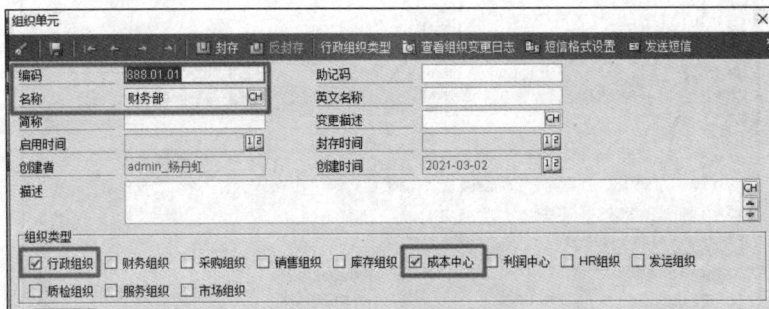

图3-39 勾选组织类型

勾选完组织类型后,依次设置各个页签的信息。

在行政组织页签上,选择"基本信息"选项,选择上级组织为"深圳智航科技公司";组织层次类型为"部门",如图3-40所示。

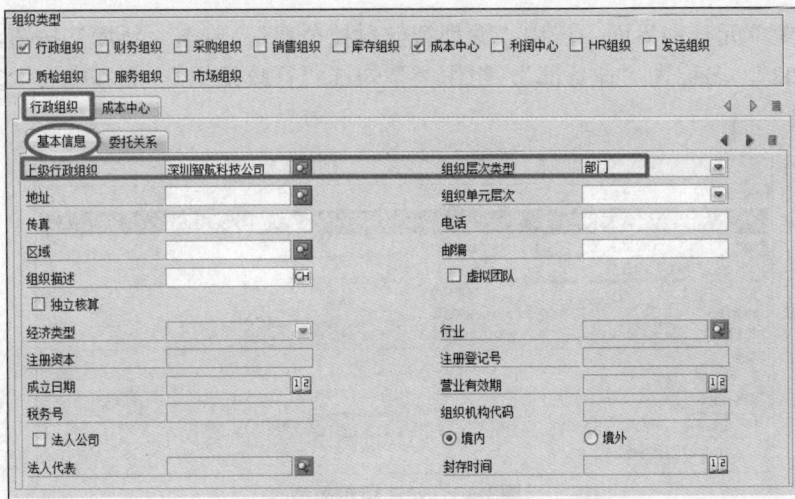

图3-40 行政组织页签

切换到成本中心页签,勾选"成本中心实体组织"复选框,选择上级成本中心为"深圳智航科技公司",记账委托财务组织为"深圳智航科技公司",如图3-41所示。

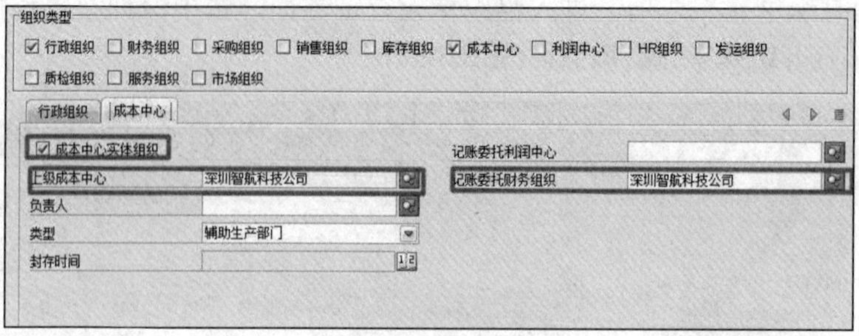

图3-41　成本中心页签

所有组织类型页签设置完毕后,保存组织单元信息,如图3-42所示。

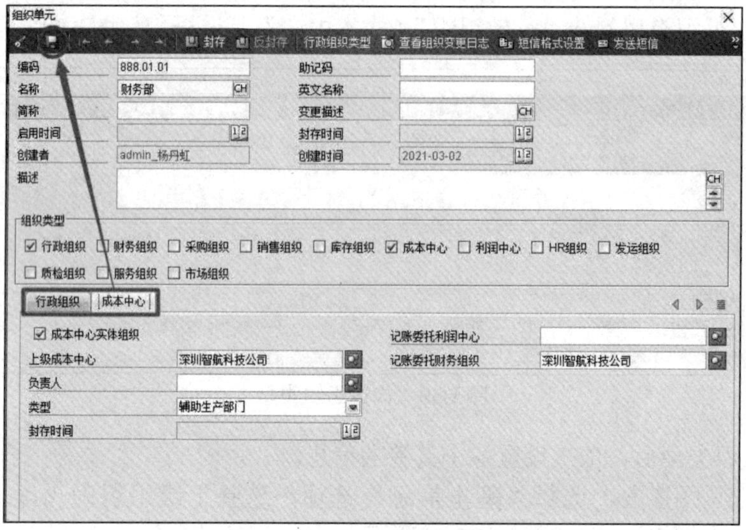

图3-42　保存组织单元信息

返回组织单元查询界面,选中"深圳智航科技公司",单击"新增"按钮,输入编码为"888.01.02",名称为"业务部",组织类型勾选"行政组织""成本中心"复选框,如图3-43所示。

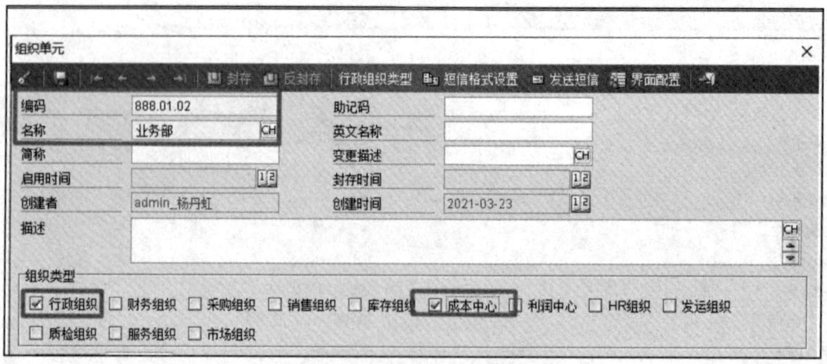

图3-43　勾选组织类型

勾选完组织类型后，依次设置各个页签的信息。

在行政组织页签上，选择"基本信息"选项，选择上级组织为"深圳智航科技公司"，组织层次类型为"部门"，如图3-44所示。

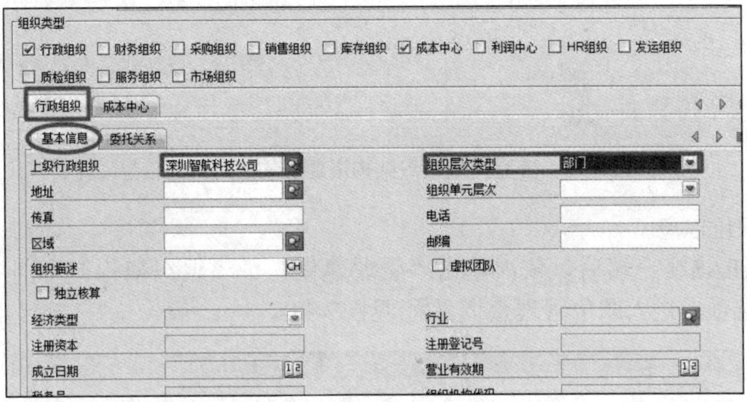

图3-44 行政组织页签

切换到成本中心页签，勾选"成本中心实体组织"复选框，选择上级成本中心为"深圳智航科技公司"，记账委托财务组织为"深圳智航科技公司"，如图3-45所示。

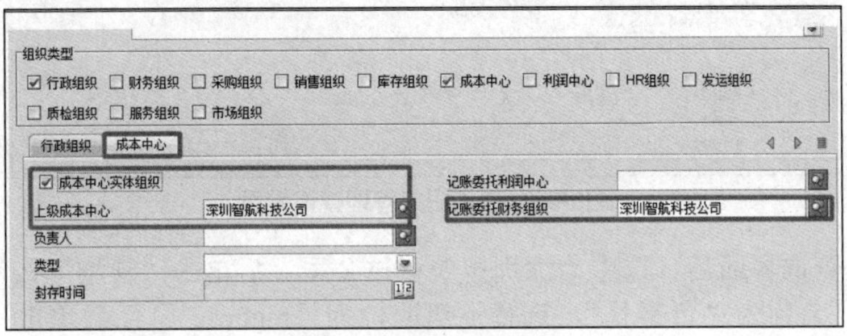

图3-45 成本中心页签

所有组织类型页签设置完毕后，保存组织单元信息，如图3-46所示。

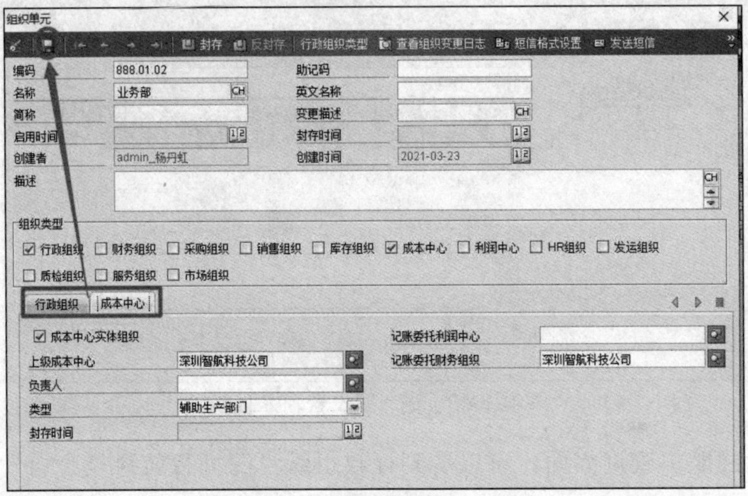

图3-46 保存组织单元信息

完成组织架构搭建后的组织单元信息如图3-47所示。

图3-47 查看完成组织架构搭建后的组织单元信息

3. 搭建职位信息

登录金蝶EAS客户端后，依次单击"企业建模"｜"组织架构"｜"汇报体系"｜"职位管理"选项，进入职位管理查询界面(见图3-48)。

图3-48 进入职位管理查询界面

进入职位查询界面后，选中"深圳智航科技公司"后单击"新增"按钮，输入编码为"888.01"，名称为"董事长"，选择上级职位为"bigboss"，然后单击"保存"按钮(见图3-49)。

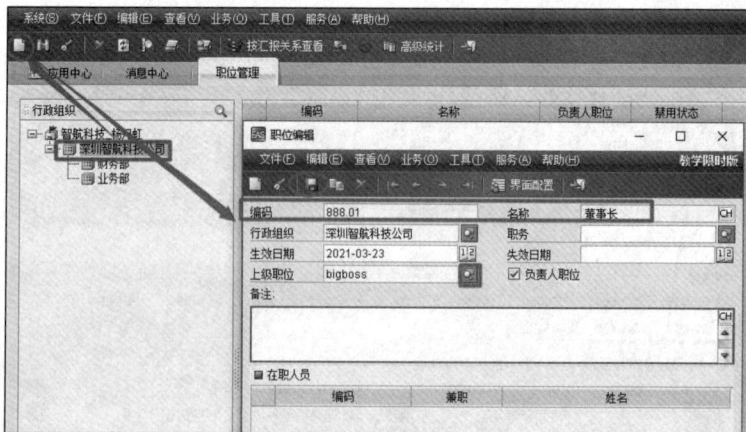

图3-49 进入职位查询界面

保存后返回职位查询界面，可以看到行政组织"深圳智航科技公司"下的职位(见图3-50)。

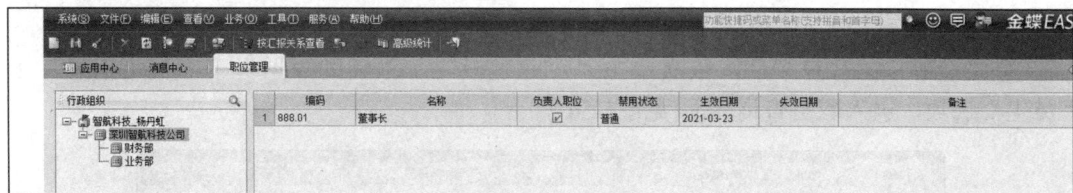

图3-50 查看行政组织"深圳智航科技公司"下的职位

按照同样的方式新增其他职位(职位信息可参考表3-6)，新增后的职位如图3-51、图3-52所示。

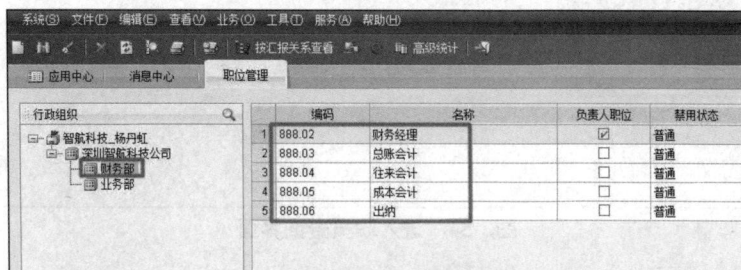

图3-51 查看新增职位(1)

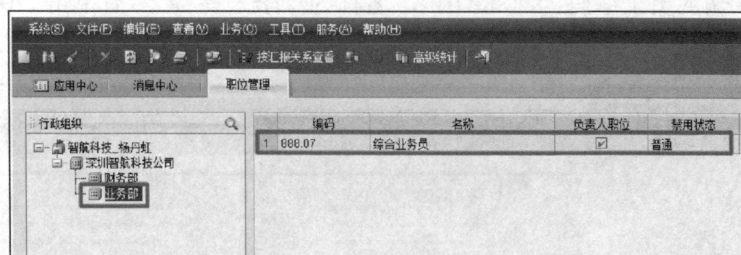

图3-52 查看新增职位(2)

新增业务部的职位时，选择上级职位为"成本会计"，否则会影响后续费用审批工作流，如图3-53所示。

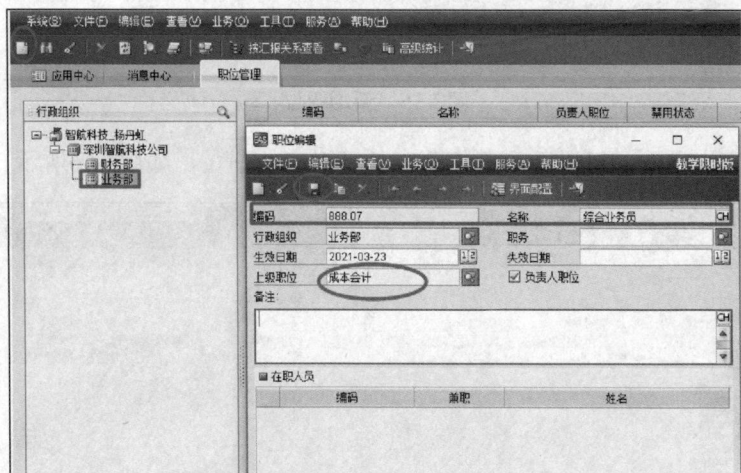

图3-53 选择上级职位为"成本会计"

4．创建职员

登录金蝶EAS客户端后，依次单击"企业建模"｜"辅助数据"｜"员工信息"｜
"员工"选项，进入职员查询界面(见图3-54)。

图3-54　进入职员查询界面

进入职员查询界面后，可选中对应的组织新增相应的职位。选中董事长职位后，单击
"新增"按钮，输入员工编码为"888.01"，名称为"李宏亮"，然后单击"保存"按钮(见
图3-55)。

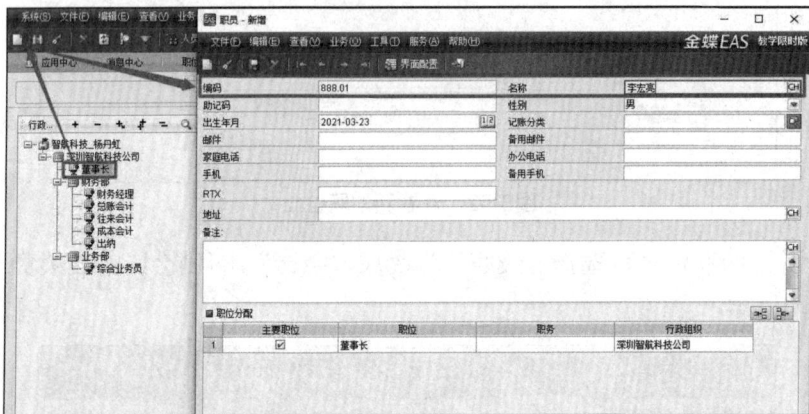

图3-55　新增职位

返回职员查询界面，可以看到职位董事长下对应的职员，如图3-56所示。

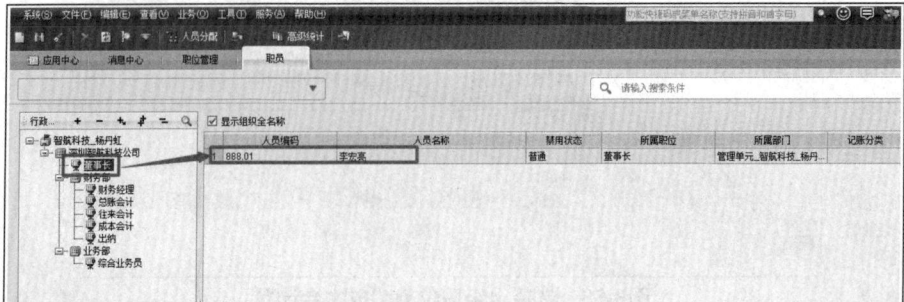

图3-56　查看职位

可按照相同的方式增加其他职位(具体信息可参考表3-7)。完成所有职位的新增工作后，在职员查询界面，选中"智航科技_杨丹虹"，勾选"包含下级人员"复选框，可以查询到该部门所有的职员(见图3-57)。

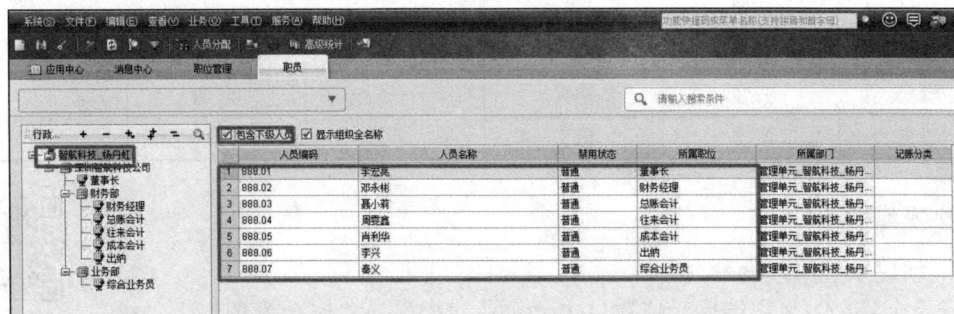

图3-57 查询职位

3.2.4 任务四 (必)用户管理

⤴ 登录账号

登录账号：admin_姓名。
登录密码：学号。

⤴ 实验步骤

❑ 创建user用户。
❑ 创建职员的用户信息。
❑ 调整用户的缺省组织。

⤴ 实验数据

实验数据如表3-8、表3-9所示。

表 3-8 user 用户信息表

用户账号	用户类型	用户实名	所属管理单元	密码	维护组织范围	权限	缺省组织
User_姓名	其他	User_姓名	管理单元	学号	管理单元、智航科技_姓名、深圳智航科技公司	所有权限	深圳智航科技公司

表 3-9 职员用户信息表

用户账号	用户类型	用户实名	组织范围批量添加	批量分配角色	缺省组织
lhl学号	职员	李宏亮	智航科技_姓名、深圳智航科技公司	董事长	深圳智航科技公司
dyb学号	职员	邓永彬		财务经理	
nxl学号	职员	聂小莉		总账会计	

续表

用户账号	用户类型	用户实名	组织范围批量添加	批量分配角色	缺省组织
zwx学号	职员	周雯鑫		往来会计	
xlh学号	职员	肖利华		成本会计	
lx学号	职员	李兴		出纳	
qy学号	职员	秦义		综合业务员	

↗ 操作指导

1. 创建系统用户user

登录金蝶EAS客户端后,依次单击"企业建模"|"安全管理"|"权限管理"|"用户管理"选项,进入用户管理查询界面(见图3-58)。

操作视频

图3-58　用户管理查询界面

进入用户管理查询界面后,单击"新增"按钮,打开用户新增界面。输入用户账号为"user_杨丹虹",用户类型选择"其他",用户实名为"user_杨丹虹",选择所属管理单元为"管理单元",输入用户密码为学号,确认密码为学号,然后单击"保存"按钮,如图3-59所示。

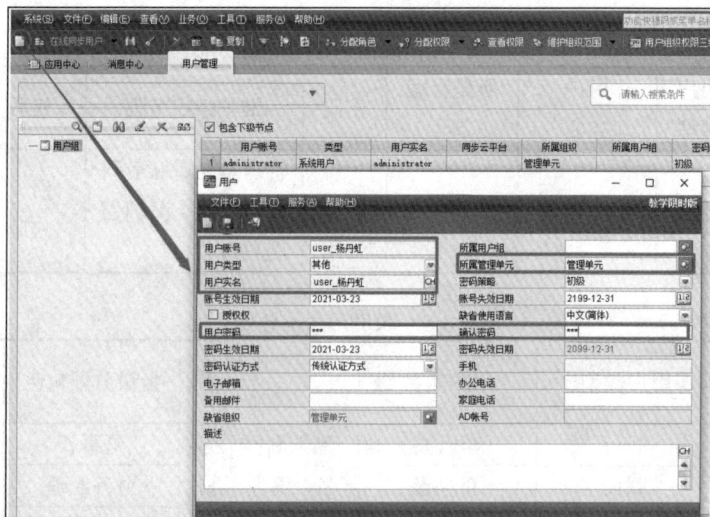

图3-59　打开用户新增界面

在用户管理界面，单击工具栏的"维护组织范围"选项，为该用户添加业务组织，在组织范围维护界面，选择组织范围类型为"业务组织"，单击"增加组织"按钮。在组织单元选择界面左边选中"智航科技_杨丹虹"后，再选中"智航科技_杨丹虹""深圳智航科技公司"后，单击"全加"按钮，将组织添加到已选列表。单击"确认"按钮，完成用户业务组织范围的维护工作，如图3-60所示。

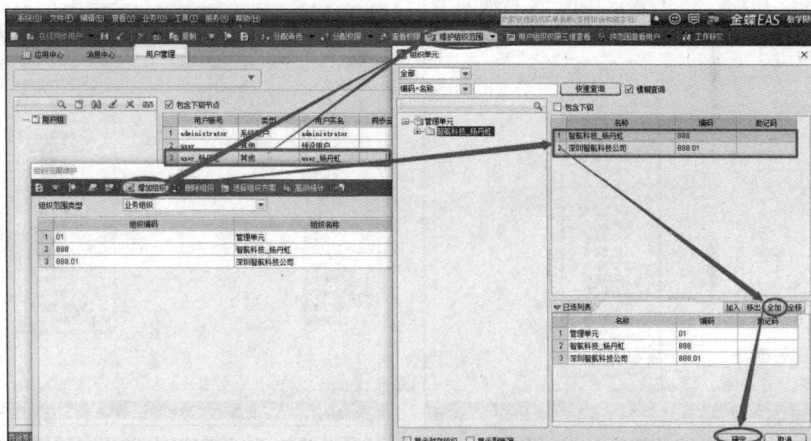

图3-60　完成组织范围的维护

返回组织范围维护界面，可以查看维护好的组织(见图3-61)。

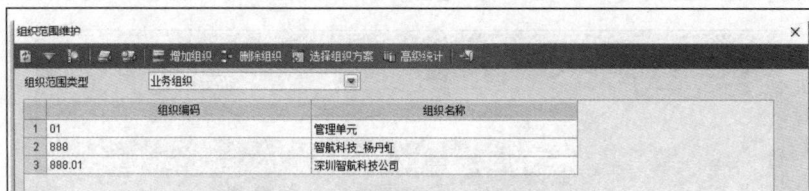

图3-61　查看维护好的组织

在用户管理界面，选中用户"user_杨丹虹"后，单击工具栏的"分配权限"选项，打开分配权限界面，选择组织为管理单元后，单击 >> 将所有权限赋予管理单元后单击"保存"按钮(见图3-62)。

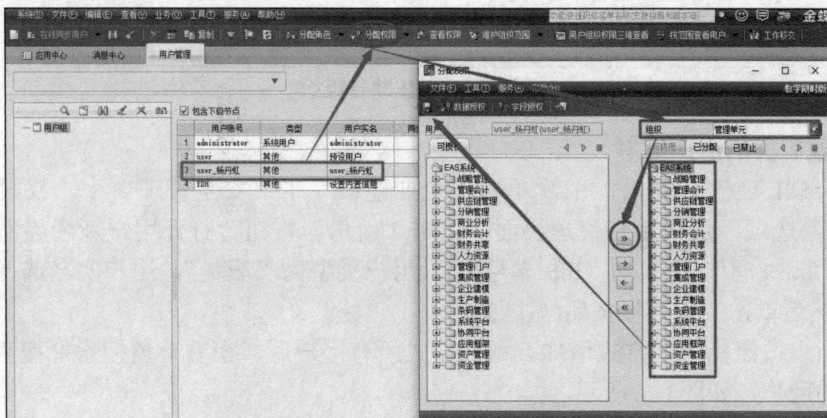

图3-62　打开分配权限界面

　　选择组织为"智航科技_杨丹虹",将所有权限赋予智航科技_杨丹虹后,单击"保存"按钮(见图3-63)。

　　选择组织为"深圳智航科技公司",将所有权限赋予深圳智航科技公司后,单击"保存"按钮(见图3-64)。

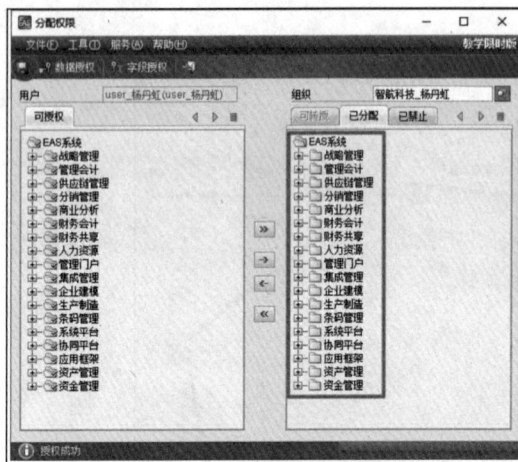

图3-63　将所有权限赋予智航科技_杨丹虹　　　图3-64　将所有权限赋予深圳智航科技公司

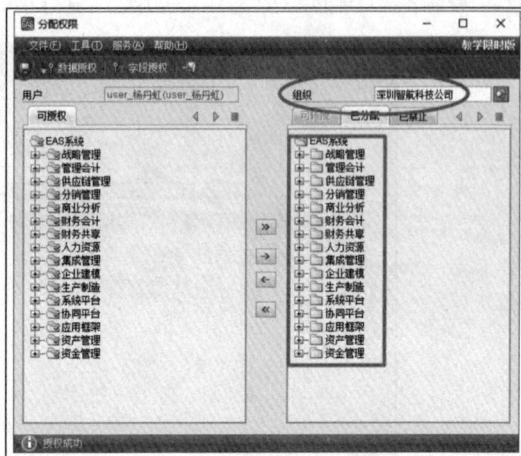

　　设置完成3个组织的权限后,返回用户查询界面,选中"user_杨丹虹",单击"修改"按钮,设置缺省组织为"深圳智航科技公司",然后单击"保存"按钮(见图3-65)。

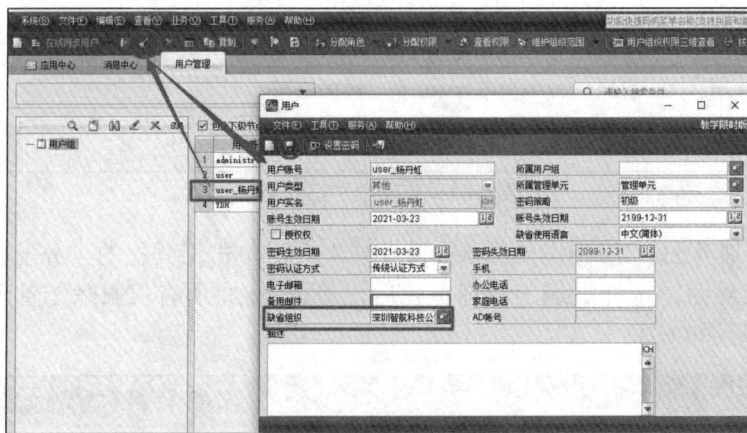

图3-65　设置缺省组织

2. 创建职员的用户信息

　　登录金蝶EAS客户端后,依次单击"企业建模"|"安全管理"|"权限管理"|"用户管理"选项,进入用户管理界面,单击"新增"按钮,打开用户新增界面。输入用户账号为"lhl+888"(格式为"lhl+学号"),用户类型为"职员",用户实名选择"李宏亮888.01",然后单击"保存"按钮(见图3-66)。

　　其他用户按照相同的方式增加。增加完成所有用户后,在右上角搜索框搜索学号即可查看新增的用户,如图3-67所示。

　　在用户管理界面,单击工具栏"维护组织范围"选项卡下的"组织范围批量增加"选项，为职员用户添加业务组织，如图3-68所示。

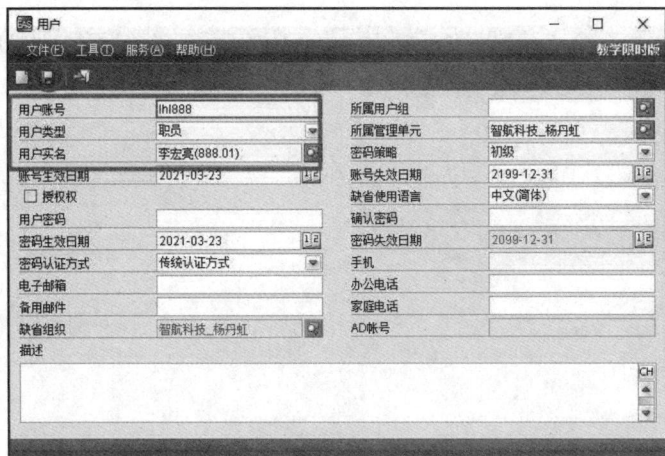

图3-66 用户新增界面

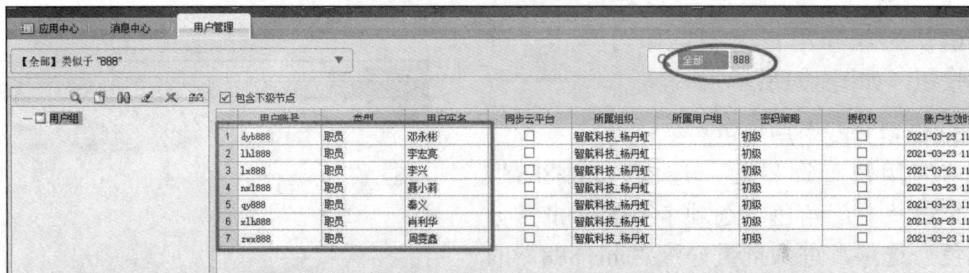

图3-67 查看新增的用户

图3-68 批量增加组织范围

进入组织范围批量增加的界面后，选择组织为"智航科技_杨丹虹"和"深圳智航科技公司"，如图3-69所示。

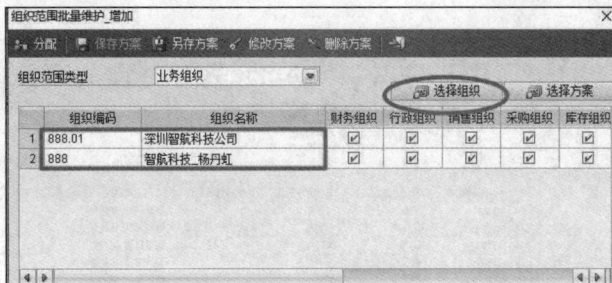

图3-69 选择组织

在用户列表界面搜索用户账号(包含学号)，按Shift按钮选中筛选出来的用户后，单击

"确定"按钮，用户列表即可显示前面新增的以学号为标志的7个用户，如图3-70所示。

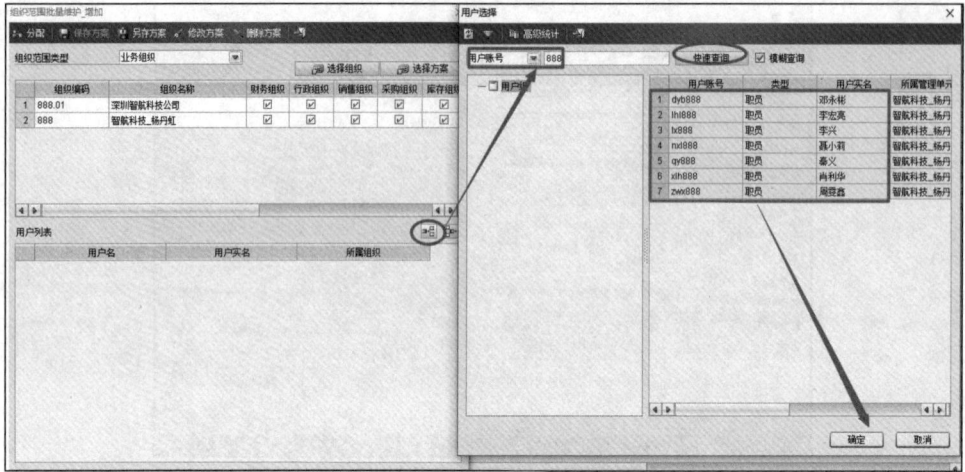

图3-70　显示前面新增的用户

确认组织和用户无误，即可单击"分配"按钮，如图3-71所示。

3. 批量分配用户角色

返回用户查询界面，选中"lhl+888"后，单击"分配角色"选项卡下的"批量分配角色"选项，进入批量分配"lhl+888"的组织角色界面，如图3-72所示。

选择组织为"智航科技_杨丹虹"和"深圳智航科技公司"，将角色"董事长"从左边选择至右边后，单击"分配"按钮(见图3-73)。

其他剩下的6个用户按照相同的方式进行角色的批量分配，确保所有用户的角色都分配至"智航科技_杨丹虹""深圳智航科技公司"下。角色分配具体信息如表3-7所示。可通过选中用户查看权限，确保用户权限已成功分配，如图3-74所示。

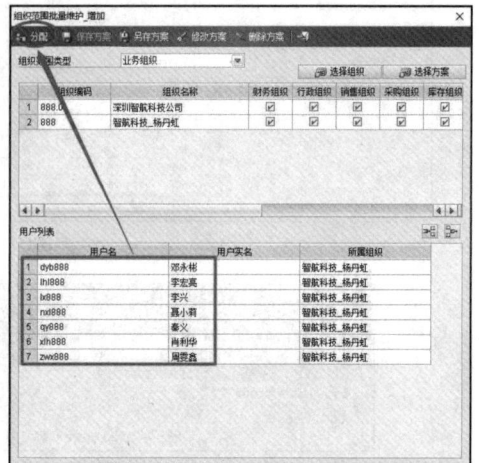

图3-71　确认组织和用户

图3-72　批量分配角色

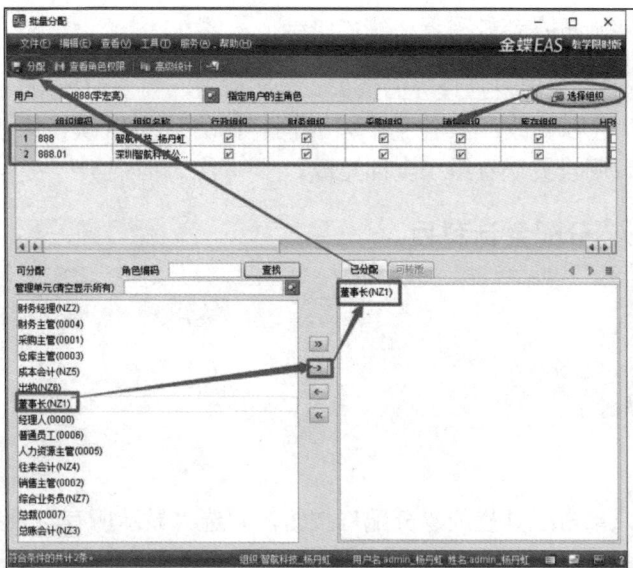

图3-73 进行角色的批量分配

图3-74 查看权限

4. 调整用户的缺省组织

在用户管理界面，选择用户后，单击工具栏上的"修改"按钮，打开用户修改界面，修改缺省组织为"深圳智航科技公司"，如图3-75所示。

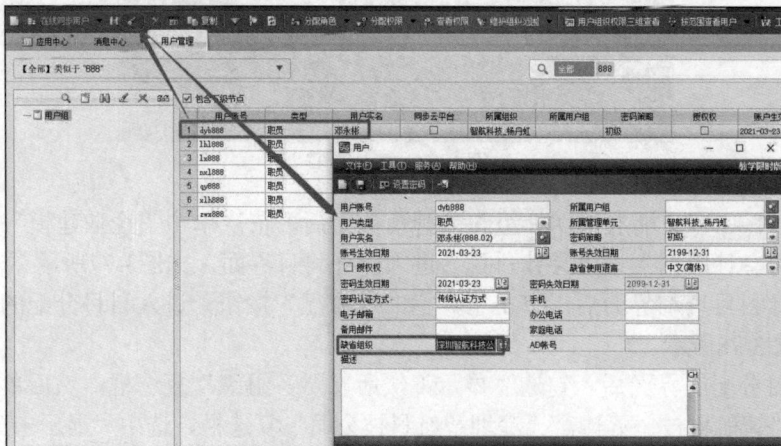

图3-75 修改缺省组织

注意：全部的职员用户都需要调整缺省组织。

保存后，"dyb888"从用户管理界面消失。若需修改，需要切换用户"administrator"，密码为"kdadmin"进行修改。其他用户按照同样的方式设置缺省组织，直到搜索学号后，无相关用户则说明设置缺省组织全部完成。

3.2.5 任务五 (必)分配会计科目

↗ 登录账号

登录账号：user_姓名。
登录密码：学号。

↗ 实验数据

切换管理单元，单击工具栏的"分配"按钮，勾选"显示所有下级组织"复选框，勾选财务组织"智能科技_杨丹虹"和"深圳智航科技公司"选中"显示未分配科目"单选按钮，最后全选所有科目后单击"保存"按钮，即可把内置的科目分配给子管理单元和业务组织。

↗ 操作指导

单击系统下的"重新登录"，切换至用户"user_杨丹虹"进行会计科目分配。选择老师提供的数据中心，输入用户名为"admin_杨丹虹"，密码为学号，单击"登录"按钮(见图3-76)，进入金蝶EAS系统。

操作视频

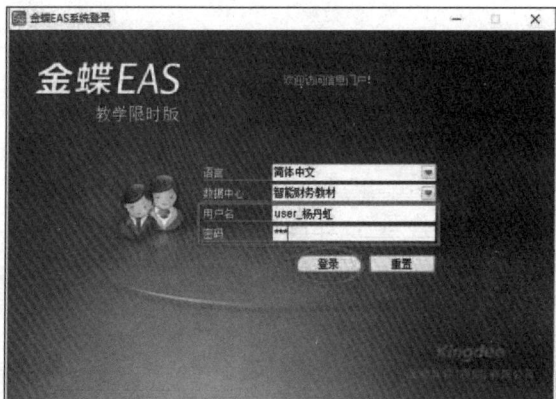

图3-76　重新登录

登录金蝶EAS客户端后，切换组织为管理单元后，依次单击"企业建模"｜"辅助数据"｜"财务会计数据"｜"会计科目"进入会计科目界面，如图3-77所示。

进入会计科目查询界面后，单击工具栏的"分配"按钮，进入科目分配的界面分配会计科目，如图3-78所示。

进入科目分配的界面后，勾选"显示下级所有财务组织"复选框，然后单击"全选"按钮，选中"智航科技_杨丹虹""深圳智航科技公司"复选框，选中"显示未分配科目"，然后单击"全选"按钮，最后单击"分配"按钮，提示科目分配成功，步骤如图3-79所示。

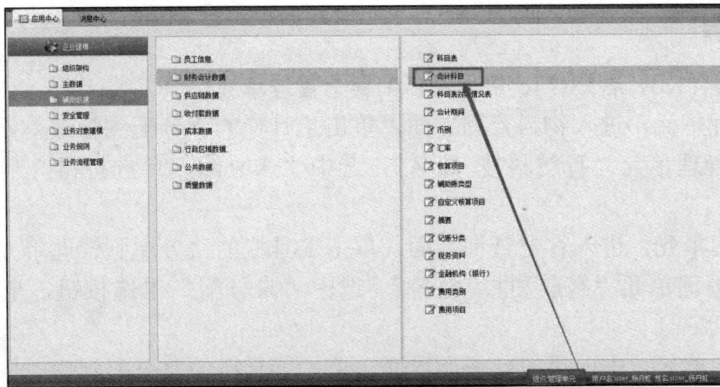

图3-77　会计科目界面

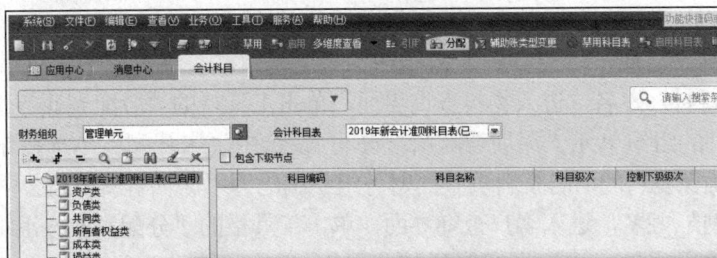

图3-78　进入科目分配界面

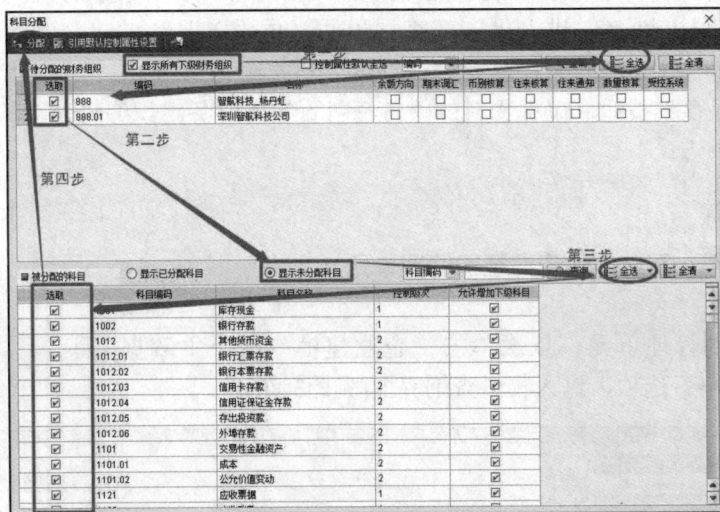

图3-79　分配会计科目

可切换到对应组织查看分配过去的会计科目。

3.2.6　任务六 (必)分配基础资料

↗ 登录账号

登录账号：user_姓名。

登录密码：学号。

实验数据

1. 分配物料(13)、客户(7)、供应商(14)到子管理单元

切换到管理单元，进入物料查询界面，单击工具栏的"分配到管理单元"选项，勾选编码为学号的管理单元"智航科技_姓名"，选中"未分配"单选按钮，全选后单击"保存"按钮。

切换到管理单元，进入客户查询界面，单击工具栏的"分配到管理单元"选项，勾选编码为学号的管理单元"智航科技_姓名"，选中"未分配"单选按钮，全选后单击"保存"按钮。

切换到管理单元，进入供应商查询界面，单击工具栏的"分配到管理单元"选项，勾选编码为学号的管理单元"智航科技_姓名"，选中"未分配"单选按钮，全选后单击"保存"按钮。

2. 分配物料、客户、供应商到业务组织

切换到智航科技_姓名，进入物料查询界面，单击工具栏的"分配到业务组织"选项，勾选编码为学号.01的组织单元"深圳智航科技公司"，选中"未分配"单选按钮，全选后单击"保存"按钮，确保物料的财务资料页签的财务组织编码为"深圳智航科技公司(学号.01)"。

换到智航科技_姓名，进入客户查询界面，单击工具栏的"分配到业务组织"选项，勾选编码为学号.01的组织单元"深圳智航科技公司"，选中"未分配"单选按钮，全选后单击"保存"按钮，确保物料的财务资料页签的财务组织编码为"深圳智航科技公司(学号.01)"。

换到智航科技_姓名，进入供应商查询界面，单击工具栏的"分配到业务组织"选项，勾选编码为学号.01 的组织单元"深圳智航科技公司"，选中"未分配"单选按钮，全选后单击"保存"按钮，确保物料的财务资料页签的财务组织编码为"深圳智航科技公司(学号.01)"。

操作指导

1. 分配物料、客户、供应商至子管理单元

1) 分配物料

切换组织到管理单元，依次单击"企业建模"｜"主数据"｜"物料"｜"物料"选项，进入物料查询界面(见图3-80)。

操作视频

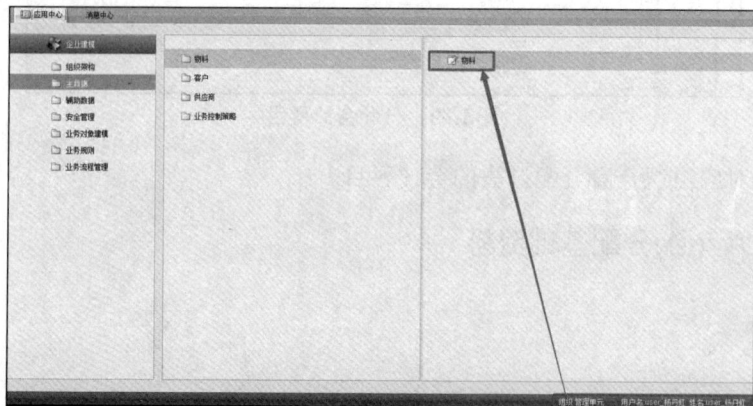

图3-80　进入物料查询界面

进入物料查询界面后，单击工具栏的"分配到管理单元"选项，进入分配物料的界面(见图3-81)。

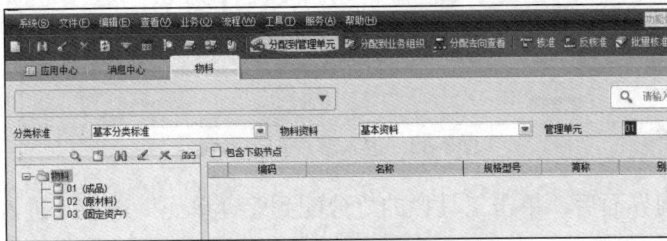

图3-81 进入分配物料界面

勾选管理单元"智航科技_杨丹虹"，选择未分配物料后单击"全选"按钮，最后单击"保存"按钮，系统提示保存成功，再次确保13个物料均在已分配里面，如图3-82所示。

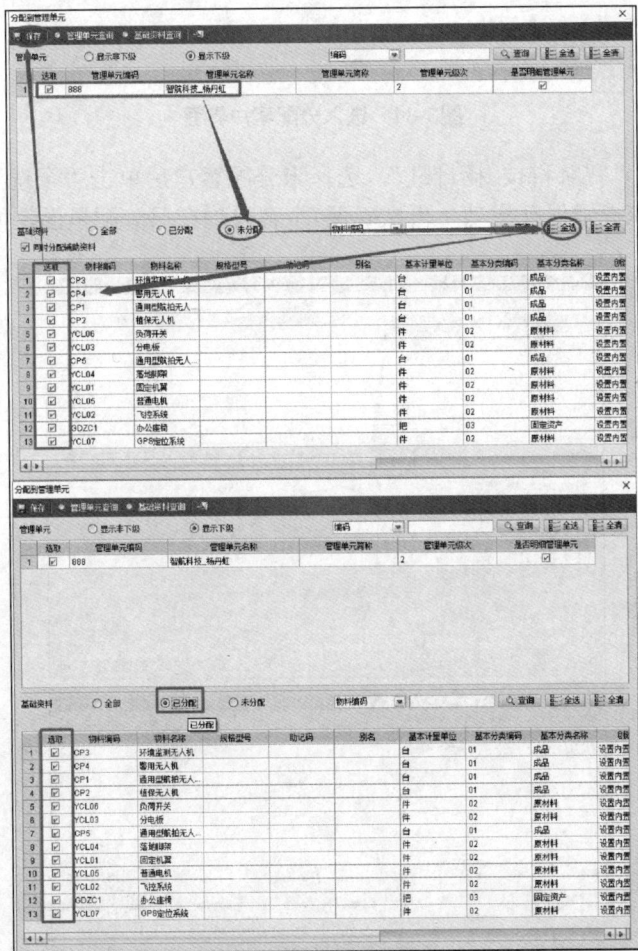

图3-82 分配物料

2) 分配客户

切换组织到管理单元，依次单击"企业建模"｜"主数据"｜"客户"｜"客户"选项，进入客户查询界面(见图3-83)。

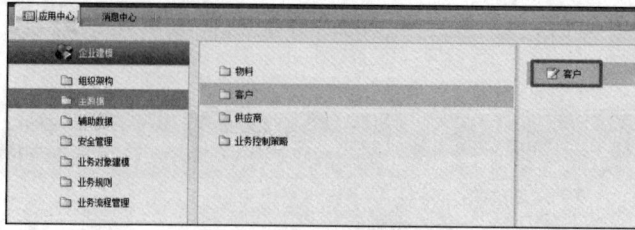

图3-83　进入客户查询界面

进入客户查询界面后，单击工具栏的"分配到管理单元"选项，进入分配客户的界面（见图3-84）。

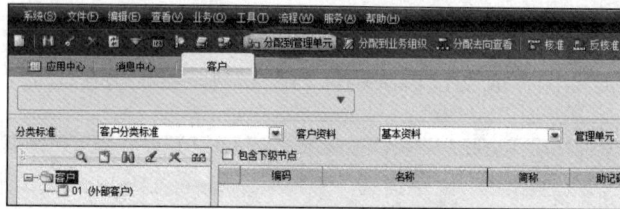

图3-84　进入分配客户界面

勾选管理单元"智航科技_杨丹虹"，选择未分配客户后单击"全选"按钮，最后单击"保存"按钮，系统提示保存成功，再次确保7个客户均在已分配里面，如图3-85所示。

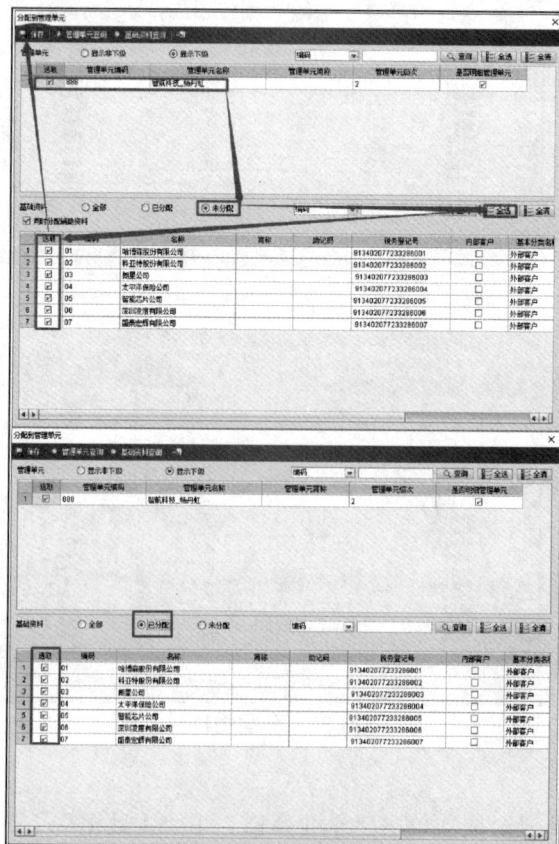

图3-85　分配客户

3) 分配供应商

切换组织到管理单元，依次单击"企业建模"｜"主数据"｜"供应商"｜"供应商"选项，进入供应商查询界面(见图3-86)。

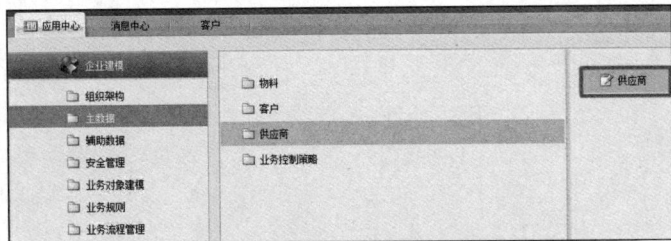

图3-86 进入供应商查询界面

进入供应商查询界面后，单击工具栏的"分配到管理单元"选项，进入分配供应商的界面(见图3-87)。

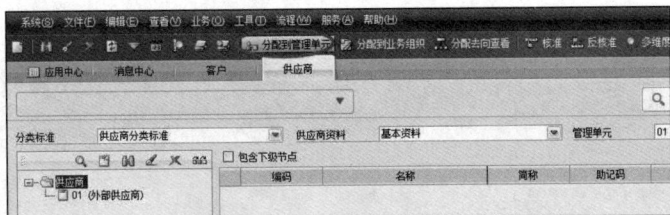

图3-87 进入分配供应商界面

勾选管理单元"智航科技_杨丹虹"，选择未分配供应商后单击"全选"按钮，最后单击"保存"按钮，系统提示保存成功，再次确保14个供应商均在已分配里面，如图3-88所示。

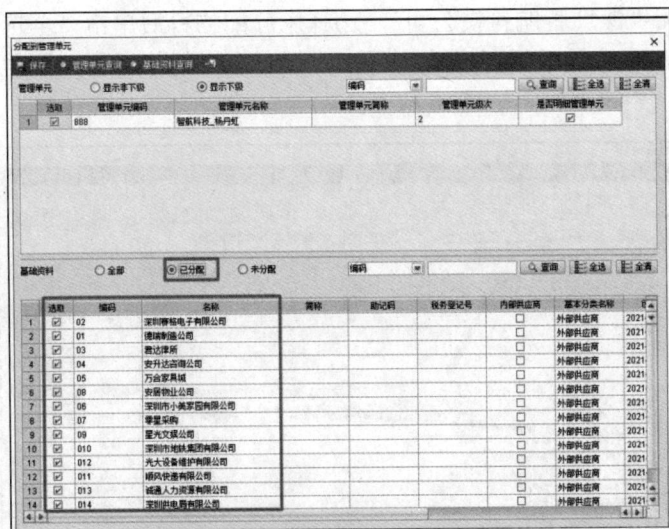

图3-88 分配供应商

2. 分配物料、客户、供应商至业务组织

1) 分配物料

切换组织到"智航科技_姓名"，依次单击"企业建模"｜"主数据"｜"物料"｜

"物料"选项，进入物料查询界面(见图3-89)。

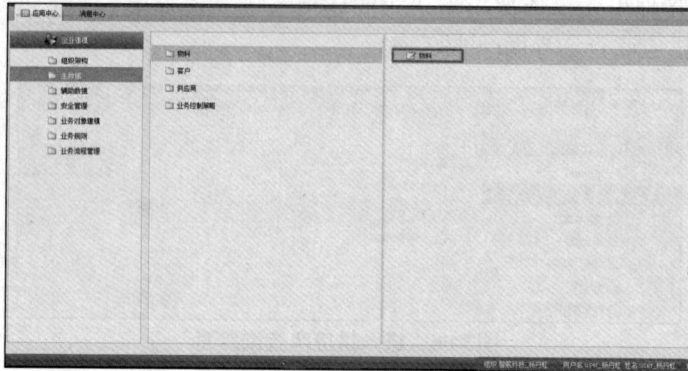

图3-89　进入物料查询界面

进入物料查询界面后，单击工具栏的"分配到业务组织"选项，进入分配物料的界面(见图3-90)。

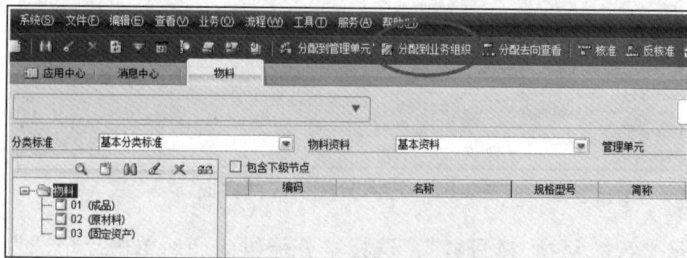

图3-90　进入分配物料界面

勾选组织单元"深圳智航科技公司"，选择未分配物料后单击"全选"按钮，最后单击"保存"按钮，系统提示保存成功，再次确保13个物料均在已分配里面，如图3-91、图3-92所示。

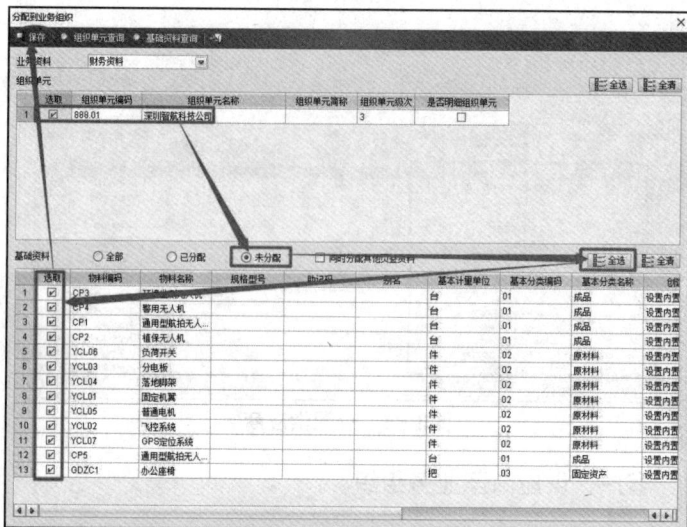

图3-91　分配物料(1)

图3-92 分配物料(2)

2) 分配客户

切换组织到"智航科技_姓名",依次单击"企业建模"|"主数据"|"客户"|"客户"选项,进入客户查询界面(见图3-93)。

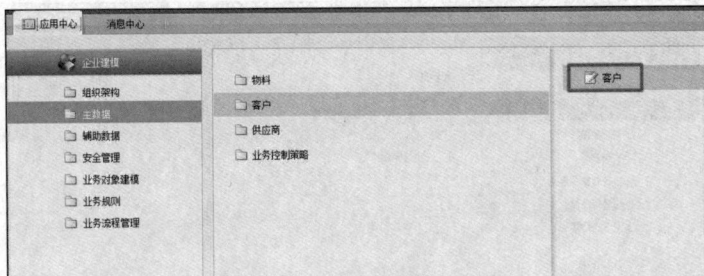

图3-93 进入客户查询界面

进入客户查询界面后,单击工具栏的"分配到业务组织"选项,进入分配客户的界面(见图3-94)。

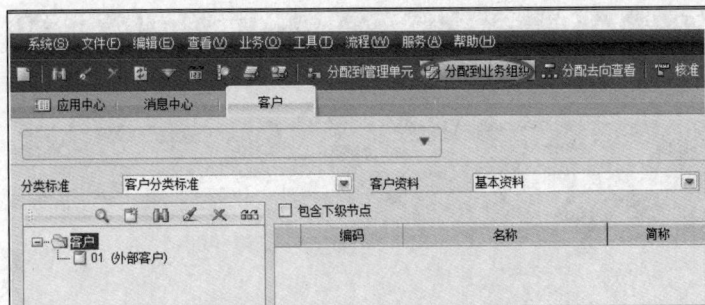

图3-94 进入分配客户界面

勾选组织单元"深圳智航科技公司",选择未分配客户后单击"全选"按钮,最后单击"保存"按钮,系统提示保存成功,再次确保7个客户均在已分配里面,如图3-95所示。

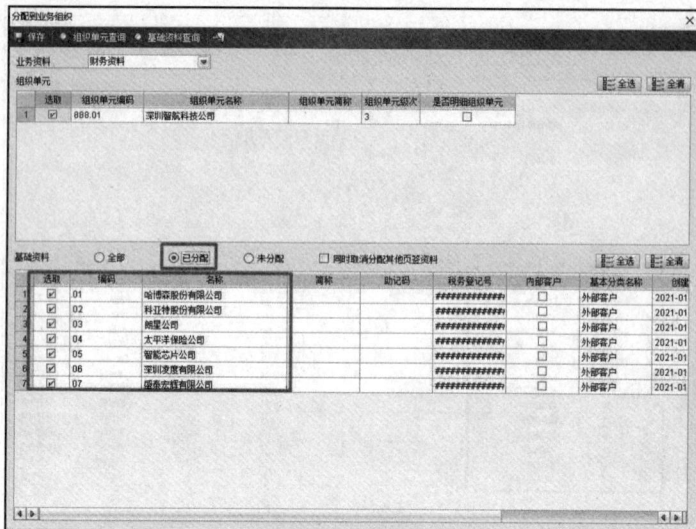

图3-95　分配客户

3) 分配供应商

切换组织到"智航科技_姓名",依次单击"企业建模"｜"主数据"｜"供应商"｜"供应商"选项,进入供应商查询界面(见图3-96)。

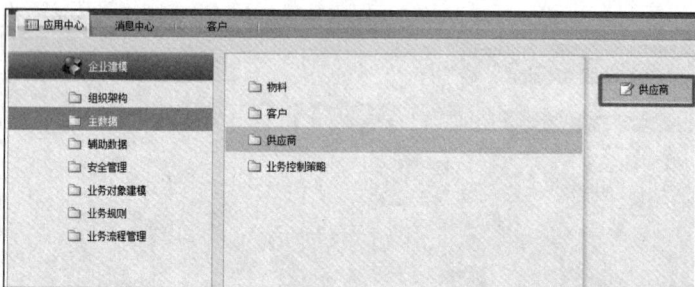

图3-96　进入供应商查询界面

进入供应商查询界面后,单击工具栏的"分配到管理单元"选项,进入分配供应商的界面(见图3-97)。

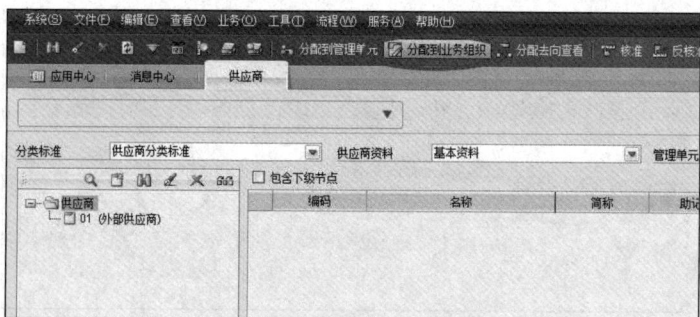

图3-97　进入分配供应商界面

勾选管理单元"智航科技_姓名",选择未分配供应商后单击"全选"按钮,最后单击"保存"按钮,系统提示保存成功,再次确保14个供应商均在已分配里面,如图3-98所示。

图3-98 分配供应商

3.2.7 任务七 (必)新增银行账号

登录账号

登录账号：user_姓名。

登录密码：学号。

实验步骤

❑ 切换到深圳智航科技公司新建银行账户。

实验数据

实验数据如表3-10所示。

表 3-10 银行账户信息表

编码	银行账号	名称	开户单位	金融机构	币别	科目	用途	账户收支属性
学号.001	438746288800008***	工商银行南山支行	深圳智航科技公司	工商银行	人民币	银行存款	活期	收入户
学号.002	438746288800007***	工商银行宝安支行						支出户
学号.003	438746288800006***	工商银行罗湖支行						收支户

说明：***为学号后三位

操作指导

切换组织到"深圳智航科技公司"，依次单击"资金管理"｜"账户管理"｜"业务处理"｜"银行账户维护"选项，进入银行账户界面，单击"确定"按钮，再单击"新增"按钮(见图3-99、图3-100)。

操作视频

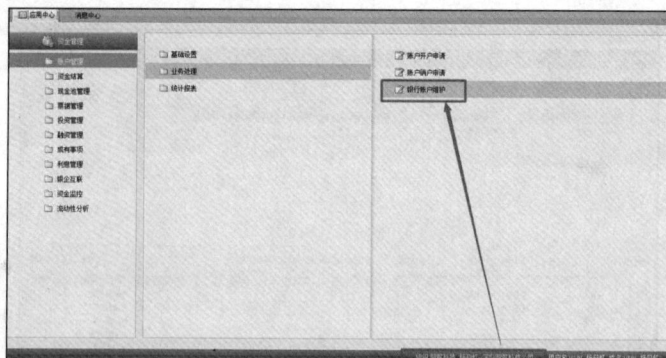

图3-99   单击银行账户维护

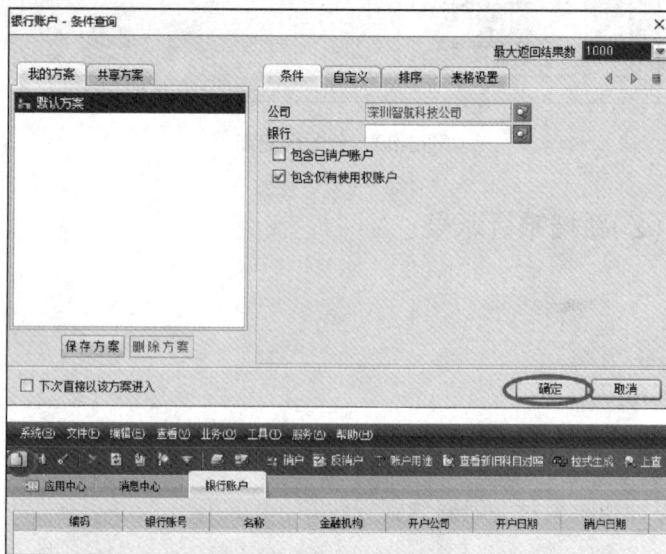

图3-100   单击"新增"按钮

进入银行账户新增界面后，按照银行账户信息表(见表3-10)，输入编码为"888.001"
(格式为学号.001)，银行账号为"438746288800008888"(格式为"438746288800008+学号")，名称为"工商银行南山支行"，确认开户单位为"深圳智航科技公司"，金融机构选择"NZ工商银行"，币别为"人民币"，科目选择"1002银行存款"，用途为"活期"，账户收支性质为"收入户"，确认所有信息无误后，保存第一个银行账户信息(见图3-101)。

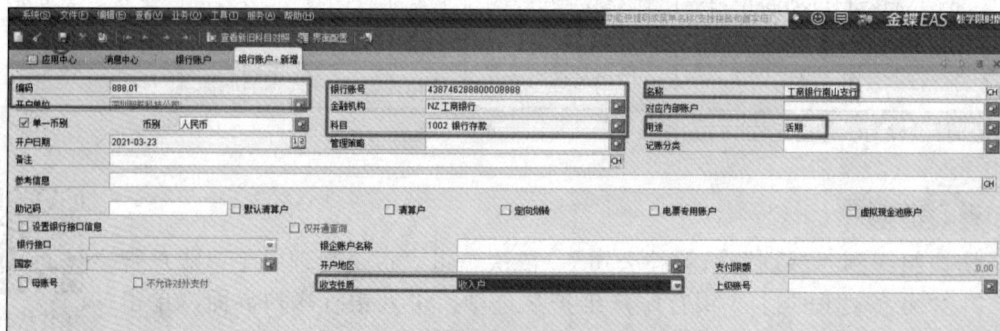

图3-101   进入银行账户新增界面

另外两个银行账户按照相同的方式进行新增。3个银行账户新增完成后，返回银行账户查询界面，可以看到3个银行账户已完成新增，如图3-102所示。

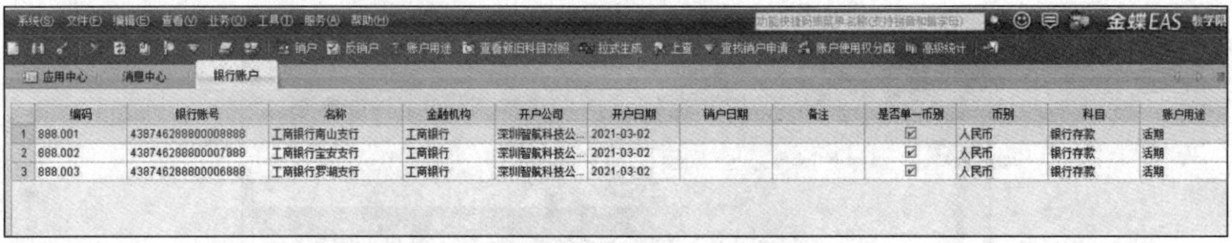

图3-102 完成银行账户的新增工作

3.2.8 任务八 (必)新建凭证类型

↗ 登录账号

登录账号：user_姓名。
登录密码：学号。

↗ 实验步骤

❏ 切换组织到"智航科技_姓名"，新建凭证类型。

↗ 实验数据

实验数据如表3-11所示。

表 3-11 凭证类型信息表

编码	名称	默认	创建管理单元
学号	记_姓名	是	智航科技_姓名

↗ 操作指导

切换组织为"智航科技_姓名"，依次单击"财务会计"｜"总账"｜"基础设置"｜"凭证类型"选项，进入凭证类型查询界面(见图3-103)。

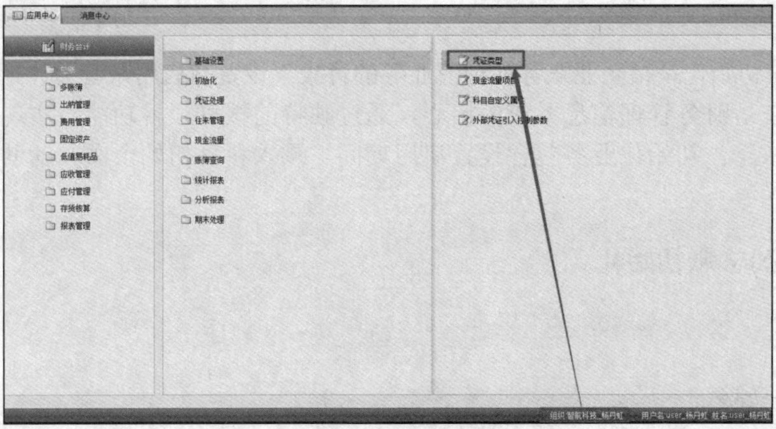

操作视频

图3-103 进入凭证类型查询界面

　　进入凭证类型查询界面后，单击"新增"按钮，输入编码为学号，名称为"记_杨丹虹"，勾选"默认"复选框，然后单击"保存"按钮(见图3-104)。

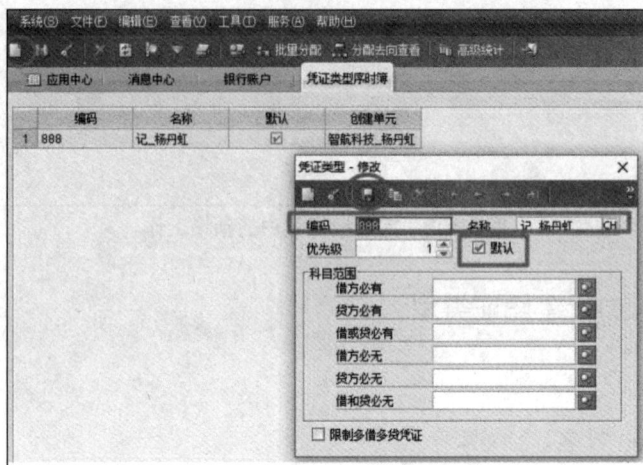

图3-104　进入凭证类型查询界面

　　返回凭证类型查询界面，可以看到新增完成的凭证类型，创建单元为"智航科技_杨丹虹"，如图3-105所示。

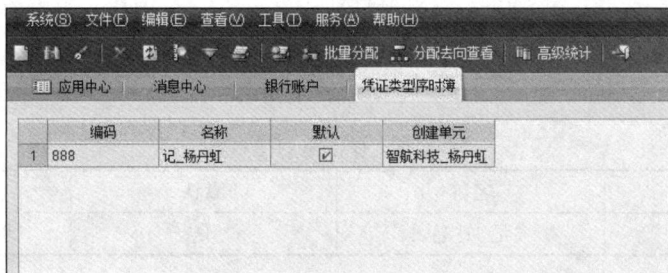

图3-105　查看新增完成的凭证类型

3.3　会计系统初始化

　　这个章节中系统初始化是指企业账务和物流业务的背景下设置和启用账套会计期间的期初数据。总账系统是财务管理信息系统的核心，通过独特的核算项目功能，实现企业各项业务的精细化核算。初始化业务包含设置启用期间、录入科目初始余额、辅助账初始余额。

3.3.1　任务九 (必)总账初始化

↗ 登录账号

登录账号：user_姓名。
登录密码：学号。

⬈ 实验步骤

切换到深圳智航科技公司进行总账初始化：

❑ 启用期间设置；

❑ 辅助账余额初始化录入；

❑ 科目余额初始化录入。

⬈ 实验数据

实验数据如表3-12、表3-13所示。

表3-12 辅助账期初余额信息

币别	科目	核算项目	方向	原币	本位币
人民币	银行存款	工商银行宝安支行	借	6 515 522.82	6 515 522.82
		工商银行罗湖支行		200 000.00	200 000.00
	原材料	落地脚架	借	8 820.00	8 820.00
		普通电机		65 436.00	65 436.00
		固定机翼		694 800.00	694 800.00
		飞控系统		382 452.00	382 452.00
		分电板		123 024.00	123 024.00
	应收账款	朗星公司	借	15 899 950.00	15 899 950.00
		深圳凌度有限公司		917 800.00	917 800.00
	库存商品	通用型航拍无人机	借	8 820.00	8 820.00
		通用型航拍无人机(定制A款)		65 436.00	65 436.00
		警用无人机		694 800.00	694 800.00
		环境监测无人机		382 452.00	382 452.00
		植保无人机		123 024.00	123 024.00
	应付账款	德瑞制造公司	贷	160 000.00	160 000.00
		深圳赛格电子有限公司		160 000.00	160 000.00
		万合家具城		160 000.00	160 000.00

表3-13 科目余额信息

科目		期初余额(人民币)	
代码	名称	方向	本位币
1001	库存现金	借	20 000.00
1002	银行存款	借	6 715 522.82
1122	应收账款	借	16 817 750.00
1403	原材料	借	1 274 532.00
1405	库存商品	借	6 781 204.00
1601	固定资产	借	15 307 554.78
1801	长期待摊费用	借	240 000.00

续表

科目		期初余额(人民币)	
代码	名称	方向	本位币
2202	应付账款	贷	2 155 580.00
2211.01	工资	贷	1 618 000.00
2221.02	未交增值税	贷	483 849.00
2221.04	应交所得税	贷	825 180.00
2221.07	应交城市维护建设税	贷	33 869.43
2221.11	应交教育税附加	贷	14 515.47
2221.12	应交地方教育税附加	贷	677.39
2221.13	应交个人所得税	贷	24 892.31
4001	实收资本	贷	30 000 000.00
4002.01	资本(或股本)溢价	贷	7 500 000.00
4101.01	法定盈余公积	贷	3 300 000.00
4101.02	任意盈余公积	贷	1 200 000.00

↗ 操作指导

1. 启用期间设置

切换组织到深圳智航科技公司后，依次单击"系统平台"|"系统工具"|"系统配置"|"系统状态控制"选项，进入系统状态控制界面(见图3-106)。

操作视频

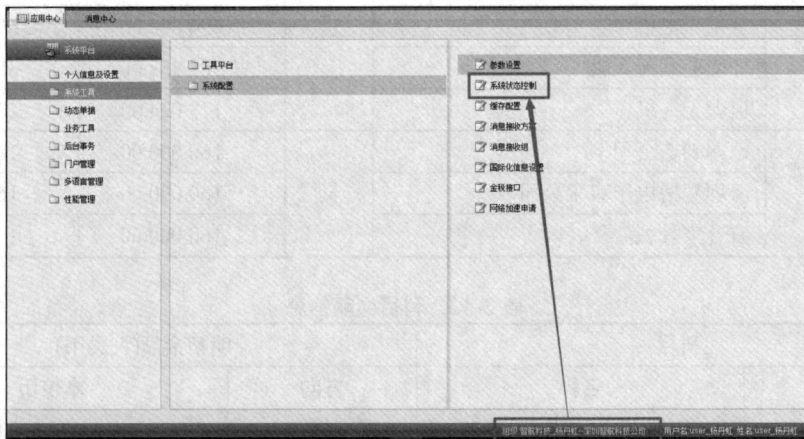

图3-106 进入系统状态控制界面

选择组织名称为"深圳智航科技公司"，设置总账系统的启用期间为"2021年1期"，设置完成后单击"保存"按钮(见图3-107)。

2. 辅助账余额初始化录入

登录金蝶EAS客户端后，依次单击"财务会计"|"总账"|"初始化"|"辅助账科目初始余额录入"选项，打开辅助账初始化界面(见图3-108)。

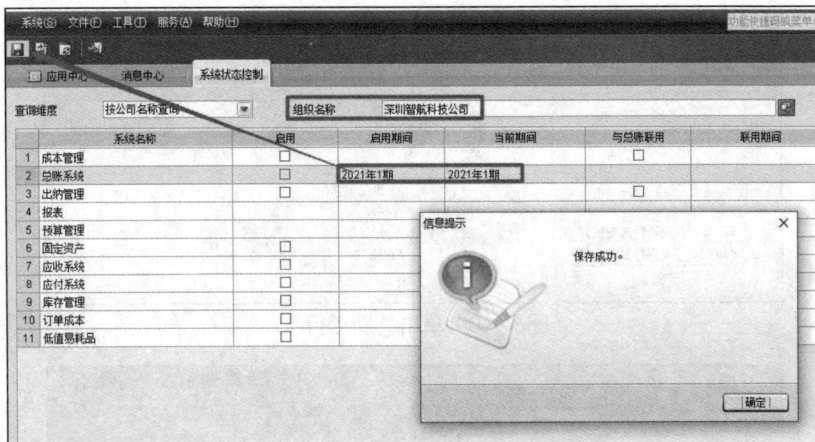

图3-107 设置总账系统的启用期间

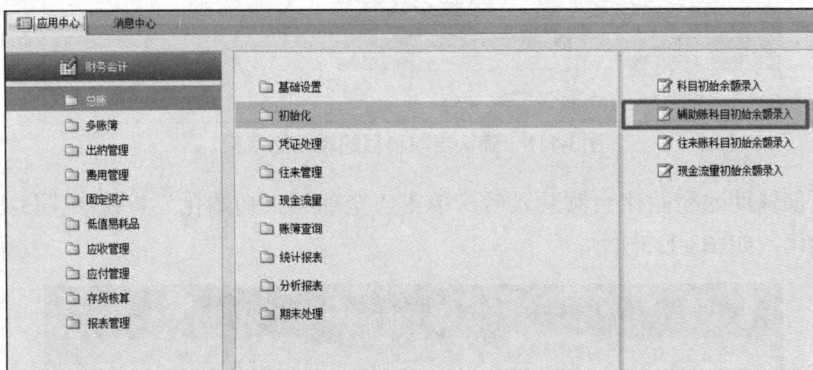

图3-108 打开辅助账初始化界面

在辅助账初始数据界面，选择币别和科目后，按照辅助账期初余额信息表输入辅助账期初余额，以银行存款为例，选择科目为"1002-银行存款"，因为银行存款设置了银行账户为辅助账，需要选择银行账户为"888.002工商银行宝安支行"，输入原币金额后，完成第一个辅助账初始化(见图3-109)，可单击工具栏的表格下的"新增行"选项，输入另外一个银行账户的期初余额(见图3-110)。

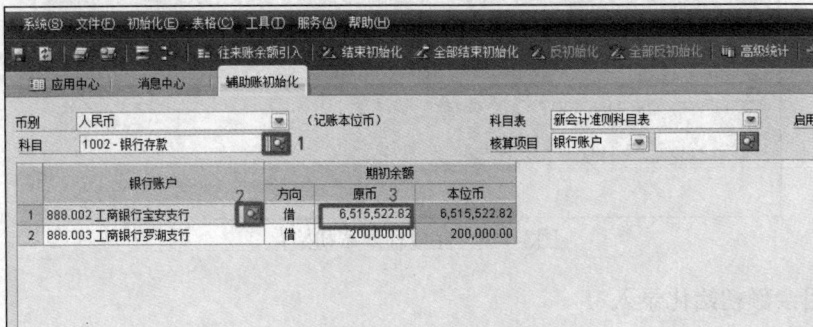

图3-109 完成第一个辅助账初始化

确认当前科目的辅助账余额录入无误后，单击"保存"按钮(见图3-111)，按照同样的方法继续录入下一个科目的辅助账数据，具体信息如表3-13所示。

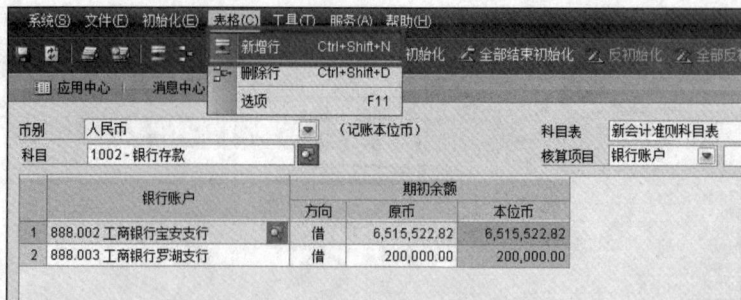

图3-110　单击"新增行"

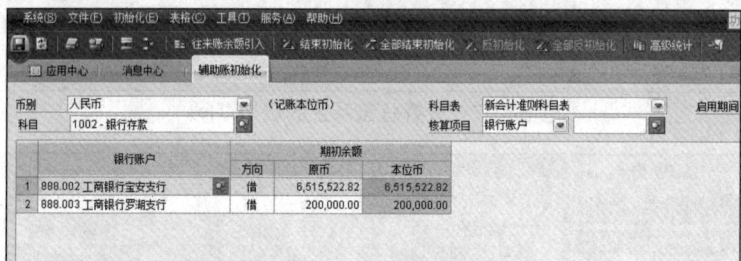

图3-111　确认当前科目的辅助账余额

完成全部辅助账初始化余额录入后，单击"全部结束初始化"按钮(见图3-112)，完成辅助账初始化，如图3-113所示。

图3-112　单击"全部结束初始化"按钮

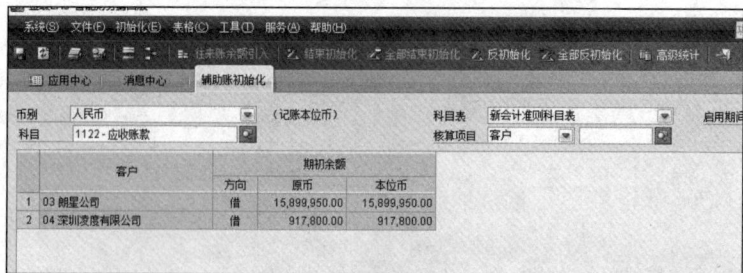

图3-113　完成辅助账初始化

3. 科目余额初始化录入

依次单击"财务会计"｜"总账"｜"初始化"｜"科目初始余额录入"选项，打开科目初始化界面(见图3-114)，单击工具栏的"业务"选项卡下的"引入辅助账余额"选项(见图3-115)，将辅助账余额引入科目余额初始化界面。

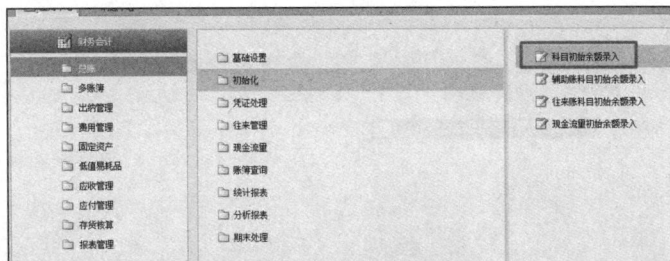

图3-114　打开科目初始化界面

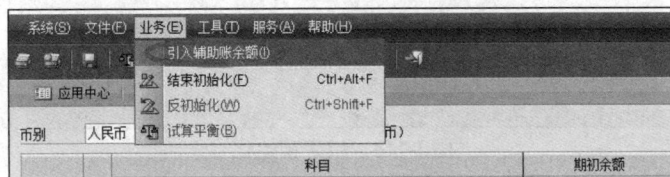

图3-115　单击"引入辅助账余额"选项

按照科目余额信息，录入其他非辅助账科目的初始余额，具体信息如表3-13所示。所有科目初始余额录入完毕后，切换币别为"综合本位币"，单击工具栏的"试算平衡"选项，提示试算结果平衡即可关闭界面(见图3-116)，单击"结束初始化"选项(见图3-117)，完成总账初始化工作(见图3-118)。

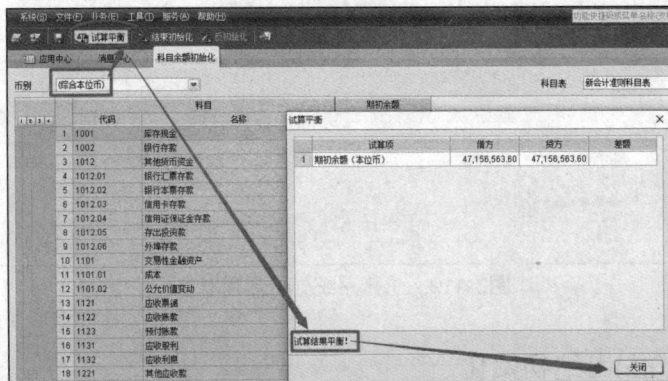

图3-116　试算结果平衡

图3-117　单击"结束初始化"

图3-118　结束初始化

依次单击"系统平台"丨"系统工具"丨"系统配置"丨"系统状态控制"选项，进入系统状态控制界面，可以看到总账系统处于启用状态(见图3-119)。

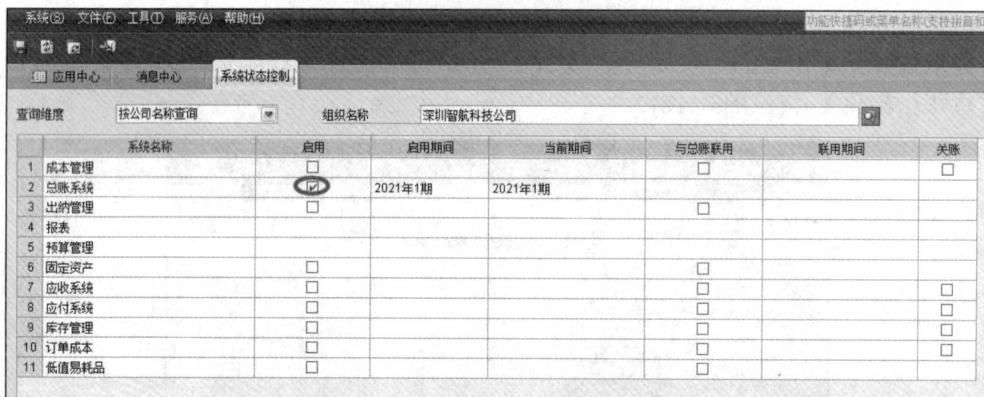

图3-119　总账系统处于启用状态

3.3.2　任务十 (必)出纳初始化

↗ 登录账号

登录账号：user_姓名。

登录密码：学号。

↗ 实验步骤

❑　启用期间设置。

❑　出纳初始化录入。

❑　与总账联用。

↗ 实验数据

实验数据如表3-14所示。

表 3-14 出纳初始数据信息

现金初始余额		
现金科目	初始余额	币别
库存现金	20 000	人民币
银行存款与对账单初始余额		
银行账户	初始余额	币别
工商银行宝安支行	6 515 522.82	人民币
工商银行罗湖支行	200 000.00	人民币

↗ 操作指导

1. 启用期间设置

登录金蝶EAS客户端后，依次单击"系统平台"|"系统工具"|"系统配置"|"系统状态控制"选项，进入系统状态控制界面，选择组织名称为"深圳智航科技公司"，设置出纳系统的启用期间为"2021年1期"，设置完成后单击"保存"按钮(见图3-120)。

操作视频

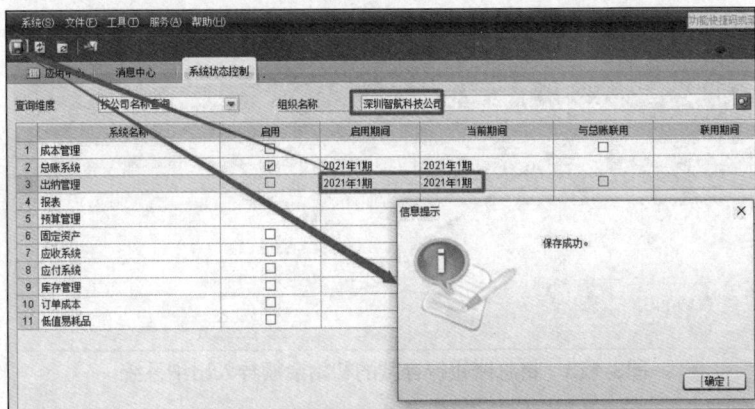

图3-120 进入系统状态控制界面

2. 出纳初始化录入

登录金蝶EAS客户端后，依次单击"财务会计"|"出纳管理"|"基础设置"|"出纳初始化"选项，进入出纳初始化界面(见图3-121)。

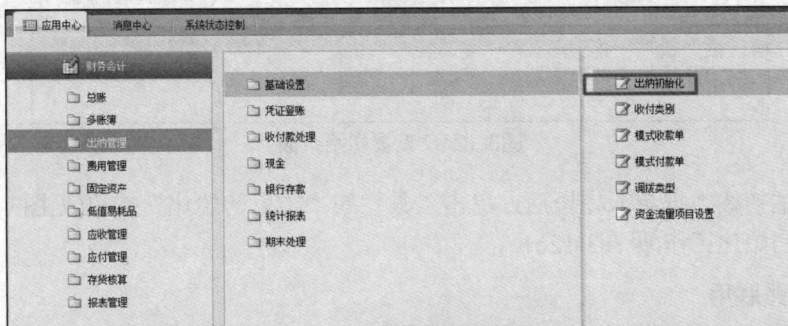

图3-121 进入出纳初始化界面

在出纳初始化界面，选择类型为现金，币别为人民币，单击工具栏的"导入"按钮，选择导入期间为"2021年1期"，将总账现金的初始余额导入出纳系统，然后单击"保存"按钮(见图3-122)。

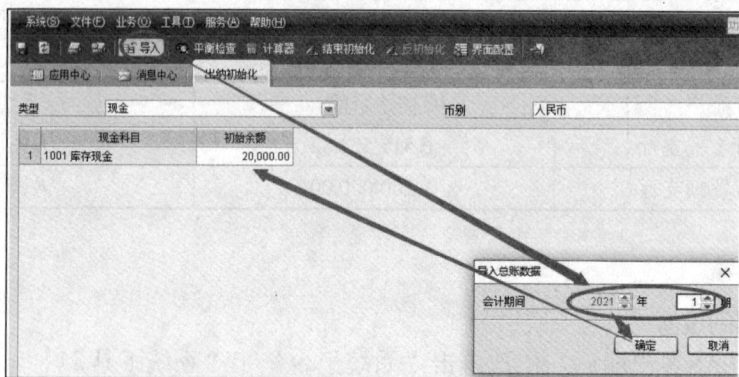

图3-122　将总账现金的初始余额导入出纳系统

在出纳初始化界面，选择类型为银行存款，币别为人民币，单击工具栏的"导入"按钮，选择导入期间为"2021年1期"，将总账银行存款的初始余额导入出纳系统，然后"保存"按钮(见图3-123)。

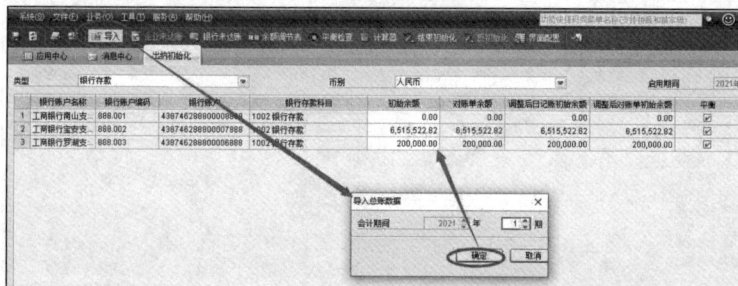

图3-123　将总账银行存款的初始余额导入出纳系统

在出纳初始化界面，选择类型为对账单，币别为人民币，按照出纳初始数据信息输入宝安支行的对账单初始余额为6 515 522.82，罗湖支行的初始余额为200 000，然后单击"保存"按钮(见图3-124)。

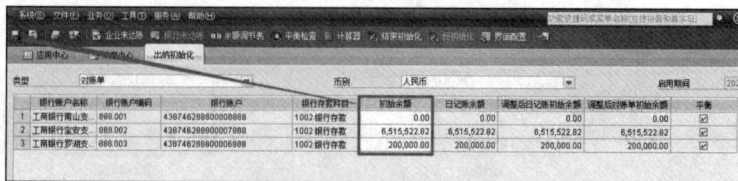

图3-124　设置初始余额

所有出纳初始数据录入完毕后，单击工具栏的"结束初始化"按钮(见图3-125)，完成出纳系统的初始化工作(见图3-126)。

3. 与总账联用

登录金蝶EAS客户端后，依次单击"系统平台"｜"系统工具"｜"系统配置"｜

"系统状态控制"选项，进入系统状态控制界面，可以看到出纳系统属于启用状态。

图3-125 单击"结束初始化"选项

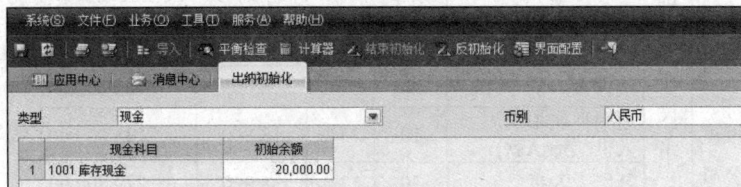

图3-126 完成出纳系统的初始化工作

选择组织名称为"深圳智航科技公司"，选中"出纳管理"后单击工具栏上的"与总账管理"按钮完成与总账的关联(见图3-127)。

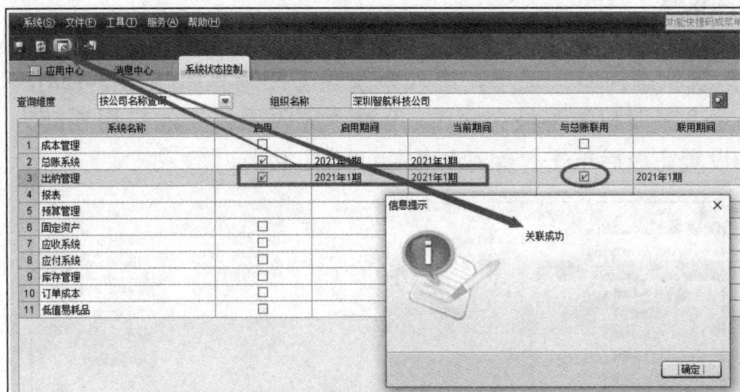

图3-127 完成与总账的关联

3.3.3 任务十一 (必)应收初始化

↗**登录账号**

登录账号：user_姓名。
登录密码：学号。

↗ **实验步骤**

❑ 启用期间设置。
❑ 对账科目设置。
❑ 期初应收单新增。
❑ 初始化应收系统。
❑ 与总账联用。

↗ 实验数据

☐ 对账科目为1122，应收账款为1221.0，其他应收款为往来1221.03，其他应收款为其他往来。

☐ 期初应收单信息如表3-15所示。

表3-15 期初应收单信息

单据日期	往来户	币别	物料	数量	税率	含税单价	应收金额合计	应收科目	应收日期
2020-12-31	朗星公司	人民币	环境监测无人机	50	13%	29 999	1 499 950.00	应收账款	2021/3/10
			植保无人机	300	13%	48 000	14 400 000.00		
2020-12-31	深圳凌度有限公司		通用型航拍人机(定制A款)	10	13%	13 800	138 000.00		2021/5/20
			警用无人机	20	13%	38 990	779 800.00		

说明：表中的两张期初应收单的单据类型均为销售发票。

↗ 操作指导

1. 启用期间设置

登录金蝶EAS客户端后，依次单击"系统平台"｜"系统工具"｜"系统配置"｜"系统状态控制"选项，进入系统状态控制界面(见图3-128)，选择组织名称为"深圳智航科技公司"，设置"应收系统"的启用期间为"2021年1期"，设置完成后单击"保存"按钮(见图3-129)。

操作视频

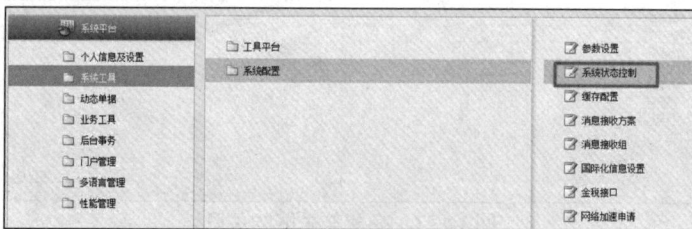

图3-128 进入系统状态控制界面

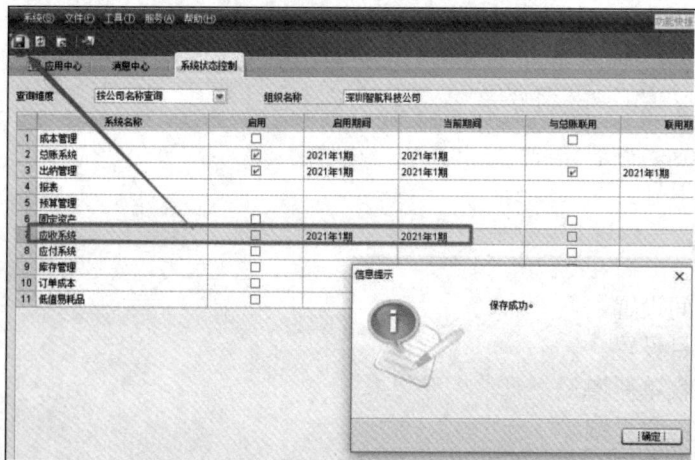

图3-129 设置应收系统的启用期间

2. 对账科目设置

登录金蝶EAS客户端后，依次单击"财务会计"｜"应收管理"｜"初始化"｜"对账科目设置"选项，打开对账科目设置界面(见图3-130)。

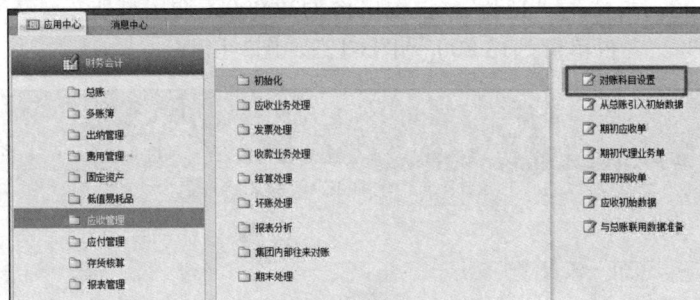

图3-130 打开对账科目界面

进入对账科目设置界面后，单击"新增行"按钮，增加对账科目，选择会计科目为"应收账款"(1122)、"其他应收款_往来"(1221.02)、"其他应收款_其他往来"(1221.03)，设置完成后单击"保存"按钮，完成对账科目设置(见图3-131)。

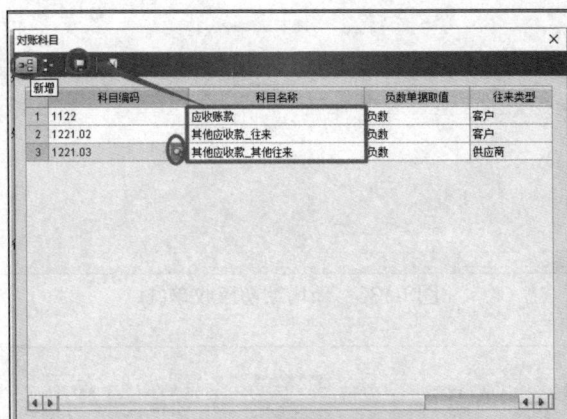

图3-131 设置对账科目

3. 期初应收单新增

登录金蝶EAS客户端后，依次单击"财务会计"｜"应收管理"｜"初始化"｜"期初应收单"选项，打开期初应收单序时簿(见图3-132)。

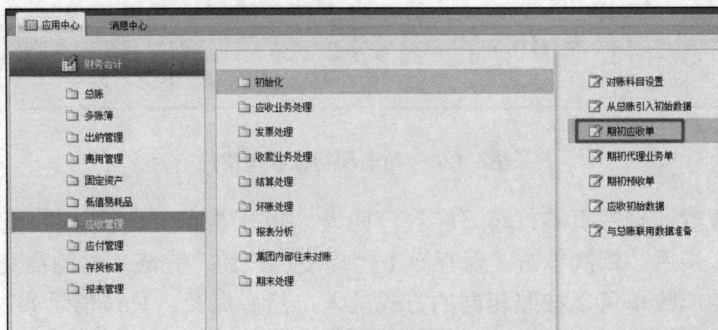

图3-132 打开期初应收单序时簿

在期初应收单序时簿界面，单击"新增"按钮，打开期初应收单界面，选择单据类型为"销售发票"，往来户选择"深圳凌度有限公司"，单据日期和业务日期均为"2020-12-31"。在"明细"页签，选择物料为"警用无人机"和"通用型航拍无人机定制A款"，警用无人机数量为20，税率为"13%"，含税单价为38 990，通用型航拍无人机定制A款数量为10，税率为13%，含税单价为13 800(见图3-133、图3-134)。

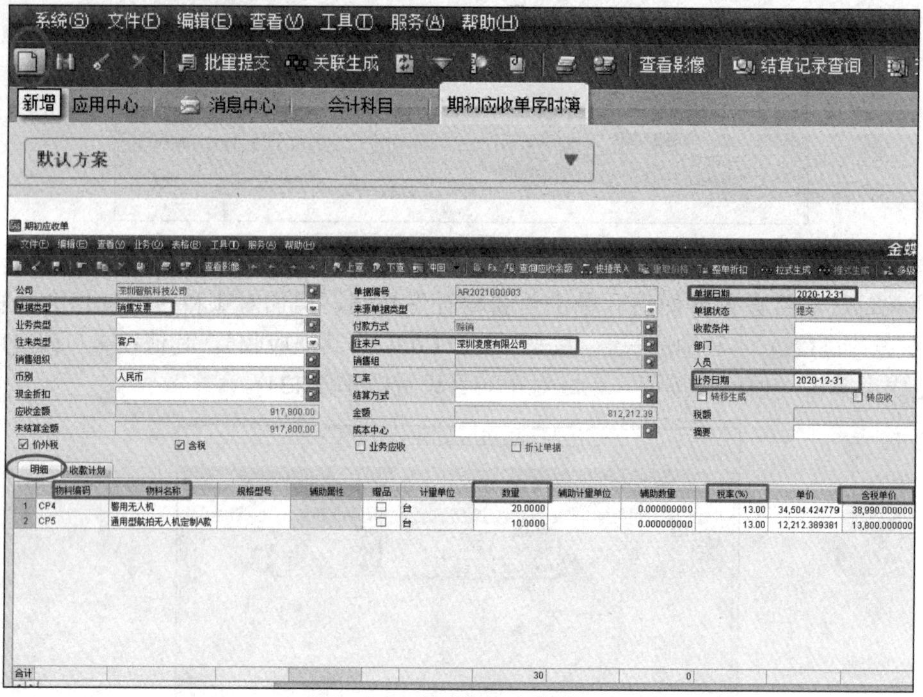

图3-133 新增期初应收单(1)

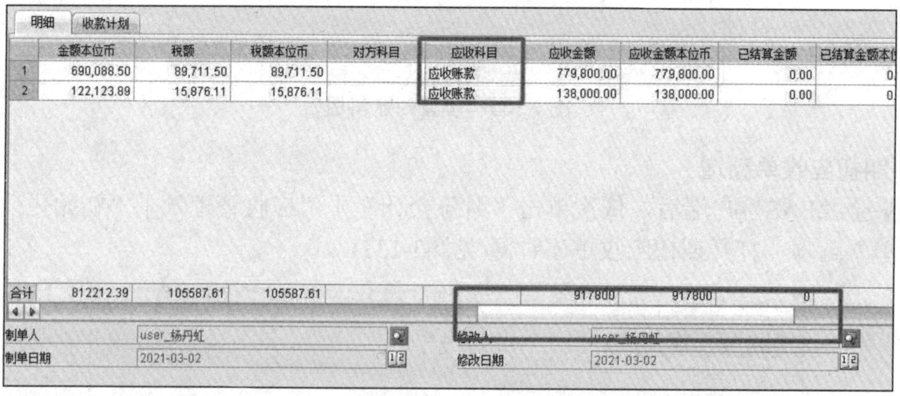

图3-134 新增期初应收单(2)

切换到"收款计划"页签，填写应收日期为"2021-5-20"，确认应收金额为917 800，确认所有信息无误后，依次单击"保存"｜"提交"按钮，完成单据的提交(见图3-135)。

另一个期初应收单可以按照相同的方式录入，然后提交，具体信息如表3-15所示。朗星公司的期初应收单录入完成后如图3-136、图3-137所示。

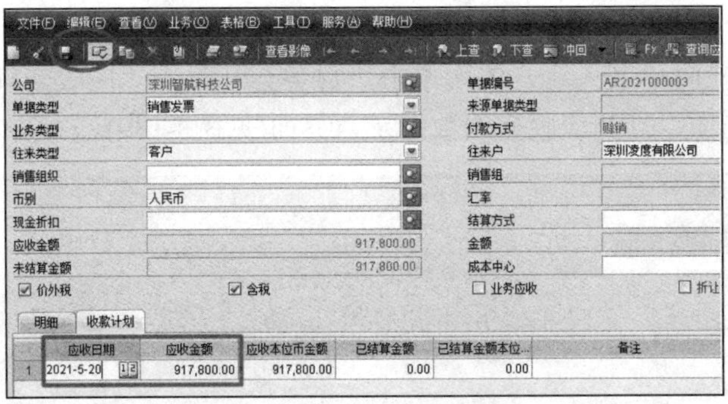

图3-135　提交完成单据

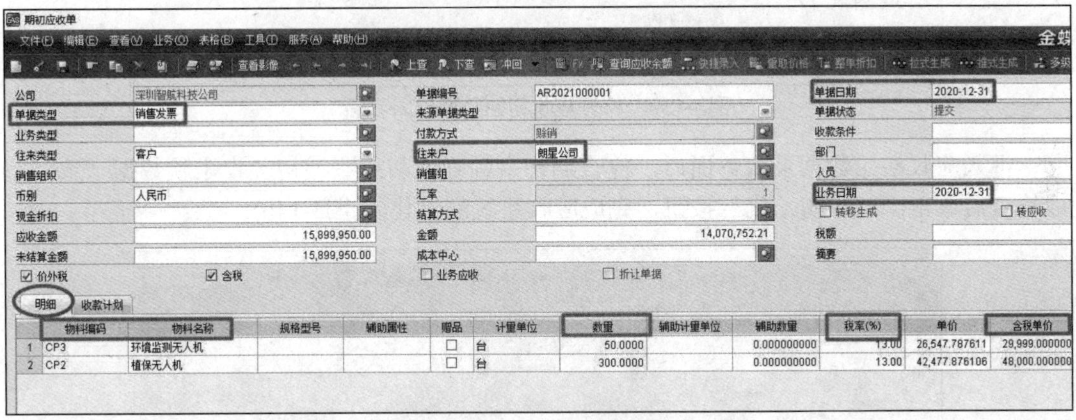

图3-136　录入期初应收单

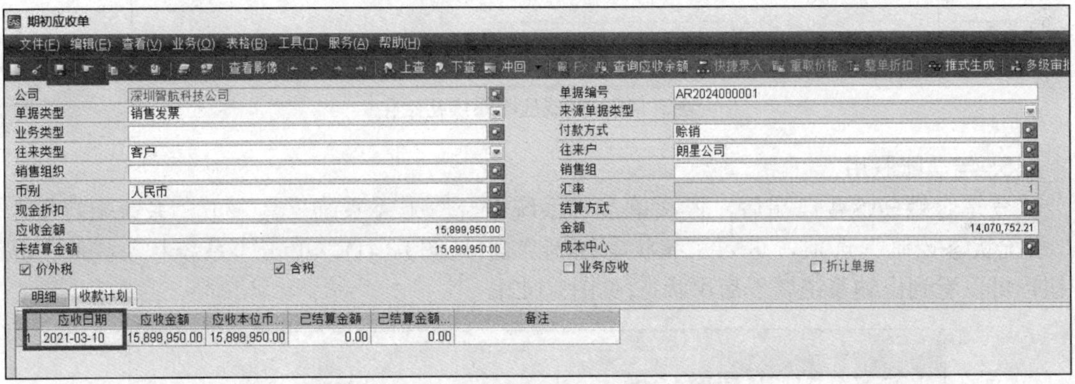

图3-137　完成期初应收单的录入工作

　　返回期初应收单序时簿，选择默认方案，可以在图3-138中看到两张期初应收单的单据状态为"提交"。

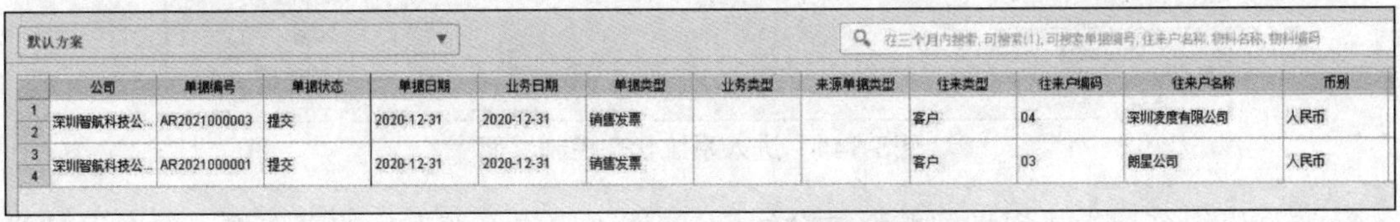

图3-138　查看期初应收单的状态

4．初始化应收系统

完成全部期初应收单录入后，依次单击"财务会计"｜"应收管理"｜"初始化"｜"应收初始数据"选项，打开应收初始数据录入界面(见图3-139)。

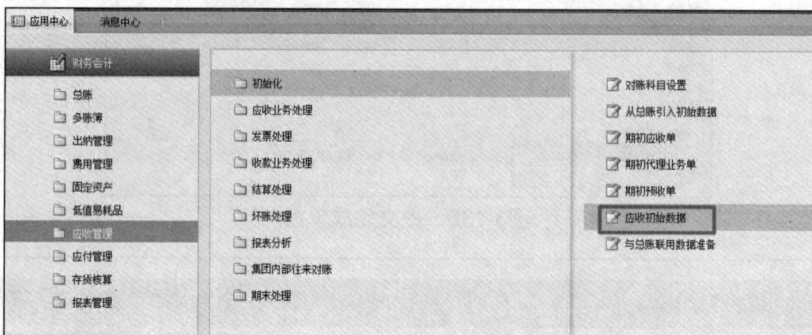

图3-139　打开应收初始数据录入界面

进入应收初始数据录入界面后，检查期初余额确保和总账期初应收账款数据一致，完成检查后单击"结束初始化"按钮，完成应收系统初始化(见图3-140)。

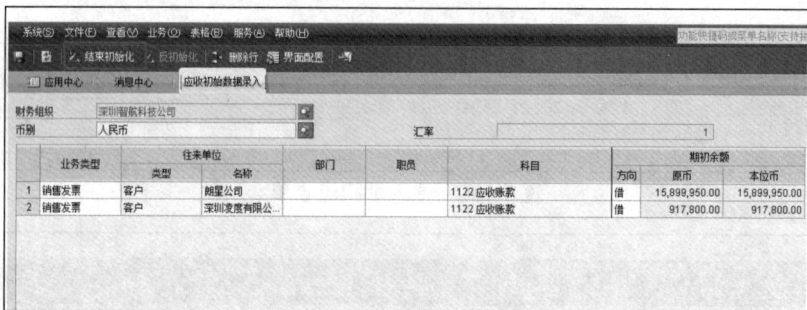

图3-140　完成应收系统初始化

5．与总账联用

登录金蝶EAS客户端后，依次单击"系统平台"｜"系统工具"｜"系统配置"｜"系统状态控制"选项，进入系统状态控制界面(见图3-141)。单击"系统状态控制"按钮，可以看到出纳系统属于启用状态(见图3-142)。

图3-141　进入系统状态控制界面

选择组织名称为"深圳智航科技公司"，勾选"应收系统"后的复选框，单击工具栏上的"与总账联用"按钮，完成与总账的关联(见图3-143)。

图3-142 出纳系统属于启用状态

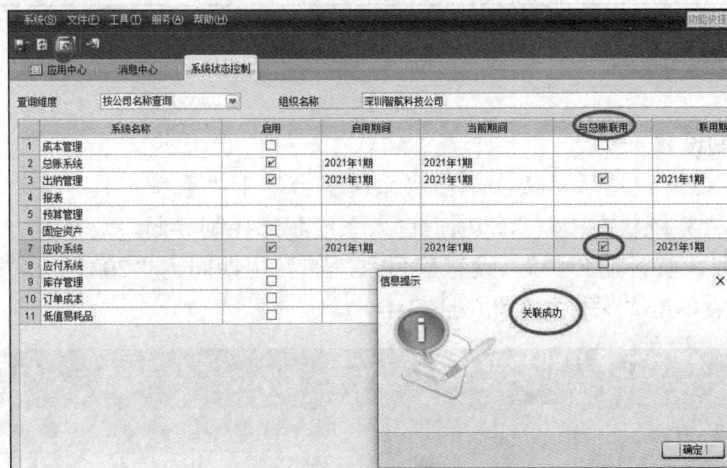

图3-143 完成与总账的关联

3.3.4 任务十二 (必)应付初始化

↗ 登录账号

登录账号: user_姓名。

登录密码: 学号。

↗ 实验步骤

❑ 启用期间设置。

❑ 对账科目设置。

❑ 期初应付单新增。

❑ 初始化应付系统。

❑ 与总账联用。

↗ 实验数据

对账科目为2202,应付账款为2241.02,科目为其他应付款_往来,期初应付单信息如表3-16所示。

表 3-16　期初应付单信息

单据日期	往来户	币别	物料/费用项目名称	数量	税率	含税单价	应付金额	应付科目	应付日期
2020-12-31	德瑞制造公司	人民币	分电板	200	13%	3 046	609 200	应付账款	2021/3/11
			飞控系统	100	13%	10 099	1 009 900		
2020-12-31	深圳赛格电子有限公司		普通电机	100	13%	1 289	128 900		2021/3/26
			固定机翼	200	13%	842.9	168 580		
			负荷开关	1000	13%	79	79 000		
2020-12-31	万合家具城		办公座椅	200	13%	800	160 000		2021/3/10

说明：表中的3张期初应付单的单据类型均为采购发票。

↗ 操作指导

1. 启用期间设置

登录金蝶EAS客户端后，依次单击"系统平台"|"系统工具"|"系统配置"|"系统状态控制"选项，进入系统状态控制界面。选择组织名称为"深圳智航科技公司"，设置应付系统的启用期间为"2021年1期"，设置完成后单击"保存"按钮(见图3-144)。

操作视频

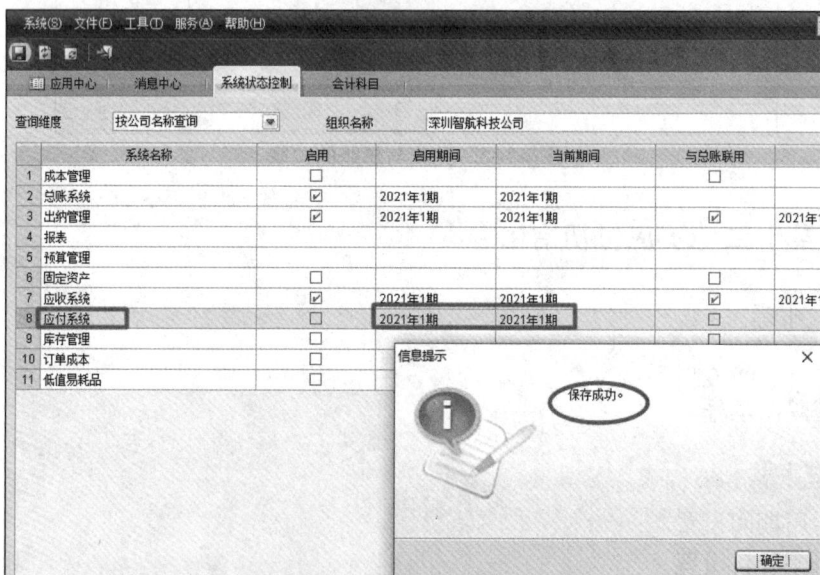

图3-144　进入系统状态控制界面

2. 对账科目设置

登录金蝶EAS客户端后，依次单击"财务会计"|"应付管理"|"初始化"|"对账科目设置"选项，打开对账科目界面，单击"新增"按钮，选择对账科目为"应付账款"(2202)、"其他应付款_往来"(2241.02)，设置完成后单击"保存"按钮，完成对账科目设置(见图3-145)。

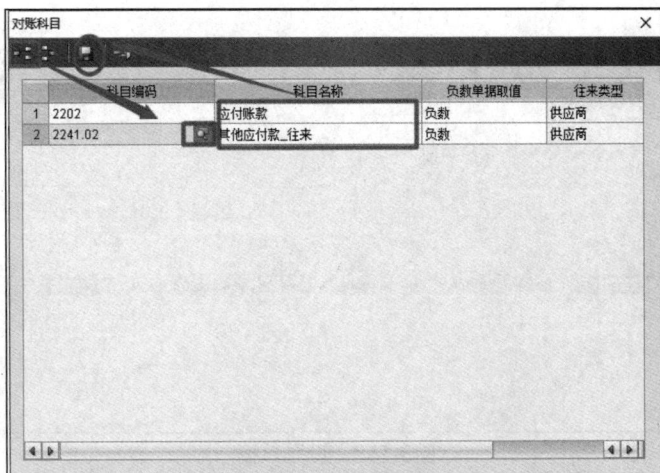

图3-145 设置对账科目

3. 期初应付单新增

登录金蝶EAS客户端后，依次单击"财务会计"｜"应付管理"｜"初始化"｜"期初应付单"选项(见图3-146)，单击"新增"按钮，打开期初应付单界面(见图3-147)。

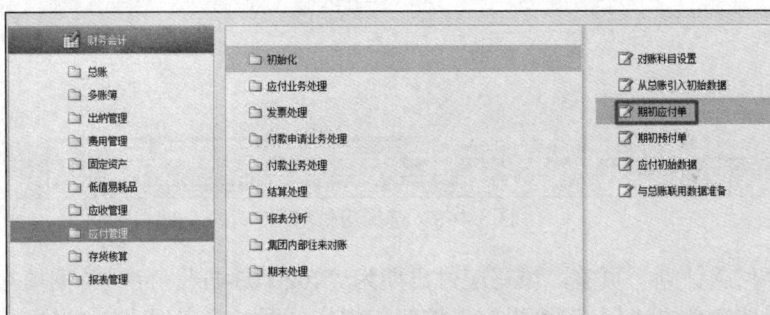

图3-146 单击期初应付单

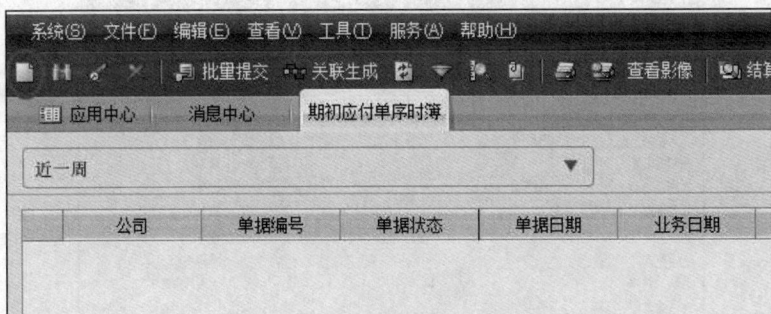

图3-147 打开期初应付单界面

选择单据类型为"采购发票"，往来户选择"德瑞制造公司"，单据日期和业务日期均为"2020-12-31"。在"明细"页签下，选择物料为"分电板"和"飞控系统"，分电板数量为200，税率为13%，含税单价为3046，飞控系统数量为100，税率为13%，含税单价为10 099(见图3-148)。

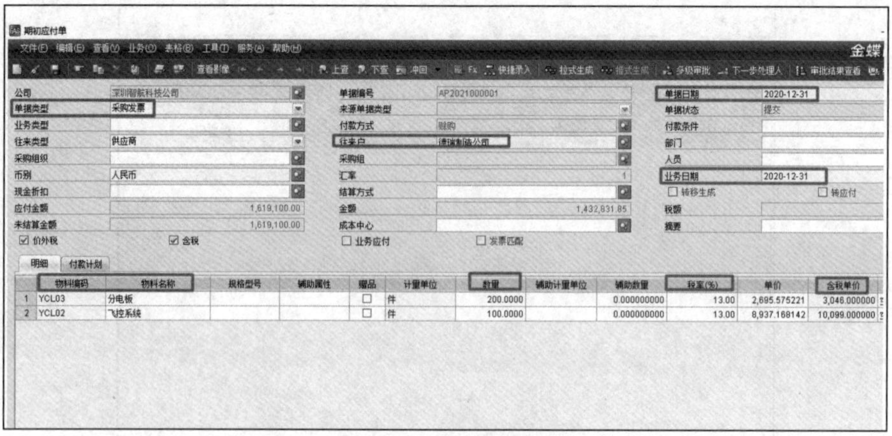

图3-148 设置单据

将下方的滚动条往右拉动，选择应付科目为"应付账款"(见图3-149)。

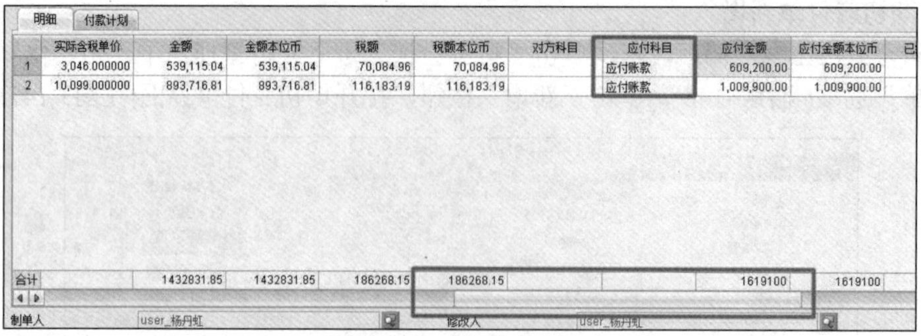

图3-149 选择应付科目

切换到"付款计划"页签，填写应付日期为"2020-03-11"，完成单据填写后，确认所有信息无误，依次单击"保存""提交"按钮，完成单据的提交(见图3-150)。

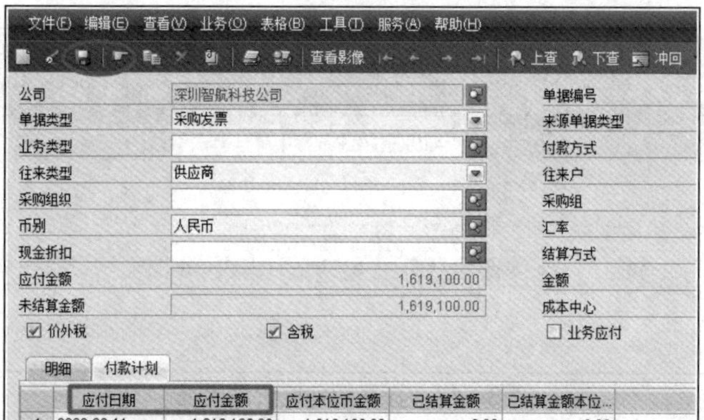

图3-150 完成单据提交

其他期初应付单按照相同的方式录入即可，具体信息如表3-17所示。录入所有期初应付单后，返回期初应付单序时簿，可以看到三张期初应付单单据状态为"提交"(见图3-151)。

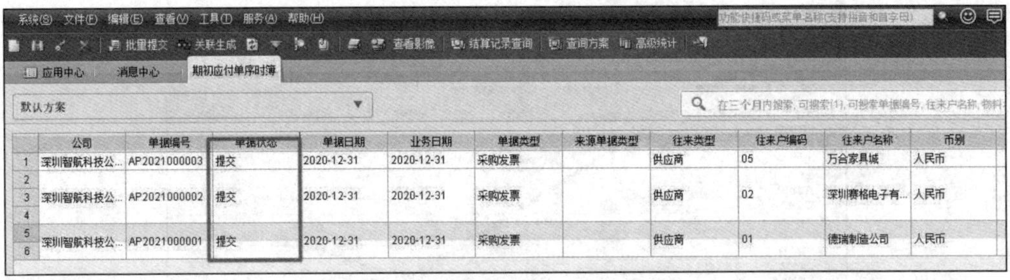

图3-151 查看期初应付单单据状态

4. 初始化应付系统

完成全部期初应付单录入后，依次单击"财务会计"｜"应付管理"｜"初始化"｜"应付初始数据"选项，在打开的界面中检查期初余额，确保其与总账期初应付账款数据一致，完成检查后单击"结束初始化"按钮，完成应付系统初始化(见图3-152)。

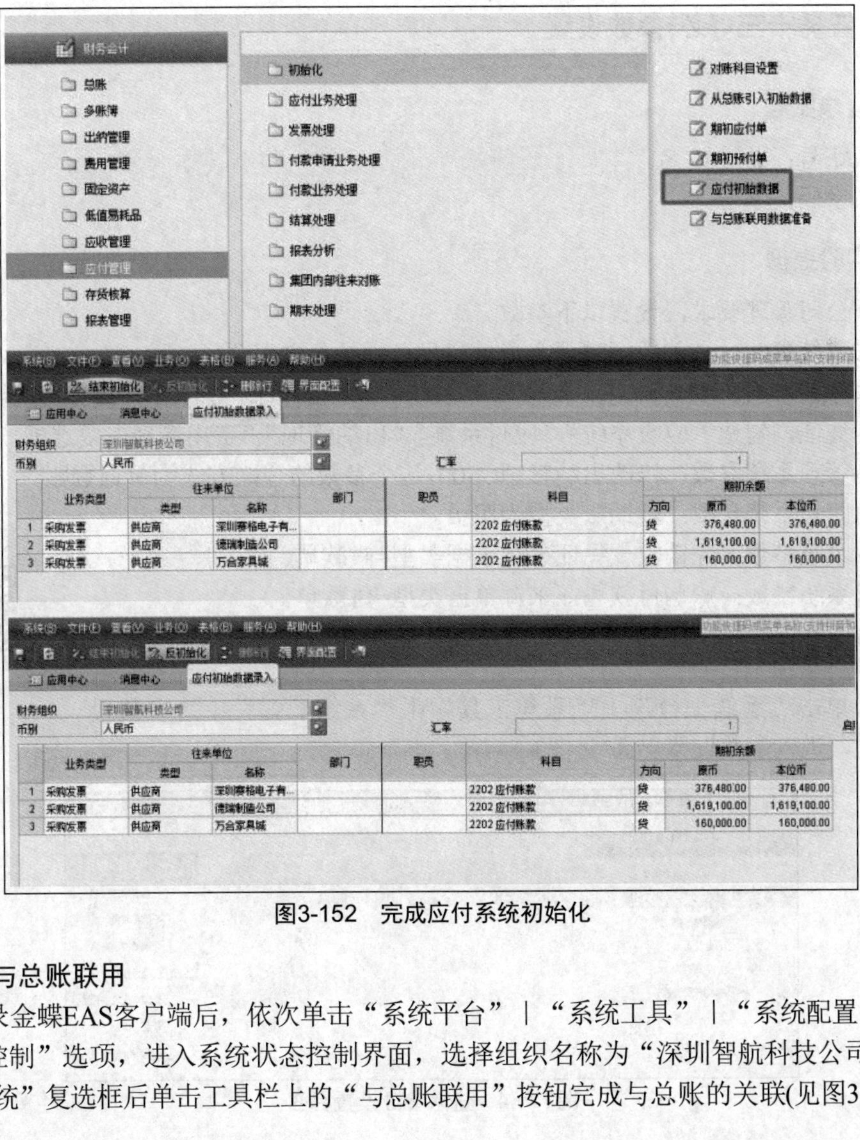

图3-152 完成应付系统初始化

5. 与总账联用

登录金蝶EAS客户端后，依次单击"系统平台"｜"系统工具"｜"系统配置"｜"系统状态控制"选项，进入系统状态控制界面，选择组织名称为"深圳智航科技公司"，选中"应付系统"复选框后单击工具栏上的"与总账联用"按钮完成与总账的关联(见图3-153)。

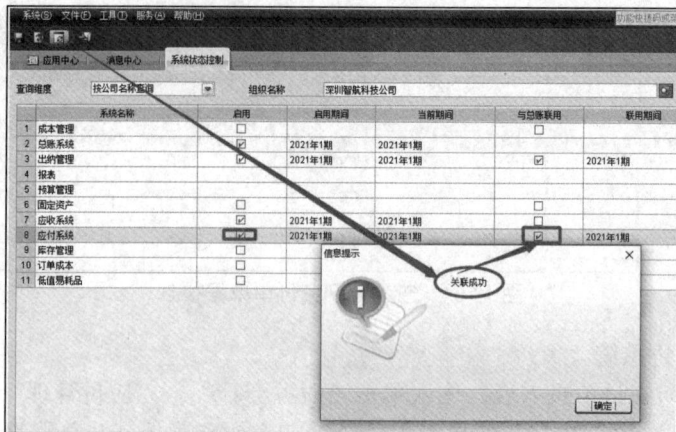

图3-153　完成与总账的关联

3.3.5　任务十三 (必)参数设置

↗ 登录账号

登录账号：user_姓名。

登录密码：学号。

↗ 实验数据

根据公司管理要求，设置以下参数。

总账系统参数：录入凭证时现金流量科目必须录入主表项目=否。

总账系统参数：允许删除和作废业务系统和总账的机制凭证/允许修改业务系统和生成的机制凭证，勾选"应收系统""应付系统""出纳管理""费用管理"复选框。

出纳管理系统参数：修改出纳管理CS001这个参数的登账方式为单据登账。

费用管理系统参数：辅助账类型为职员。

应收系统参数：赊销收款凭证来源单据类型=收款单。

应付系统参数：赊购付款凭证来源单据类型=付款单。

↗ 操作指导

操作视频

依次单击"系统平台"｜"系统工具"｜"系统配置"｜"参数设置"选项，进入参数设置界面(见图3-154)。

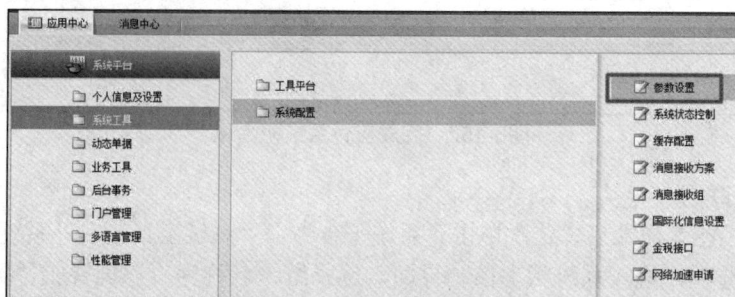

图3-154　进入参数设置界面

在参数左边选择对应的系统进行设置参数，选择"财务会计"下的"总账"，在"参数列表"页签下选中"GL_014"，然后单击"修改"按钮(见图3-155)。

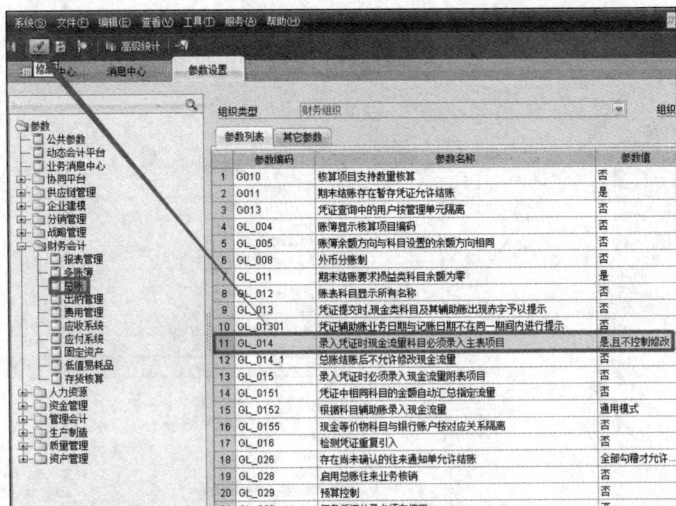

图3-155 设置总账的参数

单击"控制范围"按钮，勾选"控制"下的复选框，参数值选择为否，然后单击"保存"按钮，在设置参数值界面单击"确定"按钮，如图3-156所示。

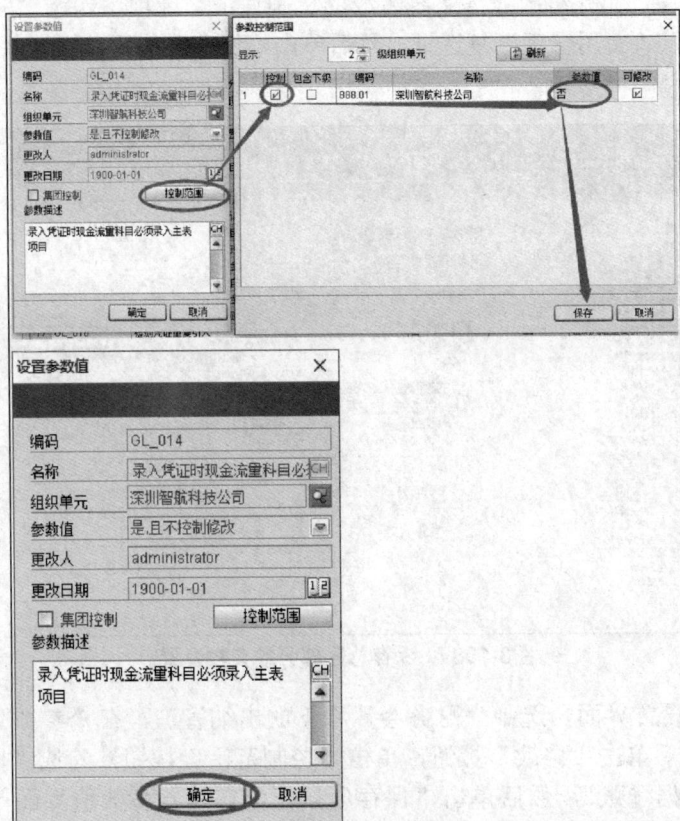

图3-156 设置参数值界面

返回财务会计下的"总账",可以看到"GL_014"的参数值为"是,且不控制修改",代表成功设置该参数(见图3-157)。

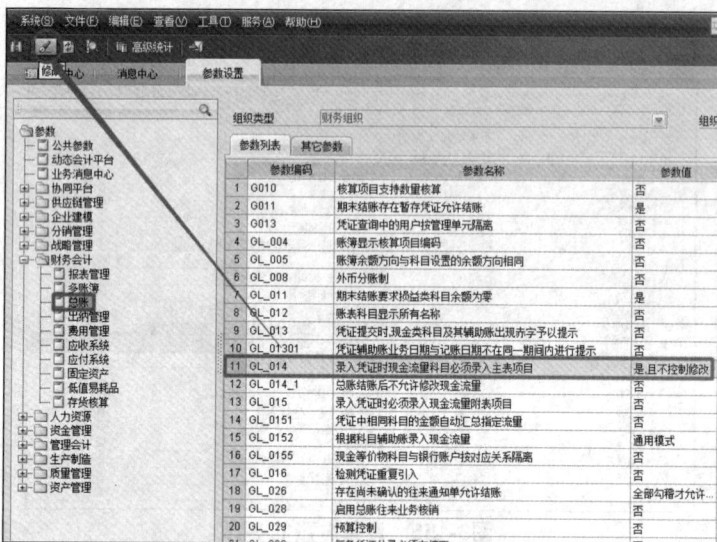

图3-157　查看总账的参数值

切换到"其他参数"页签,在"删除和作废机制凭证"选项下,选中"业务系统和总账"单选按钮,在"允许修改业务系统生成的机制凭证"选项下勾选"应收系统""应付系统""出纳管理""费用管理"复选框,然后单击"保存"按钮,即可保存总账部分的参数设置(见图3-158)。

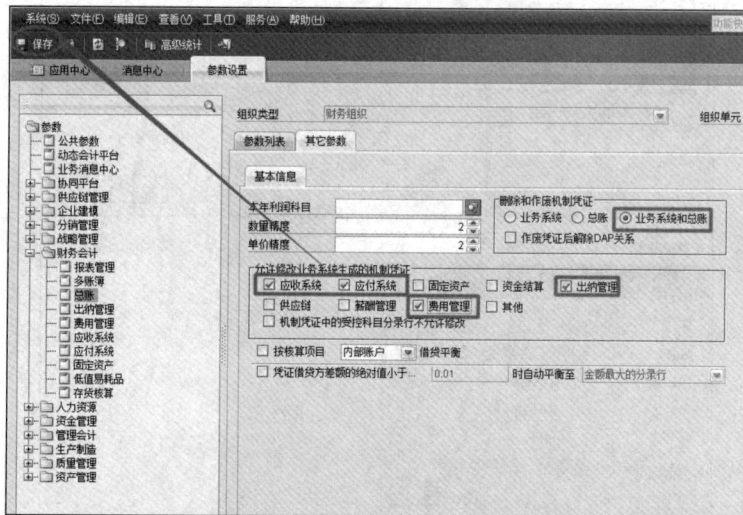

图3-158　保存总账部分的参数设置

依旧在参数设置界面,选中"财务会计"下的出纳管理,在"参数列表"页签下选中"CS001",然后单击"修改"按钮,单击"控制范围"按钮,勾选"控制"复选框,参数值选择"单据登账",然后单击"保存"按钮,在设置参数值界面单击"确定"按钮(见图3-159)。

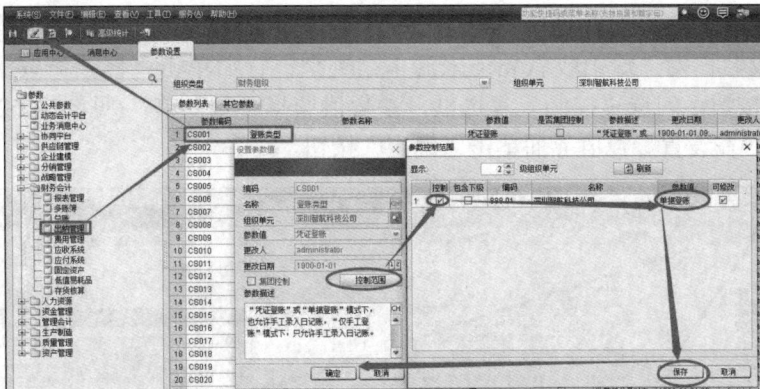

图3-159 设置出纳管理的参数

返回"财务会计"下的"出纳管理",可以看到"CS001"的参数值为"单据登账",代表成功设置该参数(见图3-160)。

图3-160 查看出纳管理的参数值

依旧在参数设置界面,选中"财务会计"下的"费用管理",在"其他参数"页签下勾选"备用金辅助账类型"下的"职员"复选框,然后单击"保存"按钮(见图3-161)。

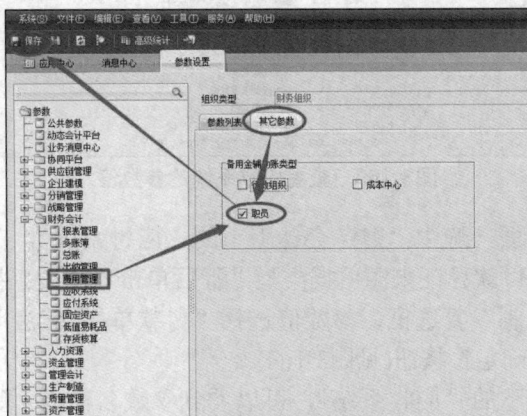

图3-161 设置费用管理的参数

依旧在参数设置界面，选中"财务会计"下的"应收系统"，在"参数列表"页签下，选择参数名称为"赊销收款凭证来源单据类型"行后单击"修改"按钮，然后单击"控制范围"按钮，勾选"控制"复选框，参数值选择"收款单"(见图3-162)，然后单击"保存"按钮，在设置参数值界面单击"确定"按钮。

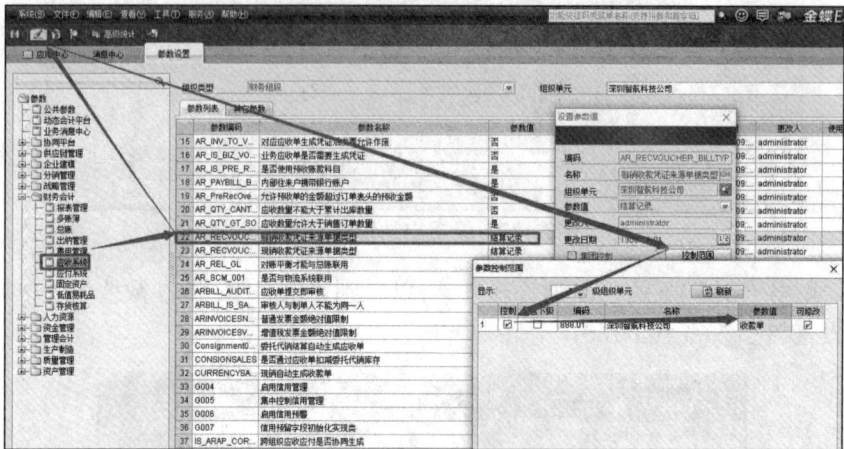

图3-162　设置应收系统的参数

返回"财务会计"下的"应收系统"，可以看到参数名称为"赊销收款凭证来源单据类型"的参数值为"收款单"，代表成功设置该参数(见图3-163)。

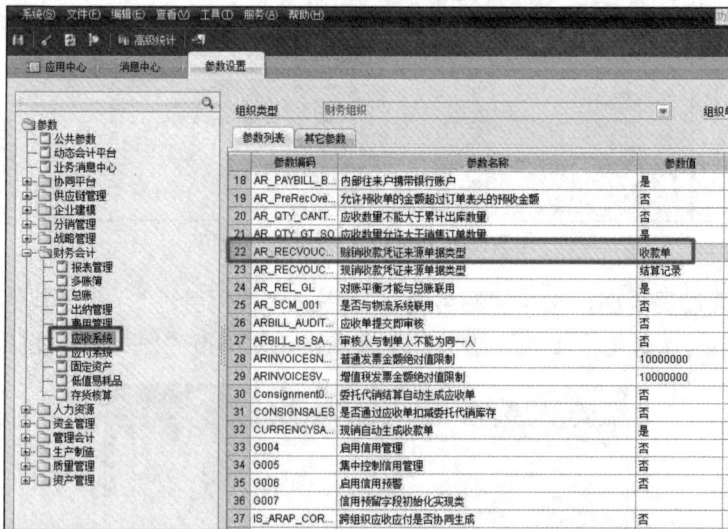

图3-163　查看应收系统的参数值

依旧在参数设置界面，选中"财务会计"下的"应付系统"，在"参数列表"页签下选择参数名称为"赊购付款凭证来源单据类型"行后单击"修改"按钮，然后单击"控制范围"按钮，勾选"控制"复选框，参数值选择"付款单"，然后单击"保存"按钮，在设置参数值界面单击"确定"按钮(见图3-164)。

返回"财务会计"下的"应收系统"，可以看到参数名称为"赊购付款凭证来源单据类型"的参数值为"付款单"，代表成功设置该参数(见图3-165)。

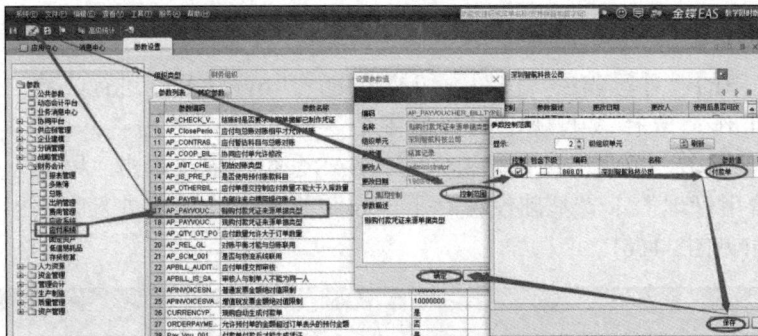

图3-164 设置应付系统的设置

图3-165 查看应付系统的参数值

3.3.6 任务十四 (必)新增收款信息

↗ 登录账号

登录账号：qy+学号。

登录密码：空。

↗ 实验步骤

新增收款信息。

↗ 实验数据

新增秦义的收款信息并设置为默认账号，具体信息如表3-17所示。

表 3-17 秦义收款信息

收款人	收款银行	收款账号	默认账号
秦义	中国银行深圳罗湖支行	666555888009***	勾选

说明：***为学号后三位。

➤ 操作指导

单击系统下的"重新登录"按钮，切换至用户"qy+学号"进行收款
信息的新增工作，选择教师规定的数据中心，输入用户名为"qy+学
号"，无密码，单击"登录"按钮，进入金蝶EAS系统。依次单击"财务
会计"｜"费用管理"｜"基础设置"｜"收款信息"选项，进入收款
信息查询界面(见图3-166)。

操作视频

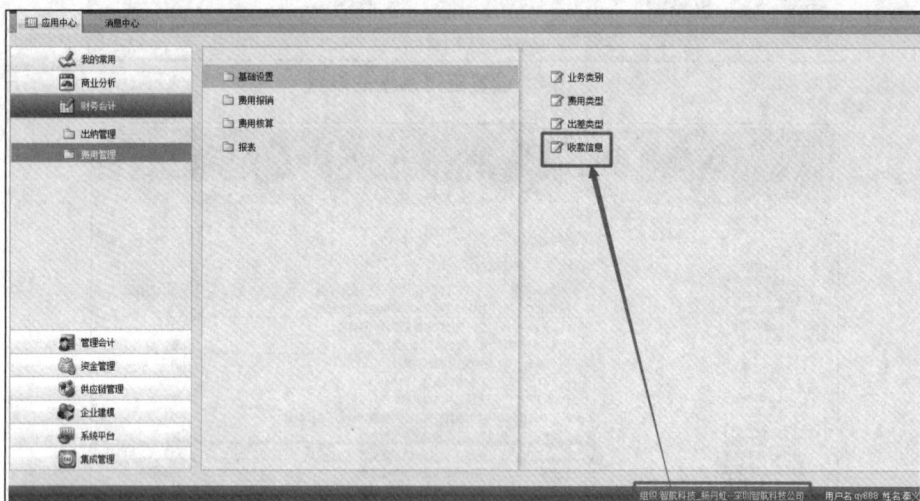

图3-166　进入收款信息查询界面

进入收款信息查询界面后，单击工具栏的"新增"按钮，输入收款人为"秦义"，收款银
行为"中国银行深圳罗湖支行"，收款账号为"666555888009888"(格式为"666555888009+
学号")，勾选"默认账号"复选框，然后单击"保存"按钮(见图3-167)。

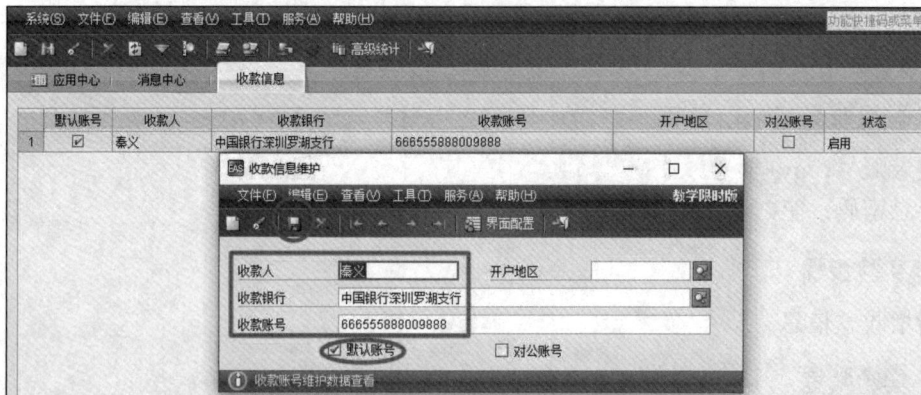

图3-167　进入收款信息查询界面

本章围绕企业财务信息化的基础建设，系统介绍了从管理单元创建到各类业务模块初
始化的关键操作流程。通过14个任务的逐步实施，构建了企业财务信息系统的基本架构和
数据环境，为后续财务机器人系统的开发与应用提供了必要的组织基础与数据支持。

第 4 章
财务业务处理

　　华能海南东方公司东方电厂(以下简称东方电厂)位于海南省东方市工业园区，是海南省首座超临界燃煤发电厂，第二座百万千瓦级电厂，也是目前海南省最大的发电厂之一。

　　为响应上级公司将财务工作向数字化和智能化推进的总体要求，东方电厂对财务工作的及时性、准确性提出了更高的要求。但是财务人员深陷发票识别、采购订单、入库单查询、三单核对等繁重的常规性重复性劳动；业务人员提供原始凭据存在不合规现象，导致财务人员浪费大量时间开展稽核工作等问题，极大地制约了财务管理由低价值工作向高价值转型的进程。为有效支撑财务管理智能化和数字化发展，东方电厂积极探索、大胆尝试财务工作新模式、新方法，以创新推动财务管理迈上新台阶，是东方电厂向数字化和智能化推进的一次重大实践探索。2021年6月，仅仅耗时2个月，RPA系统便实现了东方电厂物资及财务验票、付款业务机器自动化，节省大量时间并释放员工的精力，同时极大地增强财务工作的准确性、可审计性，支持监视、跟踪和控制业务流程执行。

　　资料来源：东方电厂：金蝶云·苍穹RPA推动财务管理迈向数字化和智能化新台阶[EB/OL]. (2021-08-27). https://caifuhao.eastmoney.com/news/20210827073438467621040.

4.1　往来业务

　　企业往来业务主要为应收应付业务。应收单据用于核实债权，该系统通过应收单据来记录应收账款的产生。负责往来账目的会计人员需每月投入大量时间，依据业务部门提供的销售合同、发票及退货单等初始凭证，在系统中创建应收单据。同时，应付单据用于核实外部债务，系统通过这些应付凭证来追踪应付款项的产生。每月，负责管理往来账目的会计需投入大量工时，依照业务部门提交的采购合同、发票等基础凭证，在系统中录入应付凭证。

4.1.1　任务一 (应)应收业务——公司与哈博森签订销售合同，确认应收

↗ 业务场景

2021年1月4日，公司与哈博森股份有限公司签订销售合同，销售通用型航拍无人机10台，合同约定2021年1月26日客户付款，当天发货并开具销售发票，往来会计周雯鑫填写应收单，财务经理邓永彬审核。

↗ 实验步骤

- ❑　往来会计录入应收单。
- ❑　财务经理审核应收单。

↗ 操作指导

登录财务机器人规划平台，输入用户和密码后，依次单击"学生应用"｜"财务业务"选项，查看题干资源后，单击"登录EAS"按钮，进入金蝶EAS登录界面(见图4-1)。

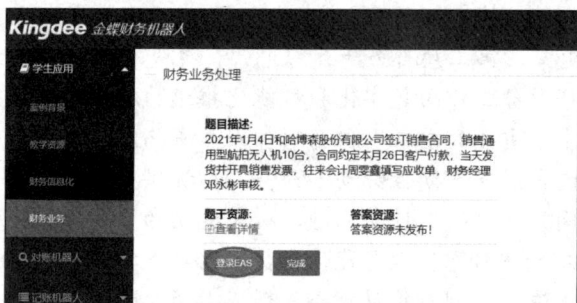

操作视频

图4-1　登录EAS

在金蝶EAS登录界面，选择教师规定的数据中心，用户名为"zwx888"(格式为"zwx+学号")，无密码，单击"登录"按钮，进入金蝶EAS操作界面(见图4-2)。

图4-2　选择教师规定的数据中心登录

注意：一定要选择对应的数据中心，否则会无法登录。

单击右上角工具栏的"应用"选项后，依次单击"财务会计"｜"应收管理"｜"应收业务处理"｜"应收单维护"选项，进入应收单维护界面(见图4-3)。

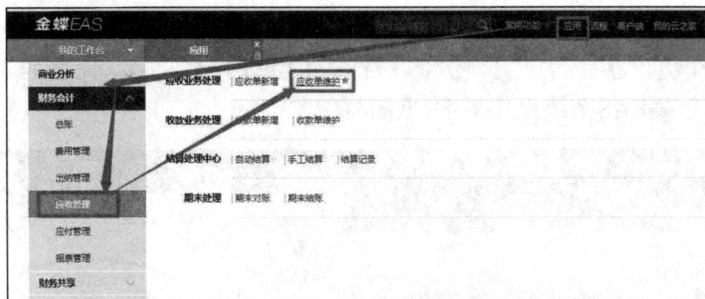

图4-3 进入应收单维护界面

在应收单维护界面，单击工具栏的"新增"按钮，进入应收单新增界面(见图4-4)。

图4-4 进入应收单新增界面

按照实验数据录入应收单，确认单据类型为"销售发票"，单据日期修改为"2021-01-04"，往来户为"哈博森股份有限公司"，在"明细"页签选择物料为"通用型航拍无人机"，输入数量为"10.0000"，含税单价为"4520.00000"，税率(%)为"13.00"，应收科目为"应收账款"，对方科目为"主营业务收入"，在"收款计划"页签，修改应收日期为"2021-01-26"，确认应收金额为"45 200.00"(见图4-5)，确认所有信息无误后，保存后进行提交，提交至工作流，由财务经理邓永彬审核。

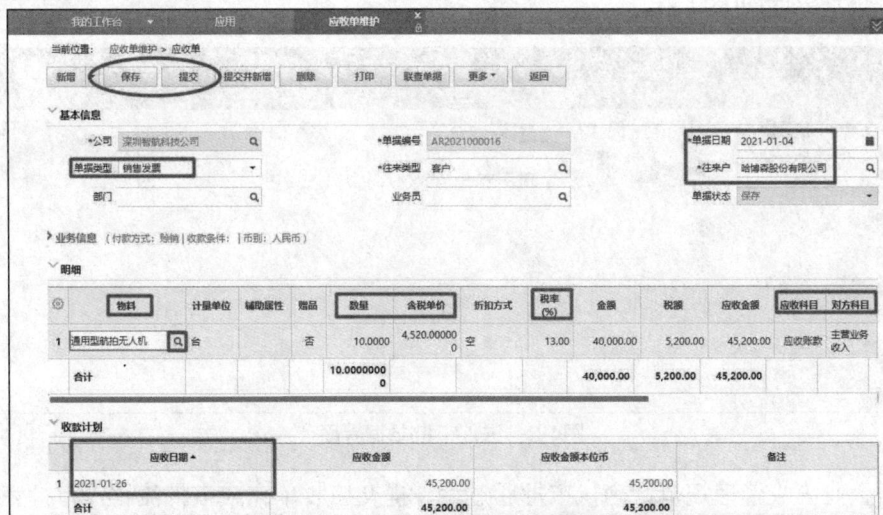

图4-5 录入应收单

注意：录入数据信息时一定要认真细心，如有错误将会影响后续机器人的运作。

提交成功应收单后，单击网页版的金蝶EAS的"安全退出"按钮(见图4-6)，选择教师规定的数据中心，输入用户名"dyb888"(格式为"dyb+学号")，无密码，然后单击"登录"按钮，进入金蝶EAS系统操作界面(见图4-7)。

图4-6　安全退出

图4-7　登录金蝶EAS系统

单击右上角的工具栏的"流程"选项，勾选刚才提交的应收单，单击"处理"按钮，进入审批单据界面(见图4-8)。

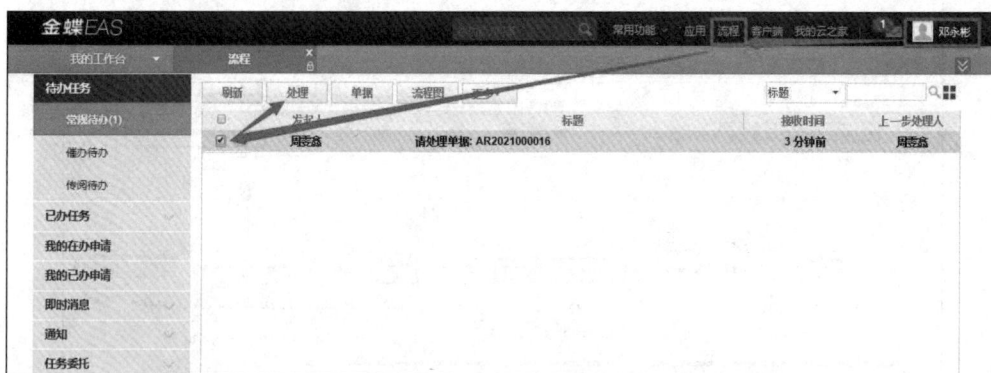

图4-8　进入审批单据界面

根据企业应收管理规范，确认审批通过后，提交应收单完成审批流程，审批完成后则业务完结(见图4-9)。

图4-9 完成审批流程

4.1.2 任务二 (应)应收业务——公司与科亚特签订销售合同，确认应收

📌 **业务场景**

2021年1月7日，公司与科亚特股份有限公司签订销售合同，销售植保无人机2台，合同约定2021年3月5日客户付款，当天发货，往来会计周雯鑫填写应收单，财务经理邓永彬审核。

📌 **实验步骤**

☐ 往来会计录入应收单。
☐ 财务经理审核应收单。

📌 **操作指导**

在金蝶EAS登录界面，选择教师规定的数据中心，用户名为"zwx+学号"，无密码，单击"登录"按钮，进入金蝶EAS操作界面。单击右上角工具栏的"应用"选项后，依次单击"财务会计"|"应收管理"|"应收业务处理"|"应收单维护"选项，进入应收单维护界面(见图4-10)。

在应收单维护界面，单击工具栏的"新增"按钮，进入应收单新增界面(见图4-11)。

操作视频

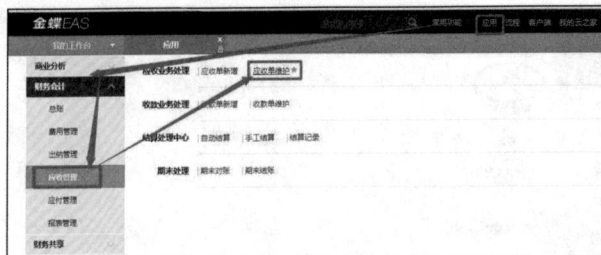

图4-10　进入应收单维护界面

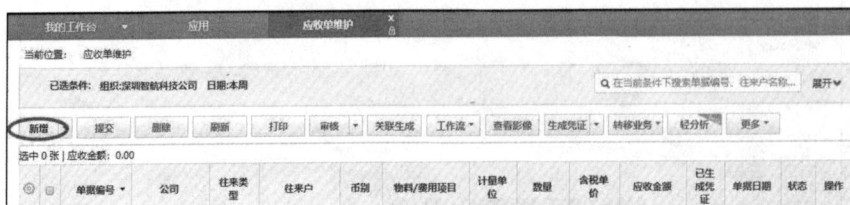

图4-11　进入应收单新增界面

按照实验数据录入应收单，确认单据类型为"销售发票"，单据日期修改为"2021-01-07"，往来户为"科亚特股份有限公司"，在"明细"页签选择物料为"植保无人机CP2"，输入数量为"2.0000"，含税单价为"47 000.000000"，税率(%)为"13.00"，应收科目为"应收账款"，对方科目为"主营业务收入"，在"收款计划"页签，修改应收日期为"2021-03-05"，确认应收金额为"94 000.00"，确认所有信息无误后，保存后进行提交，提交至工作流，由财务经理邓永彬审核(见图4-12)。

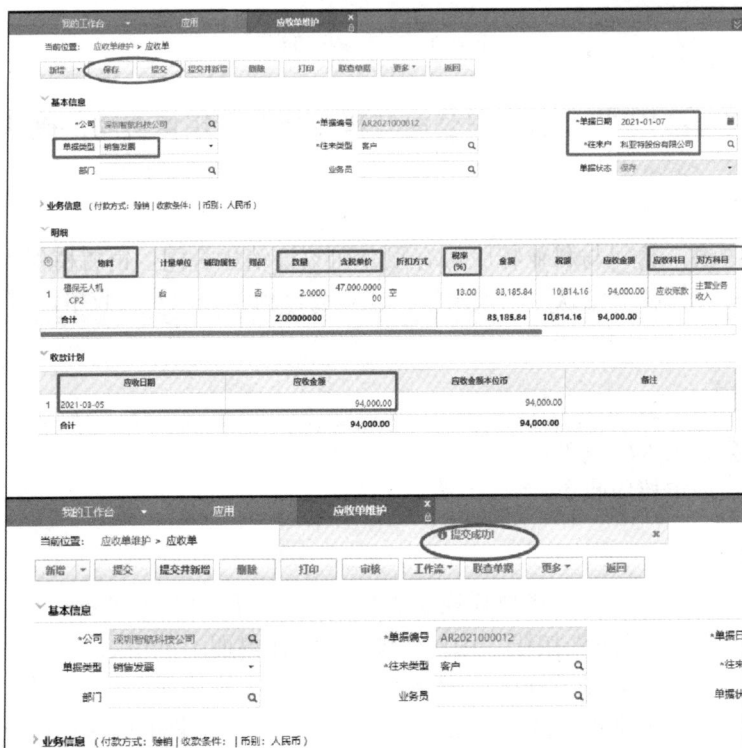

图4-12　录入应收单

提交成功应收单后，单击网页版的金蝶EAS的"安全退出"按钮，选择教师规定的数据中心，输入用户名"dyb+学号"，无密码，然后单击"登录"按钮，进入金蝶EAS系统操作界面。单击右上角工具栏中的"流程"选项，勾选刚才提交的应收单，单击"处理"按钮，进入审批单据界面(见图4-13)。

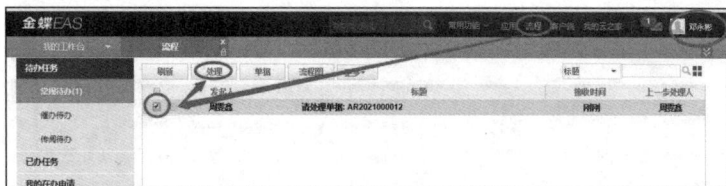

图4-13 进入审批单据界面

根据企业应收管理规范，确认审批通过后，提交应收单完成审批流程，审批完成后则业务完结(见图4-14)。

图4-14 完成审批

返回应收单维护界面，筛选日期范围为2021-01-01至2021-01-31，可以看到状态为审核的应收单(见图4-15)。

4.1.3 任务三 (应)应付业务——公司和德瑞制造公司签订采购合同，确认应付

↗ 业务场景

2021年1月10日，公司与德瑞制造公司签订采购合同，采购100个固定机翼，并约定本月货到后付款，当月收到货物并取得发票，往来会计周雯鑫填写应付单，财务经理邓永彬审核。

图4-15 查看应收单的状态

实验步骤

- 往来会计录入应付单。
- 财务经理审核应付单。

操作指导

在金蝶EAS登录界面，选择教师规定的数据中心，用户名为"zwx+学号"，无密码，单击"登录"按钮，进入金蝶EAS操作界面。单击右上角工具栏的"应用"选项后，依次单击"财务会计"|"应付管理"|"应付业务处理"|"应付单维护"选项，进入应付单维护界面(见图4-16)。

操作视频

图4-16 进入应付单维护界面

在应付单维护界面，单击工具栏的"新增"按钮，进入应付单新增界面(见图4-17)。

按照实验数据录入应付单，确认单据类型为"采购发票"，单据日期修改为"2021-01-10"，往来户为"德瑞制造公司"，在"明细"页签选择物料为"固定机翼YCL01"，输入数量为"100.0000"，含税单价为"847.500000"，税率(%)为"13.00"，应收科目为"应付账款"，对方科目为"原材料"，在"付款计划"页签，修改应付日期为"2021-01-26"，确认应付金额为"84 750.00"，确认所有信息无误后，保存后进行提交；提交至工作流，由财务经理邓永彬审核(见图4-18)。

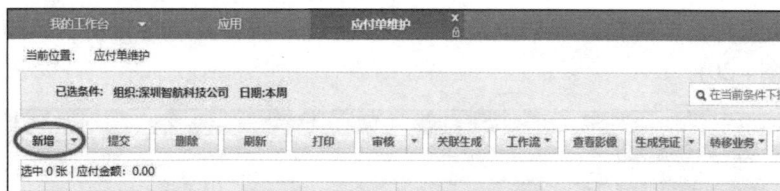

图4-17 进入应付单新增界面

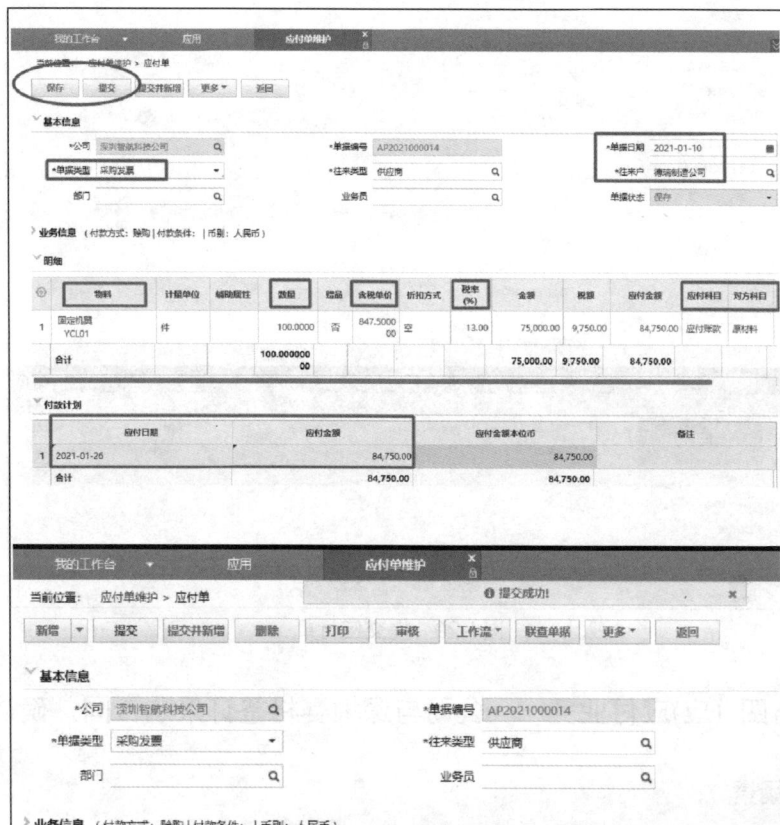

图4-18 录入应付单

提交成功应付单后,单击网页版的金蝶EAS的"安全退出"按钮,选择教师规定的数据中心,输入用户名"dyb+学号",无密码,然后单击"登录"按钮,进入金蝶EAS系统操作界面。单击右上角的工具栏的"流程"选项,勾选刚才提交的应付单,单击"处理"按钮,进入审批单据界面(见图4-19)。

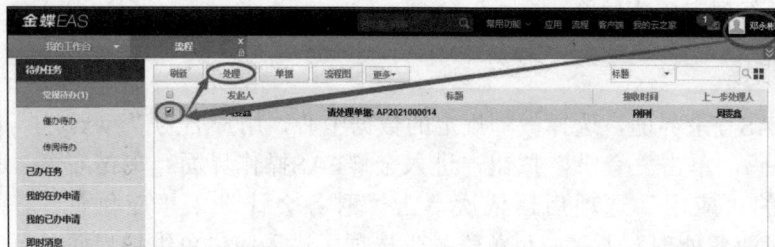

图4-19 进入审批单据界面

根据企业应付管理规范，确认审批通过后，提交应付单完成审批流程，审批完成后则业务完结(见图4-20)。

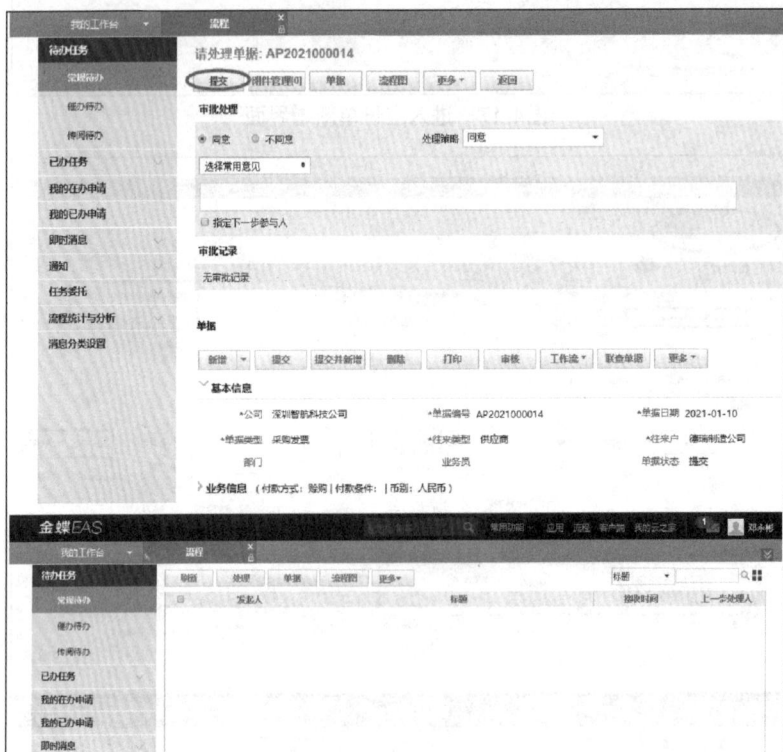

图4-20　提交应付单

4.1.4　任务四 (应)应付业务——公司与深圳赛格签订采购合同，确认应付

↗ 业务场景

2021年1月27日，公司与深圳赛格电子有限公司签订采购合同，采购100个飞控系统，并约定2021年3月付款，当天收到货物，往来会计周雯鑫填写应付单，由财务经理邓永彬审核。

↗ 实验步骤

❑　往来会计录入应付单。
❑　财务经理审核应付单。

↗ 操作指导

在金蝶EAS登录界面，选择教师规定的数据中心，用户名为"zwx+学号"，无密码，单击"登录"按钮，进入金蝶EAS操作界面。单击右上角工具栏的"应用"选项后，依次单击"财务会计"｜"应付管理"｜"应付业务处理"｜"应付单维护"选项，进入应付单维护界面(见图4-21)。

操作视频

图4-21 进入应付单维护界面

在应付单维护界面，单击工具栏的"新增"按钮，进入应付单新增界面(见图4-22)。

图4-22 进入应付单新增界面

按照实验数据录入应付单，确认单据类型为"采购发票"，单据日期修改为"2021-01-27"，往来户为"深圳赛格电子有限公司"，在"明细"页签选择物料为"飞控系统VCL02"，输入数量为"100.0000"，含税单价为"11 000.000000"，税率(%)为"13.00"，应收科目为"应付账款"，对方科目为"原材料"，在"付款计划"页签，修改应收日期为"2021-03-27"，确认应付金额为"1 100 000.00"，确认所有信息无误后，保存后进行提交，提交至工作流，由财务经理邓永彬审核(见图4-23)。

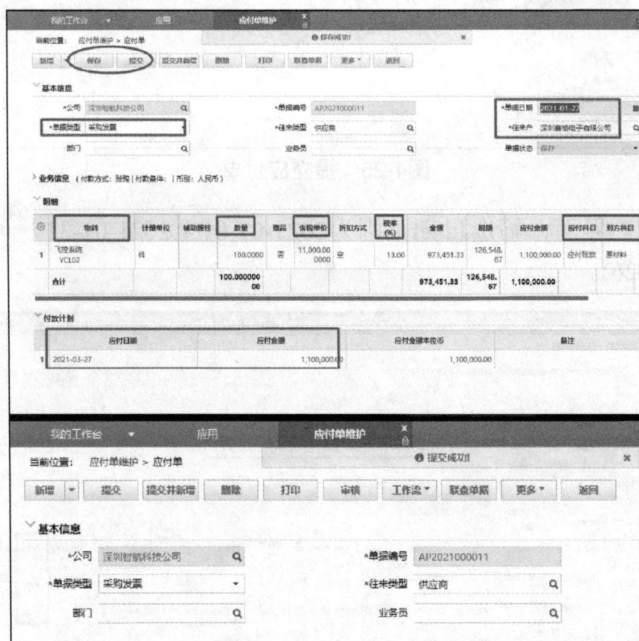

图4-23 提交应付单

　　提交成功应付单后，单击网页版的金蝶EAS的"安全退出"按钮，选择教师规定的数据中心，输入用户名"dyb+学号"，无密码，然后单击"登录"按钮，进入金蝶EAS系统操作界面。单击右上角的工具栏的"流程"选项，勾选刚才提交的应付单，单击"处理"按钮，进入审批单据界面(见图4-24)。

图4-24　进入审批单据界面

　　根据企业应付管理规范，确认审批通过后，提交应付单完成审批流程，审批完成后则业务完结(见图4-25)。

图4-25　提交应付单

　　返回应付单维护界面，筛选日期范围为2021-01-01至2021-01-31，可以看到状态为审核的应付单(见图4-26)。

图4-26　查看应付单的状态

4.2 报销业务

4.2.1 任务五 (应)费用报销业务——秦义招待客户，申请报销

↗ 业务场景

2021年1月15日，秦义为了做业务推广，招待来公司考察的客户吃饭，提费用报销单，当天成本会计肖利华审核该报销单。

↗ 实验步骤

☐ 秦义录入费用报销单。

☐ 成本会计审核费用报销单。

↗ 操作指导

在金蝶EAS登录界面，选择教师规定的数据中心，用户名为"qy+学号"，无密码，单击"登录"按钮，进入金蝶EAS操作界面。单击右上角工具栏的"应用"选项后，依次单击"财务会计"｜"费用管理"｜"费用报销"｜"报销工作台"，进入报销工作台查询界面(见图4-27)。

操作视频

图4-27 进入报销工作台查询界面

在自助报销服务处，单击工具栏的"费用报销"按钮，进入费用报销新增界面(见图4-28)。

图4-28 进入费用报销新增界面

按照实验数据录入费用报销单，选择申请日期为"2021-01-15"，输入事由为"为了做业务推广"，选择费用类型为"业务招待费"，发生时间为"2021-01-15"，输入报销金

额为800，确认收款人为"秦义"，付现金额为800，确认所有信息无误后，依次单击"保存""提交"按钮(见图4-29)。

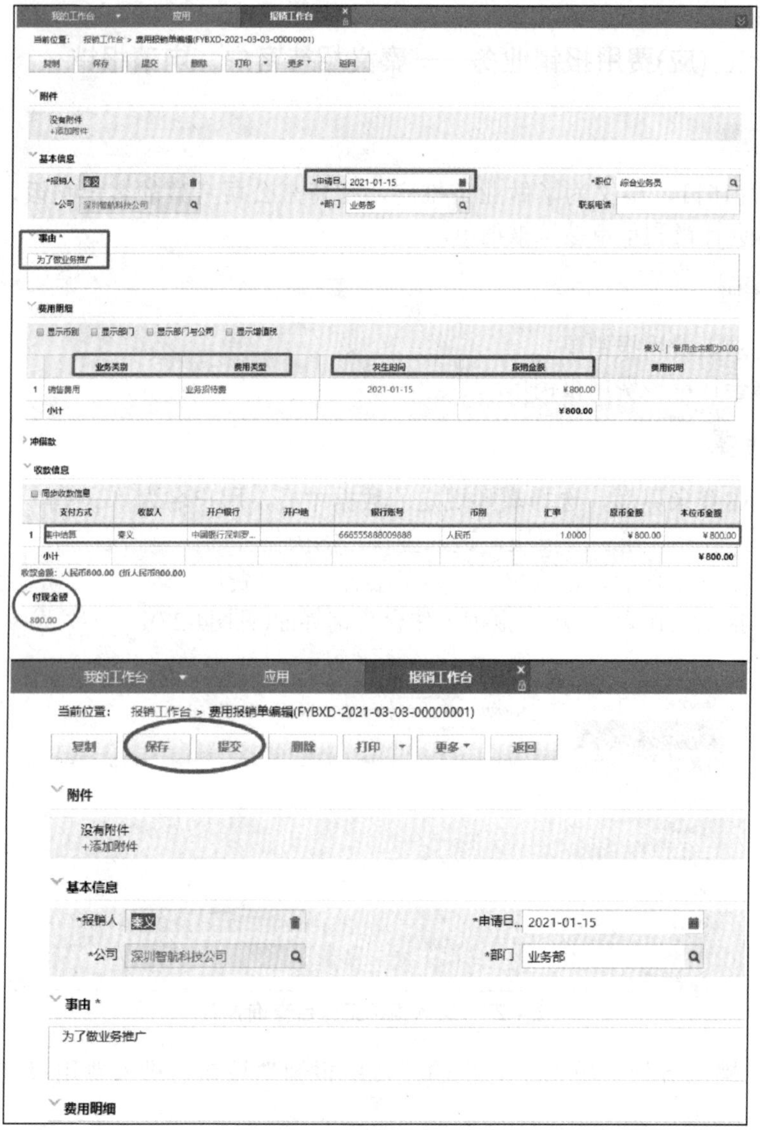

图4-29　录入费用报销单

提交后返回报销工作台，可以看到单据状态为已提交的费用报销单(见图4-30)。

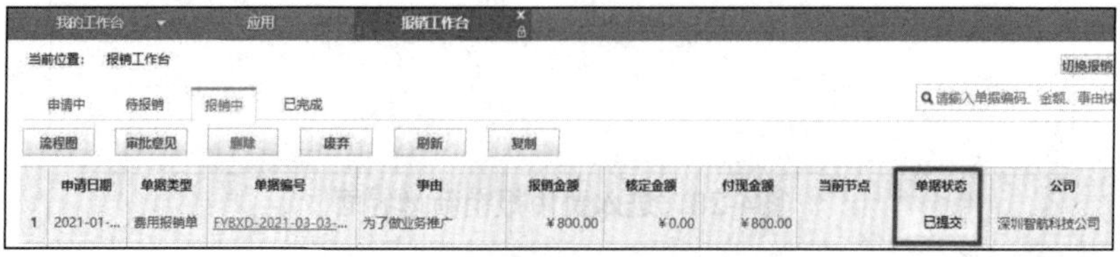

图4-30　查看费用报销单的状态

提交成功费用报销单后，单击网页版的金蝶EAS的"安全退出"按钮，选择教师规定的数据中心，输入用户名"xlh+学号"，无密码，然后单击"登录"按钮，进入金蝶EAS系统操作界面。单击右上角的工具栏的"流程"选项，勾选刚才提交的费用报销单，单击"处理"按钮，进入审批单据界面(见图4-31)。

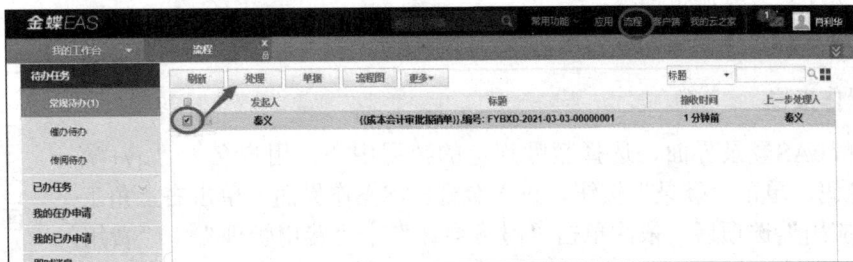

图4-31 进入审批单据界面

根据企业费用管理规范，确认审批通过后，提交费用报销单完成审批流程，审批完成后则费用报销业务完结(见图4-32)。

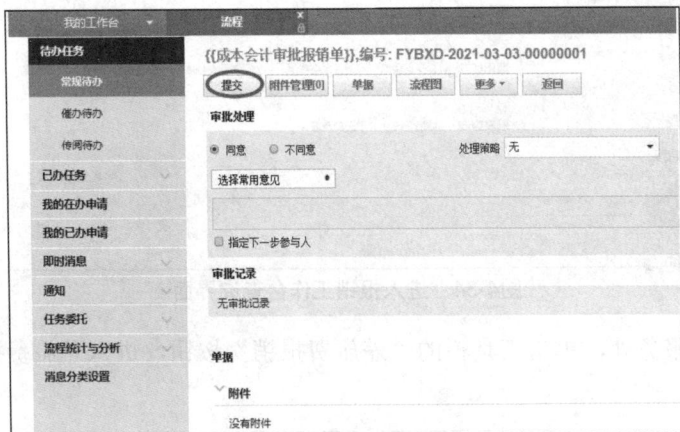

图4-32 提交费用报销单

返回报销工作台界面，筛选报销中的单据，可以看到单据状态为"审核通过"的费用报销单(见图4-33)。

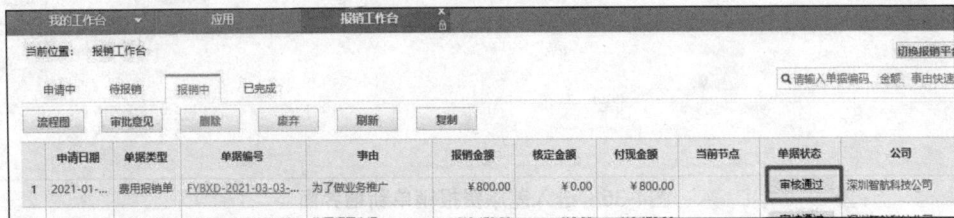

图4-33 查看费用报销单的状态

4.2.2 任务六 (应)差旅费报销——秦义出差，申请差旅报销

🡒 **业务场景**

2021年1月14日，秦义为了拓展市场，到成都出差4天做市场调研，回来后报销差旅

费，成本会计肖利华审核报销单。

↗ 实验步骤

- ☐　秦义录入差旅报销单。
- ☐　成本会计审核差旅报销单。

↗ 操作指导

在金蝶EAS登录界面，选择教师规定的数据中心，用户名为"qy+学号"，无密码，单击"登录"按钮，进入金蝶EAS操作界面。单击右上角工具栏的"应用"选项后，依次单击"财务会计"｜"费用管理"｜"费用报销"｜"报销工作台"选项，进入报销工作台查询界面(见图4-34)。

操作视频

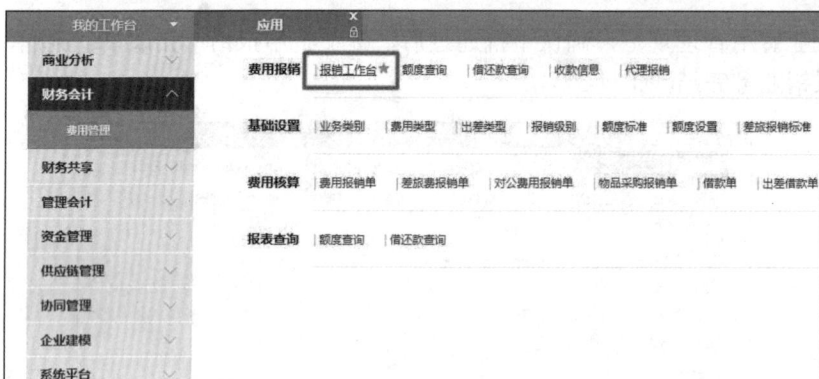

图4-34　进入报销工作台查询界面

在自助报销服务处，单击工具栏的"差旅费报销"按钮，进入差旅费报销单新增界面(见图4-35)。

图4-35　进入差旅费报销单新增界面

按照实验数据录入差旅费报销单，选择申请日期为2021-01-14，新增差旅费用明细。选择开始日期为2021-01-14，结束日期为2021-01-17，选择费用类型为差旅费，录入出发地点为深圳，目的地点为成都，交通工具为飞机，长途交通费为2300.00元，市内交通费为120.00元，住宿费为1050.00元，确认报销金额为3470.00元后单击"保存"按钮，返回费用明细页签，付现金额为3470.00元，确认收款信息页签的收款人为秦义，然后依次单击"保存""提交"按钮(见图4-36)。

图4-36　录入差旅费报销单

提交后返回报销工作台，可以看到单据状态为已提交的差旅费报销单(见图4-37)。

图4-37　查看差旅报销单的状态

提交成功差旅费报销单后，单击网页版的金蝶EAS的"安全退出"按钮，选择教师规定的数据中心，输入用户名"xlh+学号"，无密码，然后单击"登录"按钮，进入金蝶EAS系统操作界面。单击右上角的工具栏的"流程"选项，勾选刚才提交的差旅费报销单，单击"处理"按钮，进入审批单据界面(见图4-38)。

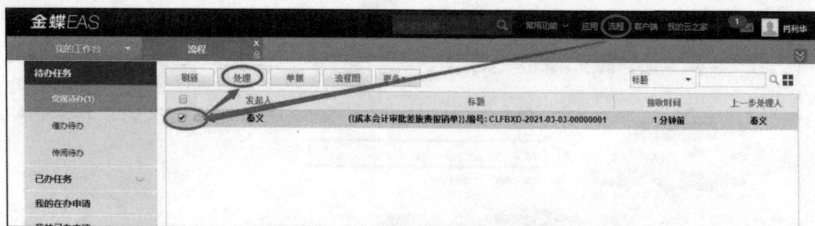

图4-38　进入审批单据界面

根据企业费用管理规范，确认审批通过后，提交差旅费报销单完成审批流程，审批完成后则差旅费报销业务完结(见图4-39)。

图4-39　提交差旅费报销单

依次单击"财务会计"｜"费用管理"｜"费用核算"｜"差旅费报销单"选项，进入差旅报销单查询界面(见图4-40)。

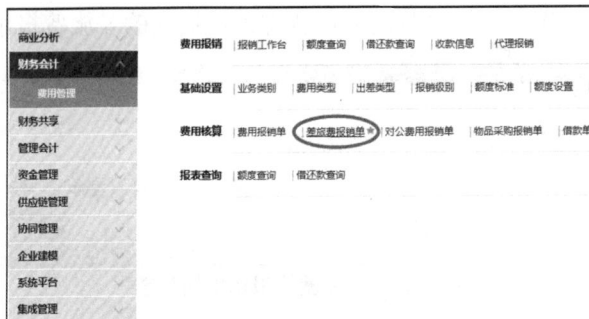

图4-40　进入差旅报销单查询界面

进入差旅费报销单查询界面，展开过滤条件，选择日期为"自定义"，日期范围为2021-01-01至2021-01-31，单击"确定"按钮后，可以查询到单据状态为审核通过的差旅费报销单(见图4-41)。

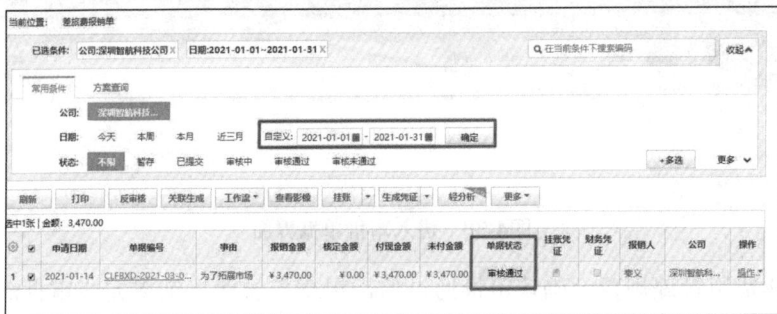

图4-41　查看差旅报销单的状态

4.2.3　任务七 (应)对公报销业务——报销本季度支付的办公室租金

↗ 业务场景

2021年1月9日，秦义根据租赁合同要求，提对公费用报销单，用于向深圳市小美家园有限公司支付本季度办公室租金，成本会计肖利华审核该报销单。

↗ 实验步骤

❑　秦义录入对公费用报销单。
❑　成本会计审核对公费用报销单。

↗ 操作指导

在金蝶EAS登录界面，选择教师规定的数据中心，用户名为"qy+学号"，无密码，单击"登录"按钮，进入金蝶EAS操作界面。单击右上角工具栏的"应用"选项后，依次单击"财务会计"｜"费用管理"｜"费用报销"｜"报销工作台"选项，进入报销工作台查询界面(见图4-42)。

操作视频

图4-42　进入报销工作台查询界面

在自助报销服务处，单击工具栏的"对公费用报销单"按钮，进入对公费用报销单新增界面(见图4-43)。

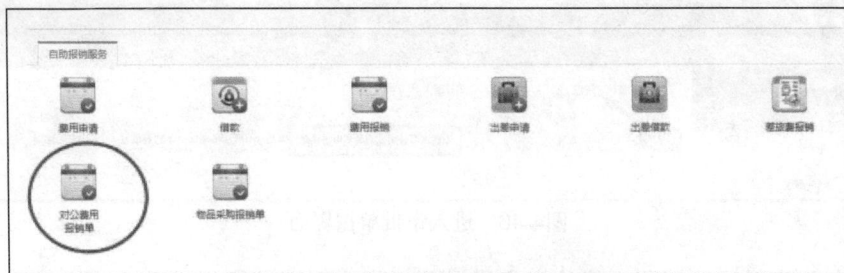

图4-43　进入对公费用报销单新增界面

按照实验数据录入对公费用报销单，选择申请日期为"2021-01-09"，选择收款人类型为"其他"，收款人为"秦义"，确认对应的收款银行和收款人账号，输入事由为"用于支付本季度办公室租金"，选择费用类型为"租金"，发生时间为"2021-01-09"，输入报销金额为60 000.00，确认所有信息无误后，依次单击"保存""提交"按钮(见图4-44)。

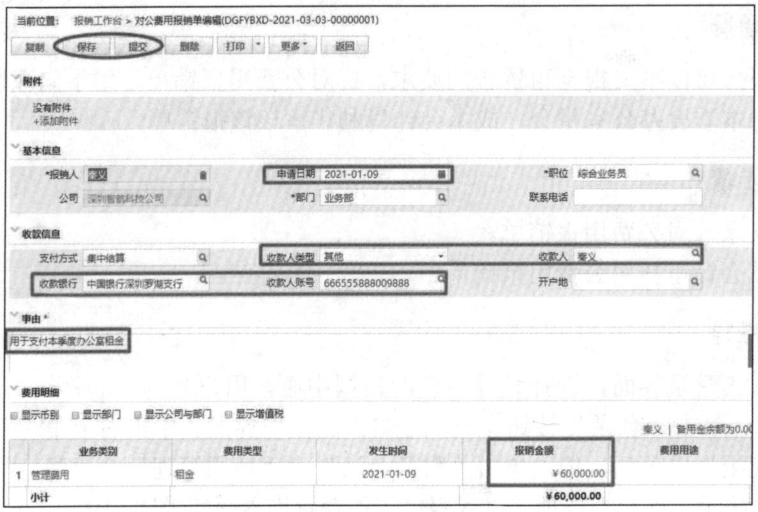

图4-44　录入对公费用报销单

返回报销工作台界面，可以看到已提交的对公费用报销单(见图4-45)。

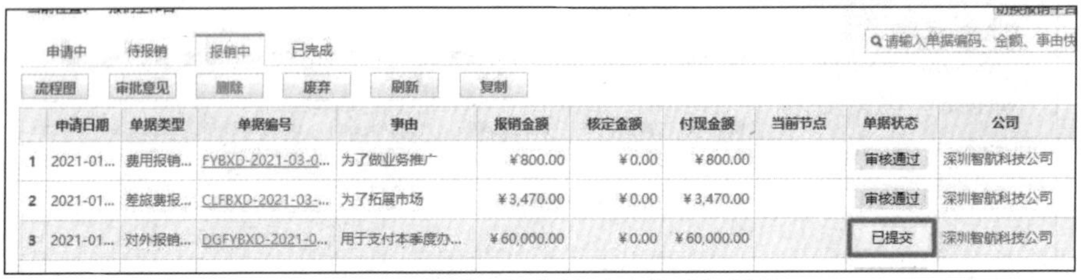

图4-45　查看已提交的对公费用报销单

提交成功对公费用报销单后，单击网页版的金蝶EAS的"安全退出"按钮，选择教师规定的数据中心，输入用户名"xlh+学号"，无密码，然后单击"登录"按钮，进入金蝶EAS系统操作界面。单击右上角的工具栏的"流程"选项，勾选刚才提交的对公费用报销单，单击"处理"按钮，进入审批单据界面(见图4-46)。

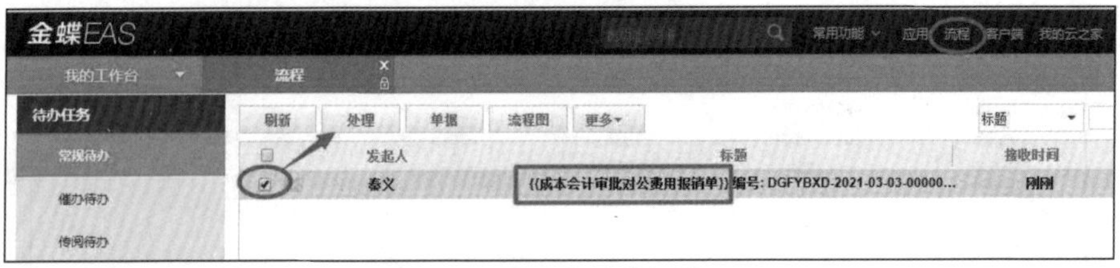

图4-46　进入审批单据界面

根据企业费用管理规范，确认审批通过后，提交对公费用报销单完成审批流程，审批完成后则对公费用报销业务完结(见图4-47)。

依次单击"财务会计"|"费用管理"|"费用核算"|"对公费用报销单"选项，进入对公费用报销单查询界面(见图4-48)。

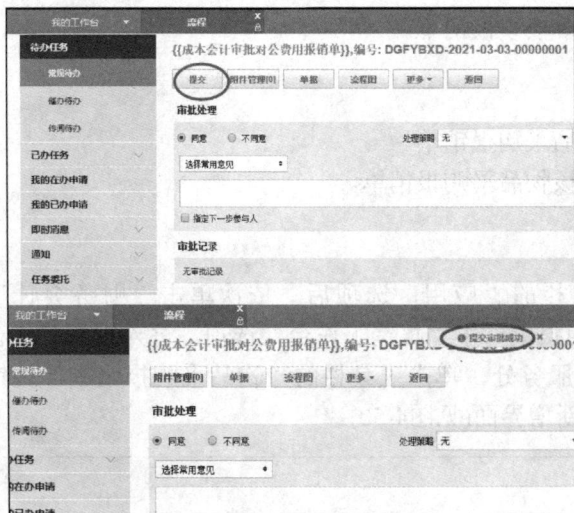

图4-47 提交对公费用报销单

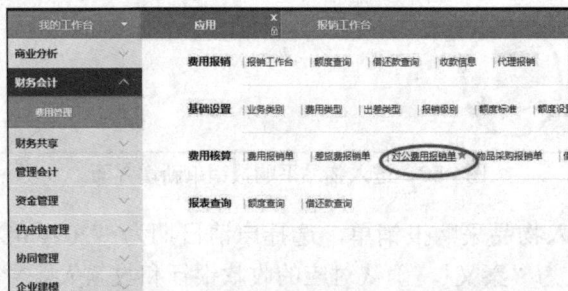

图4-48 进入对公费用报销单查询界面

进入对公费用报销单查询界面，展开过滤条件，选择日期为"自定义"，日期范围为2021-01-01至2021-01-31，单击"确定"按钮后，可以查询到单据状态为已审核的对公费用报销单(见图4-49)。

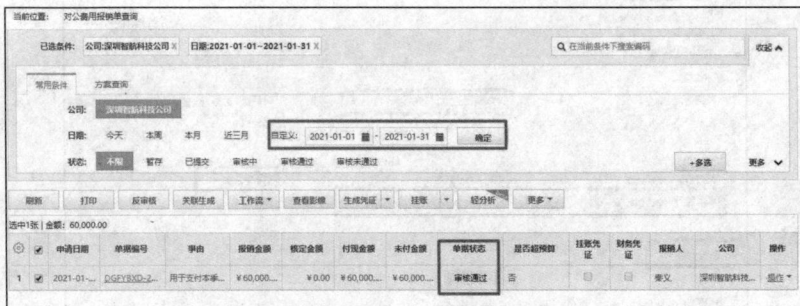

图4-49 查询对公费用报销单

4.2.4 任务八 (应)物品采购费报销业务——秦义购买员工文化衫

↗ 业务场景

2021年1月3日，秦义在天猫(作为零星采购)上购买50件文化衫，填写物品采购报销单，成本会计肖利华审核该报销单。

↗ 实验步骤

☐　秦义录入物品采购报销单。
☐　成本会计审核物品采购报销单。

↗ 操作指导

单击右上角工具栏的"应用"选项后，依次单击"财务会计"｜"费用管理"｜"费用报销"｜"报销工作台"选项，进入报销工作台查询界面。在自助报销服务处，单击工具栏的"物品采购报销单"按钮，进入物品采购报销单新增界面(见图4-50)。

操作视频

图4-50　进入物品采购报销单新增界面

按照实验数据录入物品采购报销单，选择申请日期为"2021-01-03"，选择收款人类型为"其他"，收款人为"秦义"，确认对应的收款银行和收款人账号，输入事由为"购买50件文化衫"，选择费用类型为"员工文化衫"，发生时间为"2021-01-03"，输入单价为50.00，数量为50.00，确认报销金额为2500.00，确认所有信息无误后，依次单击"保存""提交"按钮(见图4-51)。

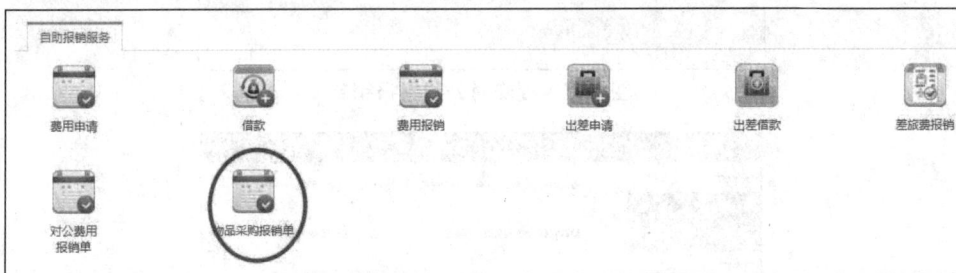

图4-51　录入物品采购报销单

返回报销工作台界面，可以看到已提交的物品采购报销单(见图4-52)。

图4-52 返回报销工作台界面

提交成功物品采购报销单后，单击网页版的金蝶EAS的"安全退出"按钮，选择教师规定的数据中心，输入用户名"xlh+学号"，无密码，然后单击"登录"按钮，进入金蝶EAS系统操作界面。单击右上角的工具栏的"流程"选项，勾选刚才提交的物品采购报销单，单击"处理"按钮，进入审批单据界面(见图4-53)。

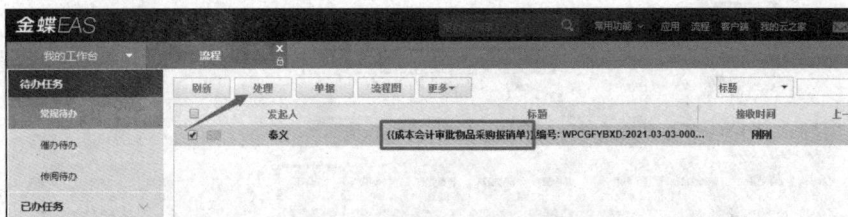

图4-53 进入审批单据界面

根据企业费用管理规范，确认审批通过后，提交物品采购报销单完成审批流程，审批完成后则物品采购报销业务完结(见图4-54)。

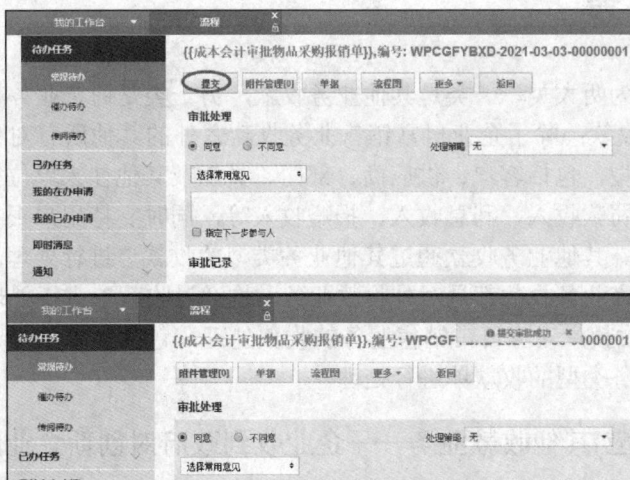

图4-54 提交物品采购报销单

依次单击"财务会计"｜"费用管理"｜"费用核算"｜"物品采购报销单"选项，进入物品采购报销单查询界面(见图4-55)。

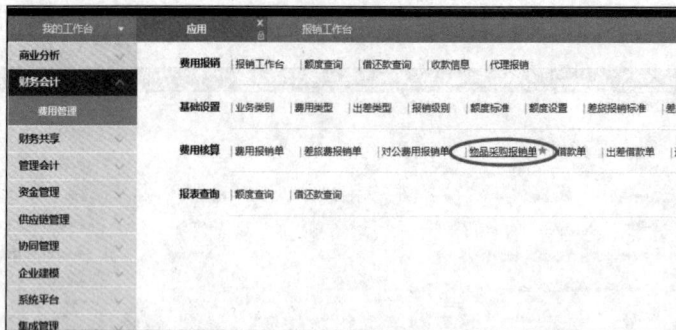

图4-55　进入物品采购报销单查询界面

进入物品采购报销单查询界面，展开过滤条件，选择日期为"自定义"，日期范围为2021-01-01至2021-01-31，单击"确定"按钮后，可以查询到单据状态为审核通过的物品采购报销单(见图4-56)。

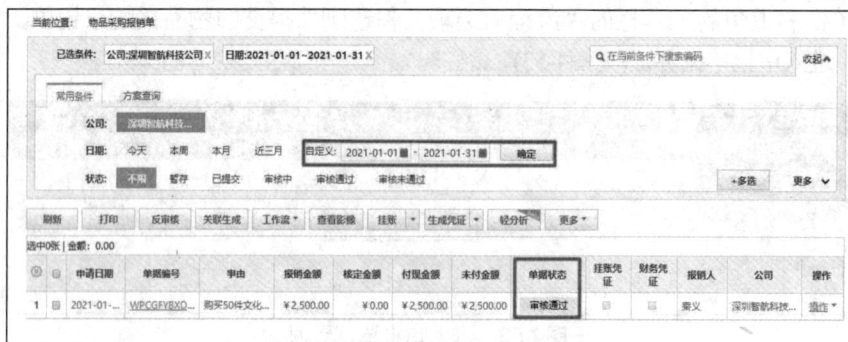

图4-56　查询物品采购报销单

4.3　收款业务

企业收款可分为两大类，一类是其他业务收款，另一类是销售业务收款。

(1) 其他业务收款：除了企业日常销售业务收款之外的其他所有对外收款业务。其他业务收款的对象类型，包括客户、供应商、部门、员工及其他往来单位等。其他业务类型的收款用途，包括罚款收入、利息收入、捐赠收入等，同时支持用户根据企业实际情况自定义其他收款用途。其他业务收款通过其他业务类型的收款单进行处理。需要注意的是，其他业务收款与销售业务收款都是对外收款业务，均通过收款单进行处理。

(2) 销售业务收款：对应日常销售业务的收款处理，包括预收款与销售收款。销售业务收款通过销售业务类型的收款单进行处理。

4.3.1　任务九 (应)其他收款业务——企业收到政府对创新企业的补贴

↗ **业务场景**

2021年1月10日，公司收到政府对创新企业的补贴100万，出纳李兴做收款单，财务经理邓永彬审核。

➐ **实验步骤**

❑　出纳做收款单。
❑　财务经理审核收款单。

➐ **操作指导**

在金蝶EAS登录界面，选择教师规定的数据中心，用户名为"lx+学号"，无密码，单击"登录"按钮，进入金蝶EAS操作界面。单击右上角工具栏的"应用"后，依次单击"财务会计"｜"出纳管理"｜"收付款处理"｜"收款单处理"选项，进入收款单查询界面(见图4-57)。

操作视频

图4-57　进入收款单查询界面

在收款单查询界面，单击工具栏的"新增"按钮，进入收款单新增界面(见图4-58)。

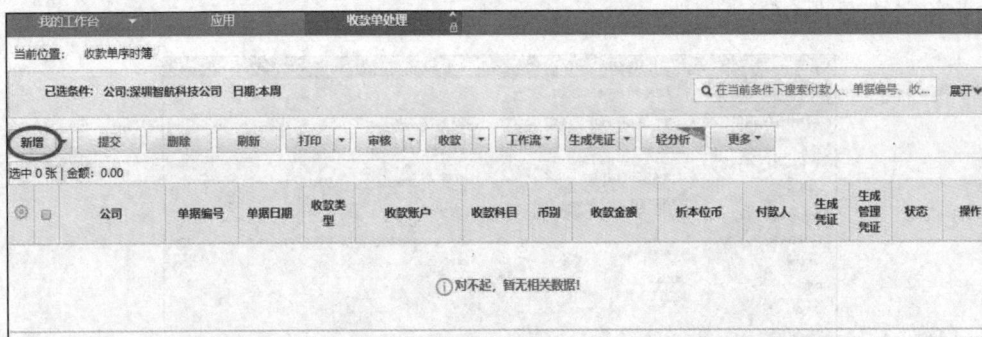

图4-58　进入收款单新增界面

按实验数据录入收款单，选择业务日期为"2021-01-10"，收款类型为"政府补贴"，收款账户为"工商银行罗湖支行"，确认收款银行为"工商银行"，收款科目为"银行存款"，选择往来类型为"其他"，输入付款单位为"深圳市人民政府"，输入金额为100万元，选择对方科目为营业外收入，确认所有信息无误后，依次单击"保存""提交"按钮(见图4-59)。

切换用户至"dyb+学号"进行单据审批。单击右上角的工具栏的"流程"选项，勾选刚才提交的收款单，单击"处理"按钮，进入审批单据界面(见图4-60)。

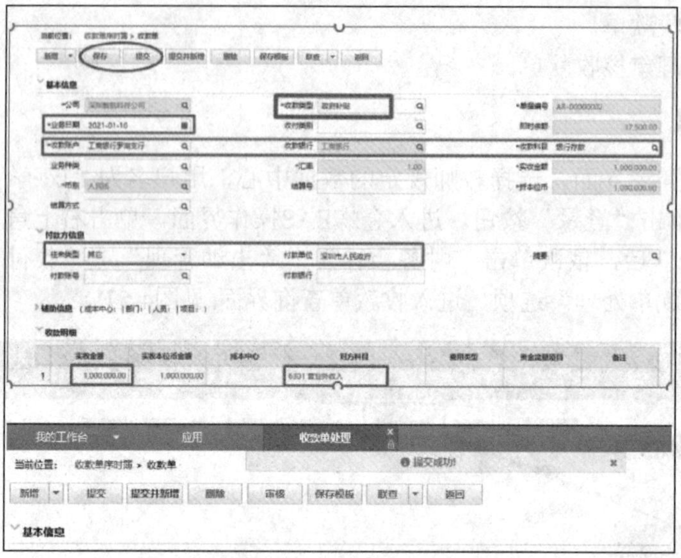

图4-59　录入收款单

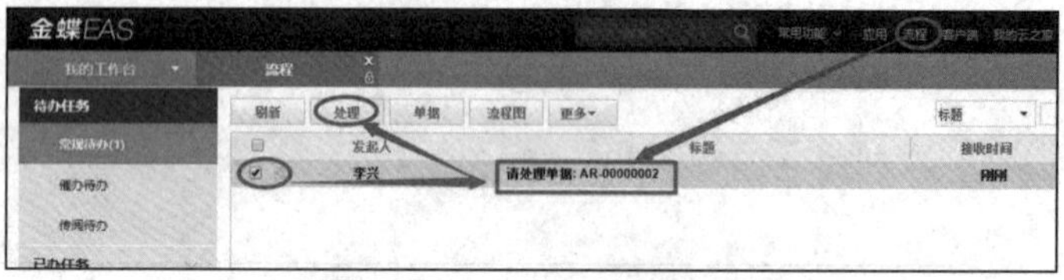

图4-60　进入审批单据界面

根据企业收款业务规范，确认审批通过后，提交收款单完成审批流程，审批完成后则收款业务完结(见图4-61)。

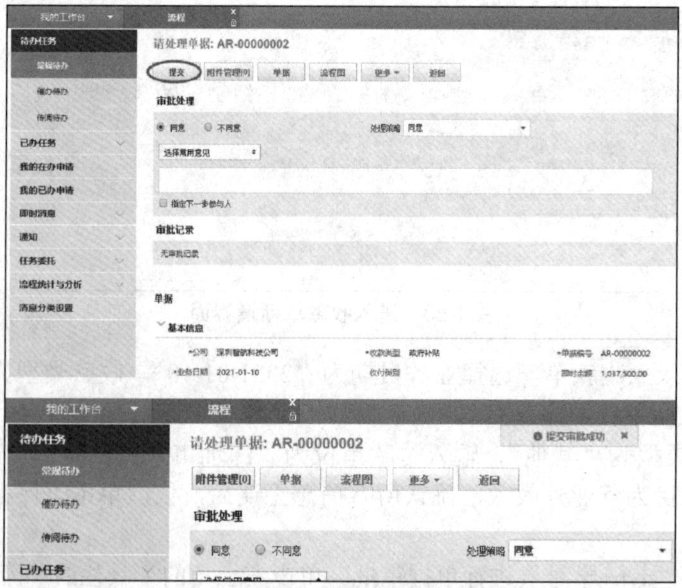

图4-61　提交收款单

返回收款单查询界面,可以看到已经审核成功的收款单,单据状态为已审批(见图4-62)。

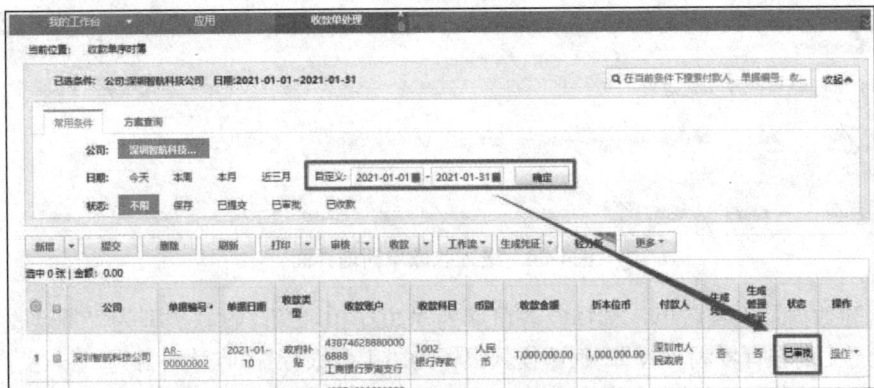

图4-62 返回收款单查询界面

4.3.2 任务十 (应)其他收款业务——企业收到银行提供的贷款

↗ 业务场景

2021年1月12日,公司收到工商银行罗湖支行提供的贷款,出纳李兴做收款单,财务经理邓永彬审核。

↗ 实验步骤

❑ 出纳做收款单。
❑ 财务经理审核收款单。

↗ 操作指导

在金蝶EAS登录界面,选择教师规定的数据中心,用户名为"lx+学号",无密码,单击"登录"按钮,进入金蝶EAS操作界面。单击右上角工具栏的"应用"选项后,依次单击"财务会计"|"出纳管理"|"收付款处理"|"收款单处理"选项,进入收款单查询界面(见图4-63)。

操作视频

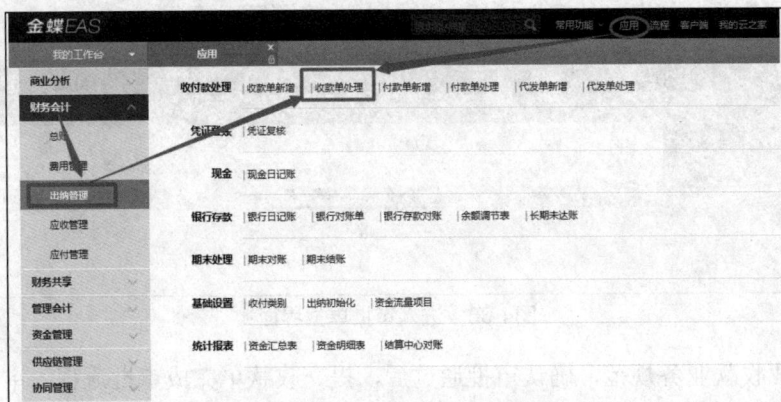

图4-63 进入收款单查询界面

在收款单查询界面，单击工具栏的"新增"按钮，进入收款单新增界面(见图4-64)。

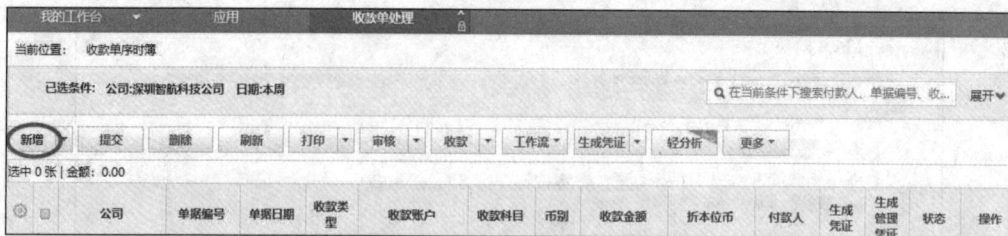

图4-64 进入收款单新增界面

按实验数据录入收款单，选择业务日期为"2021-01-12"，收款类型为"贷款收入"，收款账户为"工商银行罗湖支行"，确认收款银行为"工商银行"，收款科目为"银行存款"，选择往来类型为"其他"，输入付款单位为"工商银行罗湖支行"，输入金额为250万元，选择对方科目为短期借款，确认所有信息无误后，依次单击"保存""提交"按钮(见图4-65)。

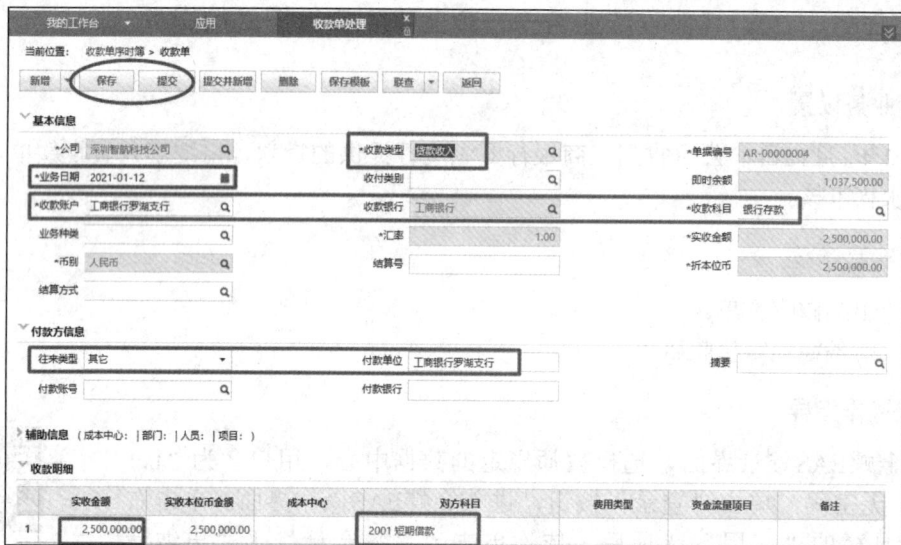

图4-65 录入收款单

切换用户至"dyb+学号"进行单据审批。单击右上角的工具栏的"流程"选项，勾选刚才提交的收款单，单击"处理"按钮，进入审批单据界面(见图4-66)。

图4-66 进入审批单据界面

根据企业收款业务规范，确认审批通过后，提交收款单完成审批流程，审批完成后则收款业务完结(见图4-67)。

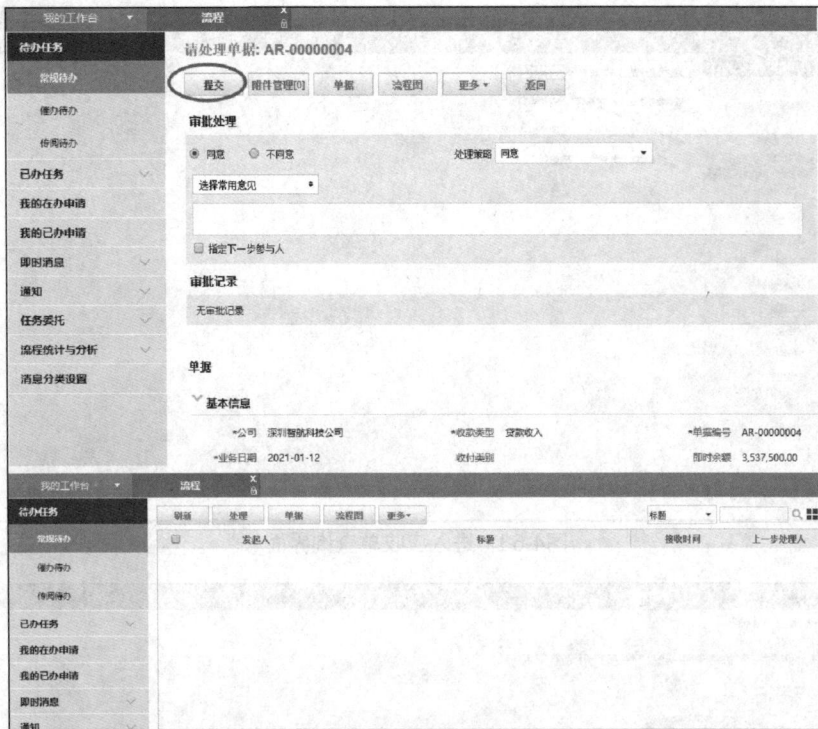

图4-67　提交收款单

4.3.3　任务十一　(应)销售业务收款——收到哈博森股份有限公司的货款

↗ 业务场景

2021年1月26日,公司收到哈博森股份有限公司发来的货款,出纳李兴根据应收单生成收款单,财务经理邓永彬审核。

↗ 实验步骤

❑　出纳做收款单。
❑　财务经理审核收款单。

↗ 操作指导

在金蝶EAS登录界面,选择教师规定的数据中心,用户名为"lx+学号",无密码,单击"登录"按钮,进入金蝶EAS操作界面。单击右上角工具栏的"应用"选项后,依次单击"财务会计"|"应收管理"|"应收业务处理"|"应收单维护"选项,进入应收单查询界面(见图4-68)。

操作视频

在应收单查询界面,单击"展开"按钮,输入时间为2021年01月01日至2021年01月31日,选中应收金额为45 200.00元的单据界面,单击"关联生成"按钮,生成收款单(见图4-69)。

显示出如图4-70所示的界面,直接单击"确定"按钮。

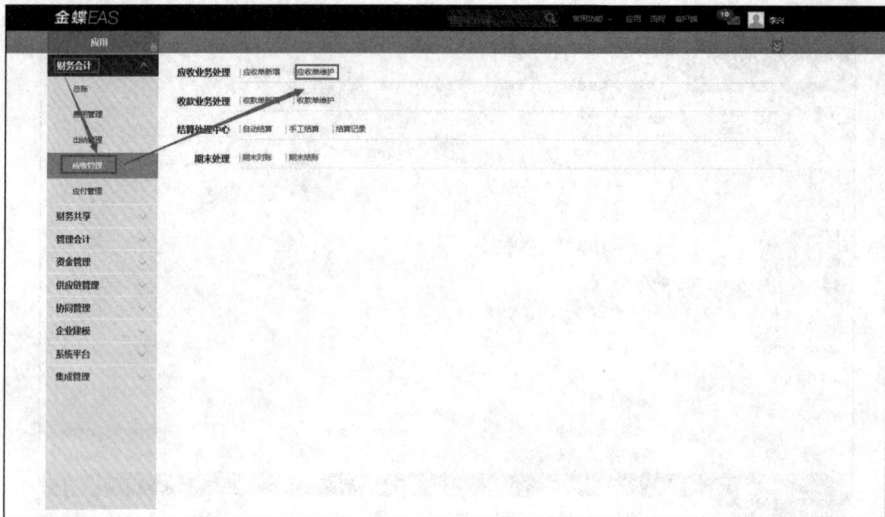

图4-68　进入应收单查询界面

图4-69　生成收款单

图4-70　关联生成

　　按实验数据录入收款单，选择单据日期为"2021-01-04"，收款账户为"工商银行罗湖支行"，确认收款银行为"工商银行"，收款科目为"银行存款"，检查确认所有信息无误后，依次单击"保存""提交"按钮(见图4-71)。

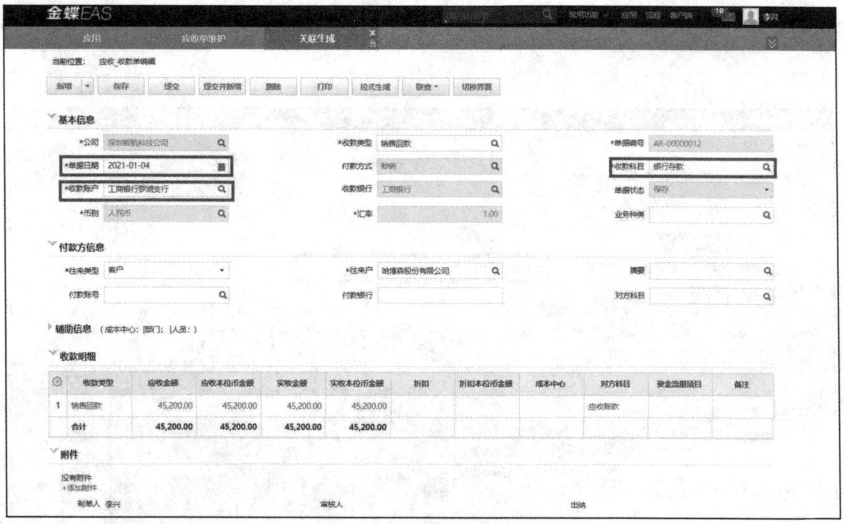

图4-71 录入收款单

切换用户至"dyb+学号"进行单据审批。单击右上角的工具栏的"流程"选项,勾选刚才提交的收款单,单击"处理"按钮,进入审批单据界面(见图4-72)。

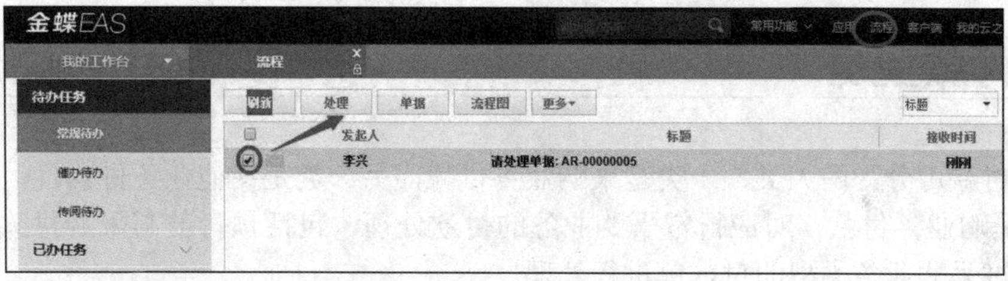

图4-72 进入审批单据界面

根据企业收款业务规范,确认审批通过后,提交收款单完成审批流程,审批完成后则收款业务完结(见图4-73)。

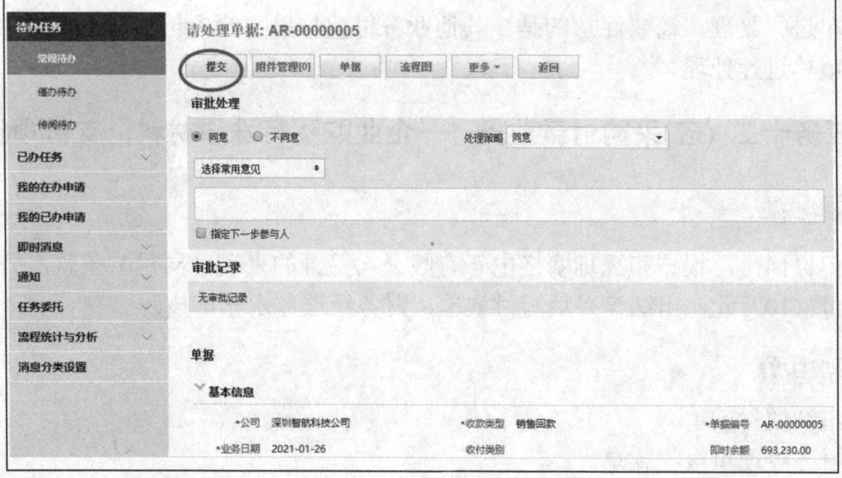

图4-73 提交收款单

返回收款单查询界面，可以看到已经审核成功的收款单，单据状态为"已审批"（见图4-74）。

图4-74　返回收款单查询界面

4.4　付款业务

企业付款可分为两大类，一类是采购业务付款，另一类是其他业务付款。

(1) 采购业务付款：对应日常采购业务的付款处理，包括预付款与采购付款。采购业务付款通过采购业务类型的付款单进行处理。

(2) 其他业务付款：除了企业日常采购业务付款之外的其他所有对外付款业务。其他业务付款的对象类型，包括客户、供应商、部门、员工及其他往来单位等。其他业务类型的付款用途，包括工资发放、费用报销、个人借款、购买发票、银行手续费、罚款支出等，同时支持用户根据企业实际情况自定义其他付款用途。其他业务付款通过其他业务类型的付款单进行处理。需要注意的是，其他业务付款与采购业务付款都是对外付款业务，均通过付款单进行处理。

4.4.1　任务十二　(应)采购付款业务——企业购买特殊原材料，支付预付款

↗ 业务场景

2021年1月4日，根据和深圳赛格电子有限公司签订的采购合同付款条款，公司支付给供应商预付款10万元，出纳李兴填写付款单，财务经理邓永彬审核。

↗ 实验步骤

❑　出纳做付款单。
❑　财务经理审核收款单。

↗ 操作指导

在金蝶EAS登录界面，选择教师规定的数据中心，用户名为"lx+学号"，无密码，单击"登录"按钮，进入金蝶EAS操作界面。单击右上角工具栏的"应用"选项后，依次单击"财务会计"|"出纳管理"|"收付款处理"|"付款单处理"选项，进入付款单查询界面(见图4-75)。

操作视频

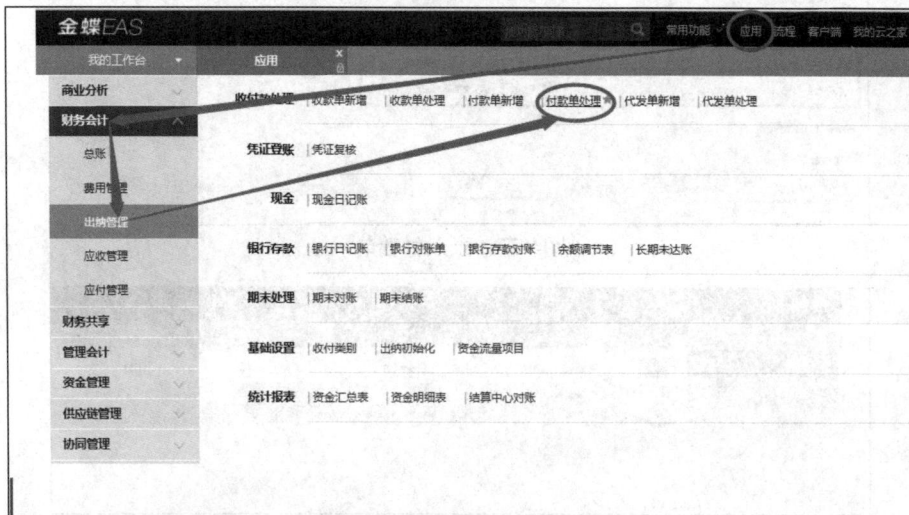

图4-75　进入付款单查询界面

在付款单查询界面，单击工具栏的"新增"按钮进入付款单新增界面(见图4-76)。

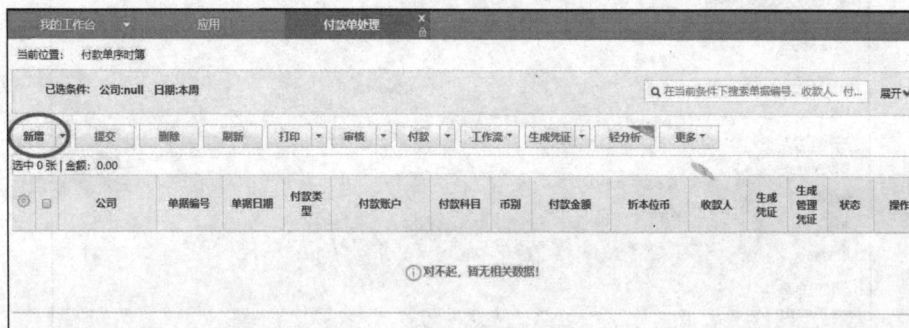

图4-76　进入付款单新增界面

按实验数据录入付款单，选择业务日期为"2021-01-04"，付款类型为"预付款"，付款账户为"工商银行罗湖支行"，确认付款银行为"工商银行"，付款科目为"银行存款"，选择收款人类型为"供应商"，选择收款人名称为"深圳赛格电子有限公司"，输入实付金额为"100 000.00"，选择对方科目为"1123预付账款"，确认所有信息无误后，依次单击"保存""提交"按钮(见图4-77)。

切换用户至"dyb+学号"进行单据审批。单击右上角的工具栏的"流程"选项，勾选刚才提交的付款单，单击"处理"按钮，进入审批单据界面(见图4-78)。

根据企业付款业务规范，确认审批通过后，提交付款单完成审批流程，审批完成后则付款业务完结(见图4-79)。

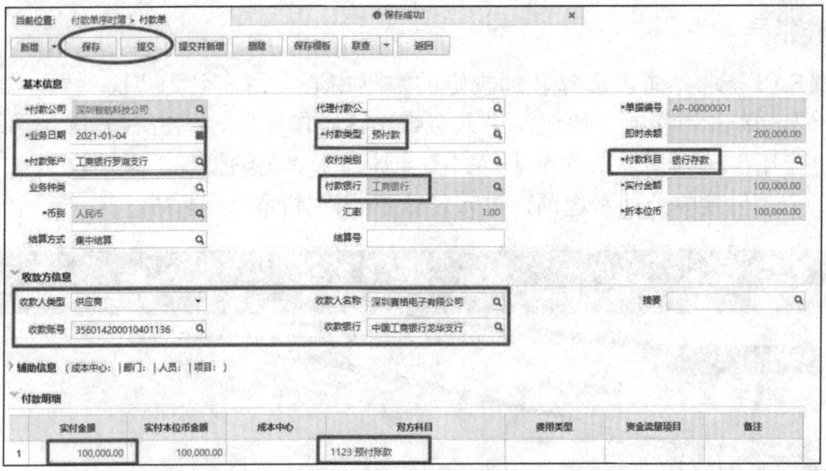

图4-77　录入付款单

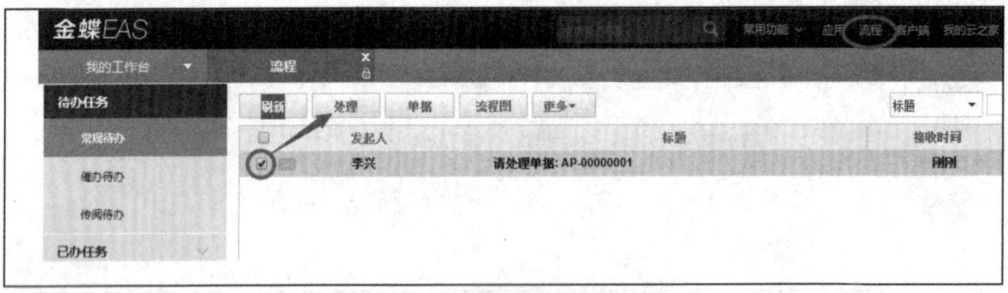

图4-78　进入审批单据界面

图4-79　提交付款单

返回付款单查询界面，可以看到已经审核成功的付款单，单据状态为"已审批"(见图4-80)。

图4-80　返回付款单查询界面

4.4.2　任务十三 (应)其他业务付款——公司领导决定对公益事业进行捐款

↗ 业务场景

2021年1月25日，公司为支援深圳医疗队捐献30万元购买物资，出纳李兴填写付款单，财务经理邓永彬审核。

↗ 实验步骤

❑ 出纳做付款单。
❑ 财务经理审核收款单。

↗ 操作指导

在金蝶EAS登录界面，选择教师规定的数据中心，用户名为"lx+学号"，无密码，单击"登录"按钮，进入金蝶EAS操作界面。单击右上角工具栏的"应用"选项后，依次单击"财务会计"|"出纳管理"|"收付款处理"|"付款单处理"按钮，进入付款单查询界面(见图4-81)。

操作视频

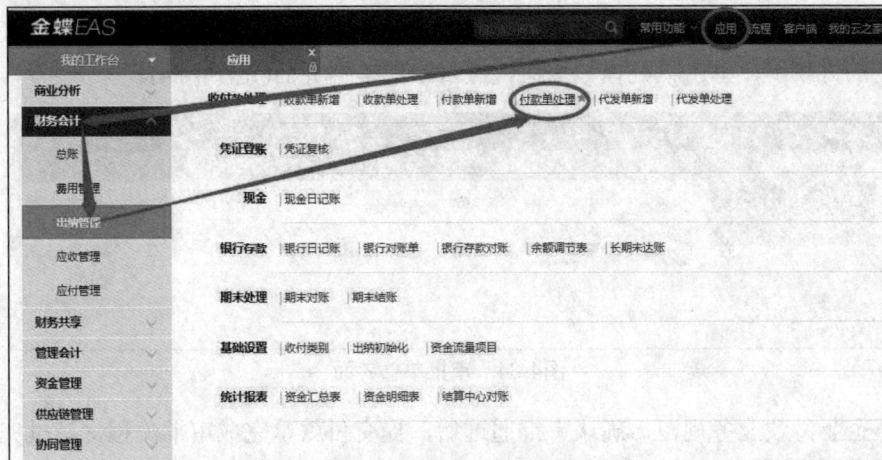

图4-81　付款单查询界面

在付款单查询界面，单击工具栏的"新增"按钮，进入付款单新增界面(见图4-82)。

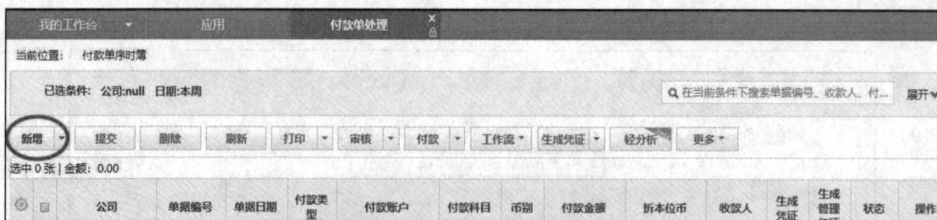

图4-82　付款单新增界面

按实验数据录入付款单，选择业务日期为"2021-01-25"，付款类型为"公益捐款"，付款账户为"工商银行罗湖支行"，确认付款银行为"工商银行"，付款科目为"银行存款"，选择收款人类型为"其他"，输入收款人名称为"深圳医疗队"，输入金额为"300 000.00"，选择对方科目为"6711营业外支出"，确认所有信息无误后，依次单击"保存""提交"按钮(见图4-83)。

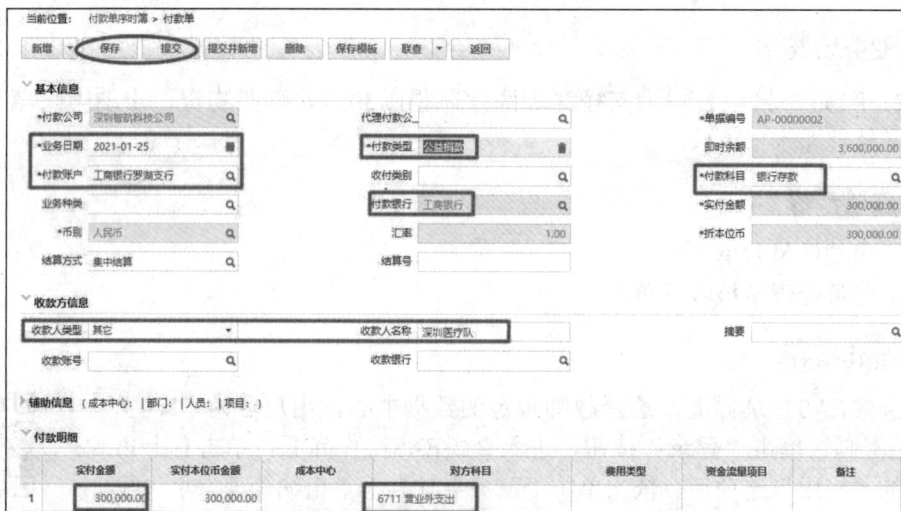

图4-83　录入付款单

切换用户至"dyb+学号"进行单据审批。单击右上角的工具栏的"流程"选项，勾选刚才提交的付款单，单击"处理"按钮，进入审批单据界面(见图4-84)。

图4-84　审批单据界面

根据企业付款业务规范，确认审批通过后，提交付款单完成审批流程，审批完成后则付款业务完结(见图4-85)。

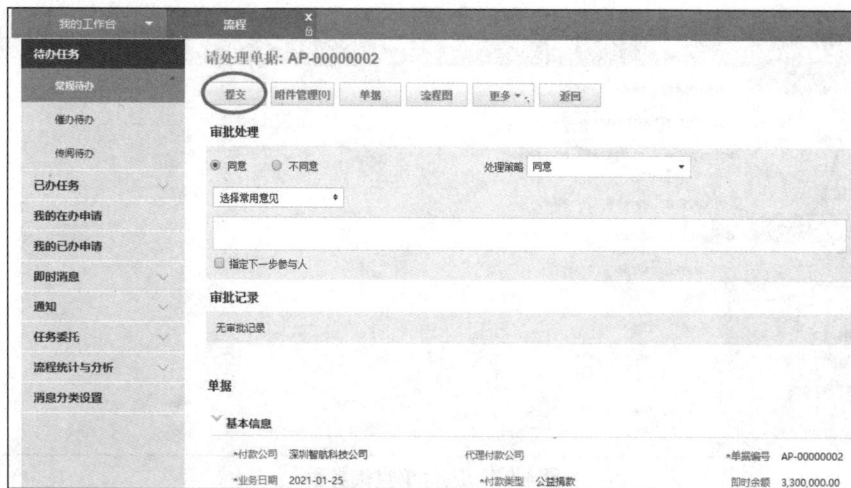

图4-85 提交付款单

返回付款单查询界面，可以看到已经审核成功的付款单，单据状态为已审批(见图4-86)。

图4-86 返回付款单查询界面

4.4.3 任务十四 (应)采购业务付款——支付德瑞制造公司的采购货款

↗ 业务场景

2021年1月26日，仓库收到德瑞制造公司送来的原材料固定机翼，当验收入库时，出纳李兴根据应付单生成付款单，财务经理邓永彬审核。

↗ 实验步骤

- ❑ 出纳做付款单。
- ❑ 财务经理审核收款单。

↗ 操作指导

在金蝶EAS登录界面，选择教师规定的数据中心，用户名为"lx+学号"，无密码，单击"登录"按钮，进入金蝶EAS操作界面。单击右上角工具栏的"应用"选项后，依次单击"财务会计"｜"应付管理"｜"应付业务处理"｜"应付单维护"选项，进入应付单查询界面(见图4-87)。

操作视频

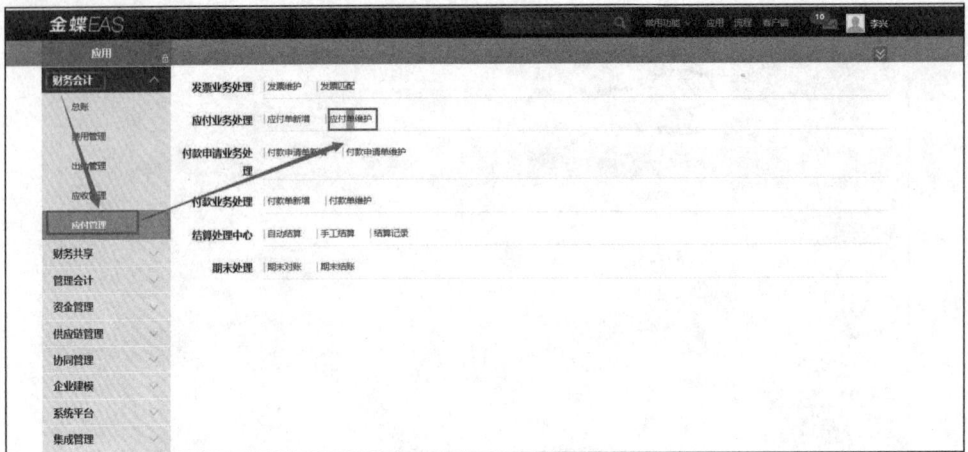

图4-87　应付单查询界面

在应付单查询界面，单击展开，输入时间为2021年01月01日至2021年01月31日，选中应付金额为84 750.00元的单据界面，单击"关联生成"按钮，生成付款单(见图4-88)。

图4-88　生成付款单

显示出如图4-89所示的界面，直接选中"确定"按钮。

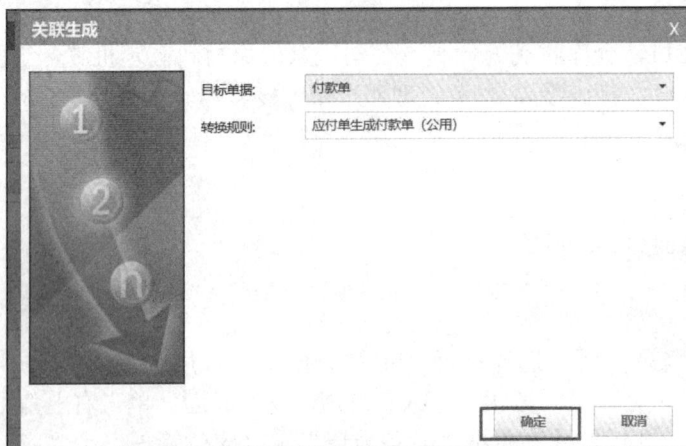

图4-89　关联生成

按实验数据录入收款单，选择业务日期为"2021-01-26"，选择单据日期为"2021-01-10"，付款账户为"工商银行罗湖支行"，确认付款银行为"工商银行"，付款科目为"银行存款"，检查确认所有信息无误后，依次单击"保存""提交"按钮(见图4-90)。

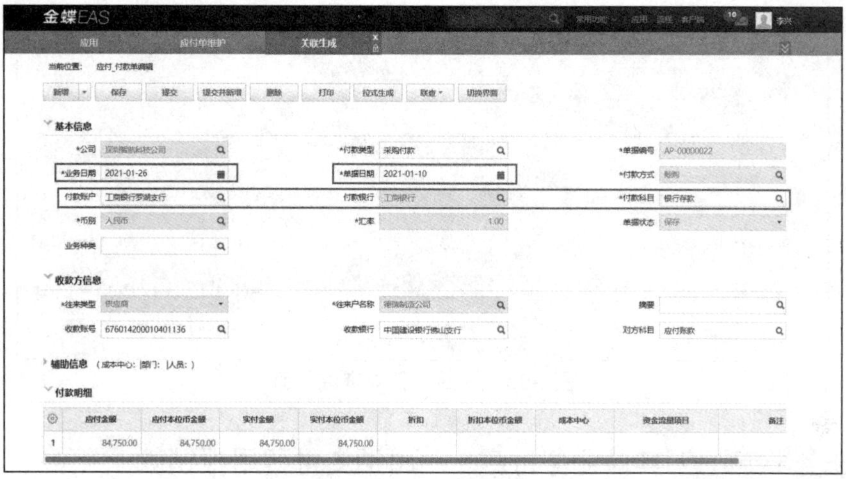

图4-90　录入收款单

切换用户至"dyb+学号"进行单据审批。单击右上角的工具栏的"流程"选项，勾选刚才提交的付款单，单击"处理"按钮，进入审批单据界面(见图4-91)。

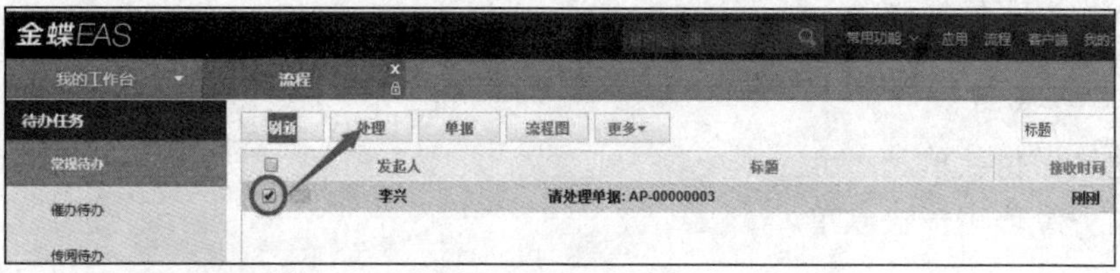

图4-91　审批单据界面

根据企业付款业务规范，确认审批通过后，提交付款单完成审批流程，审批完成后则付款业务完结(见图4-92)。

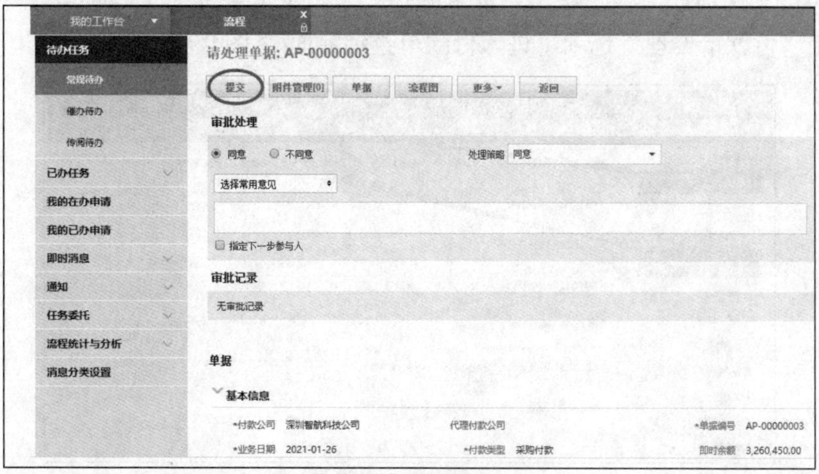

图4-92　提交付款单

返回付款单查询界面，可以看到已经审核成功的付款单，单据状态为"已审批"(见图4-93)。

图4-93 返回付款单查询界面

4.4.4 任务十五 (应)其他业务付款——出纳支付费用报销款

➚ 业务场景

2021年1月16日，费用报销单审核通过，出纳李兴做付款单支付秦义招待客户费用800元，财务经理邓永彬审核。

➚ 实验步骤

❑ 出纳做付款单。

❑ 财务经理审核收款单。

➚ 操作指导

在金蝶EAS登录界面，选择教师规定的数据中心，用户名为"lx+学号"，无密码，单击"登录"按钮，进入金蝶EAS操作界面。单击右上角工具栏的"应用"选项后，依次单击"财务会计"|"出纳管理"|"收付款处理"|"付款单处理"选项，进入付款单查询界面(见图4-94)。

操作视频

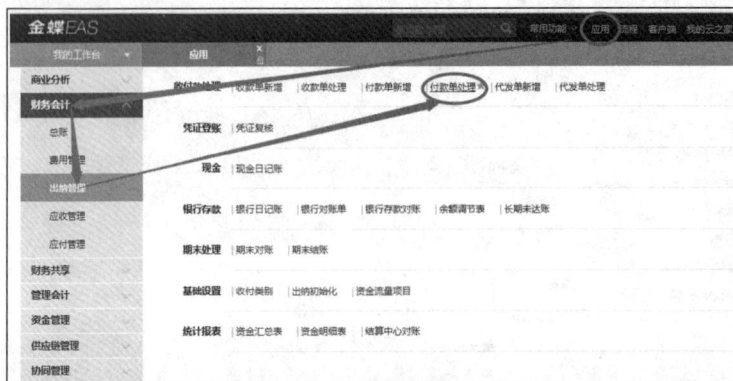

图4-94 付款单查询界面

在付款单查询界面，单击工具栏的"新增"按钮，进入付款单新增界面。按实验数据录入付款单，选择业务日期为"2021-01-16"，付款类型为"费用报销"，付款账户为"工商银行罗湖支行"，确认付款银行为"工商银行"，付款科目为"银行存款"，选择收款人类型为"其他"，输入收款人名称为"秦义"，输入实付金额为"800.00"，选择对方科目为"6601.01 业务招待费"，确认所有信息无误后，依次单击"保存""提交"按钮(见图4-95)。

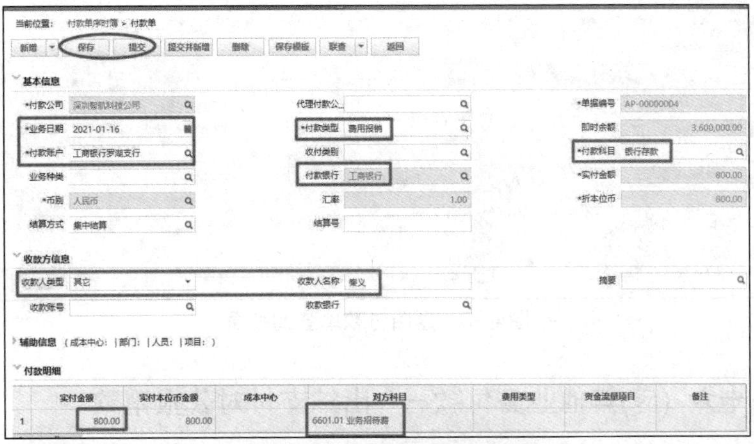

图4-95 进入付款单新增界面

切换用户至"dyb+学号"进行单据审批。单击右上角的工具栏的"流程"选项，勾选刚才提交的付款单，单击"处理"按钮，进入审批单据界面(见图4-96)。

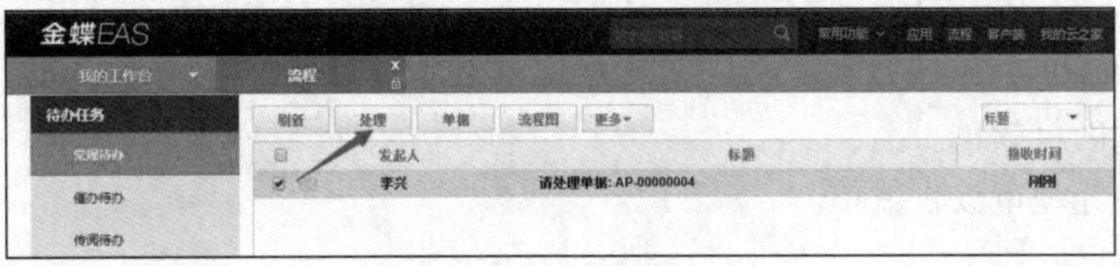

图4-96 审批单据界面

根据企业付款业务规范，确认审批通过后，提交付款单完成审批流程，审批完成后则付款业务完结(见图4-97)。

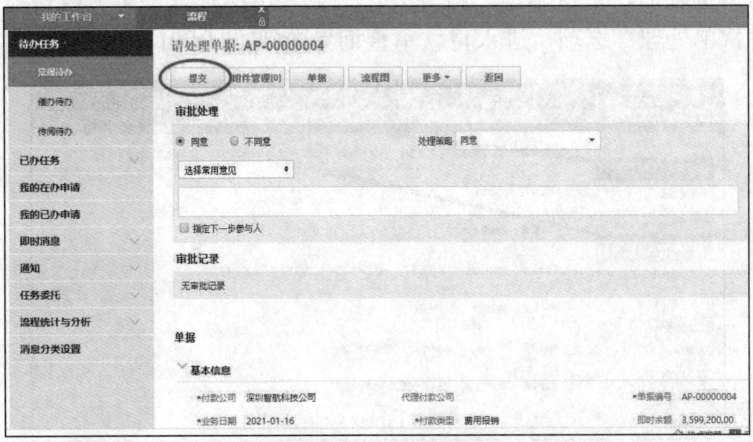

图4-97 提交付款单

返回付款单查询界面，可以看到已经审核成功的付款单，单据状态为"已审批"(见图4-98)。

图4-98 返回付款单查询界面

4.4.5 任务十六 (应)其他业务付款——出纳支付对公报销款

↗ 业务场景

2021年1月10日，租金支付的对公费用报销单审核通过，出纳李兴做付款单支付给深圳市小美家园有限公司办公室租金款6万元，财务经理邓永彬审核。

↗ 实验步骤

❑ 出纳做付款单。
❑ 财务经理审核收款单。

↗ 操作指导

在金蝶EAS登录界面，选择教师规定的数据中心，用户名为"lx+学号"，无密码，单击"登录"按钮，进入金蝶EAS操作界面。单击右上角工具栏的"应用"选项后，依次单击"财务会计"|"出纳管理"|"收付款处理"|"付款单处理"选项，进入付款单查询界面(见图4-99)。

操作视频

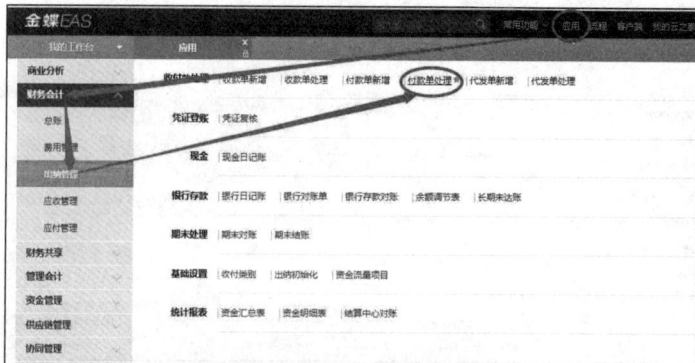

图4-99 进入付款单查询界面

　　在付款单查询界面，单击工具栏的"新增"按钮，进入付款单新增界面。在付款单查询界面，单击工具栏的"新增"按钮，进入付款单新增界面。按实验数据录入付款单，选择业务日期为"2021-01-10"，付款类型为"费用报销"，付款账户为"工商银行罗湖支行"，确认付款银行为"工商银行"，付款科目为"银行存款"，选择收款人类型为"其他"，输入收款人名称为"深圳市小美家园有限公司"，输入金额为"60 000.00"，选择对方科目为"6602.02租金"，确认所有信息无误后，依次单击"保存""提交"按钮(见图4-100)。

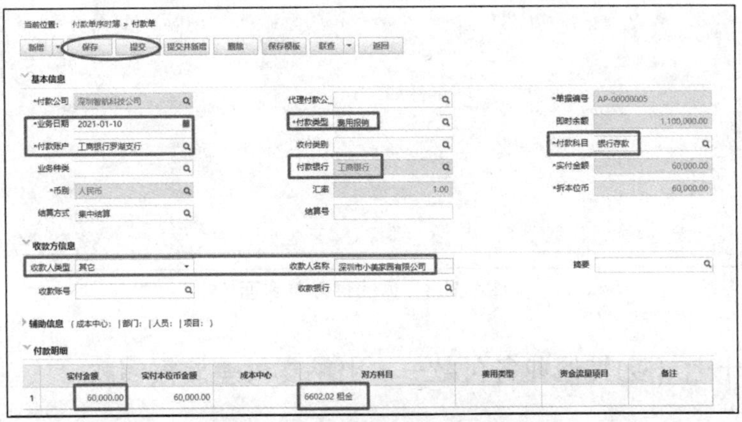

图4-100　进入付款单新增界面

　　切换用户至"dyb+学号"进行单据审批。单击右上角的工具栏的"流程"，勾选刚才提交的付款单，单击"处理"按钮，进入审批单据界面(见图4-101)。

图4-101　进入审批单据界面

　　根据企业付款业务规范，确认审批通过后，提交付款单完成审批流程，审批完成后则付款业务完结(见图4-102)。

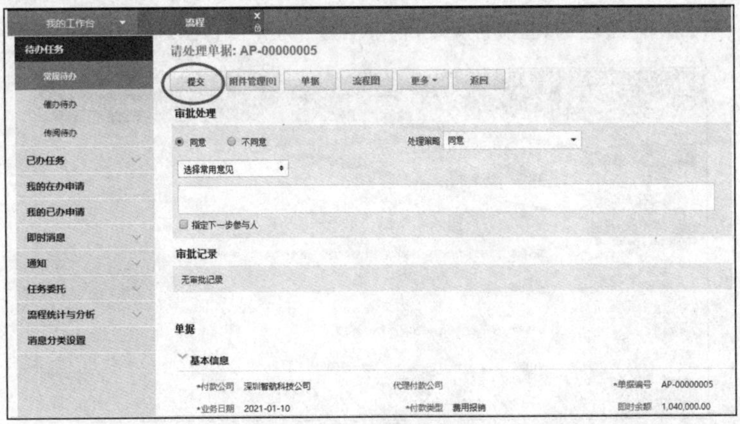

图4-102　提交付款单

返回付款单查询界面，可以看到已经审核成功的付款单，单据状态为"已审批"(见图4-103)。

图4-103　返回付款单界面

4.4.6　任务十七　(应)其他业务付款——出纳支付差旅报销款

➚ 业务场景

2021年1月20日，差旅报销单审核通过，出纳李兴做付款单支付秦义的出差费用3920元，财务经理邓永彬审核。

➚ 实验步骤

☐　出纳做付款单。
☐　财务经理审核收款单。

➚ 操作指导

在金蝶EAS登录界面，选择教师规定的数据中心，用户名为"lx+学号"，无密码，单击"登录"按钮，进入金蝶EAS操作界面。单击右上角工具栏的"应用"选项后，依次单击"财务会计"|"出纳管理"|"收付款处理"|"付款单处理"选项，进入付款单查询界面(见图4-104)。

操作视频

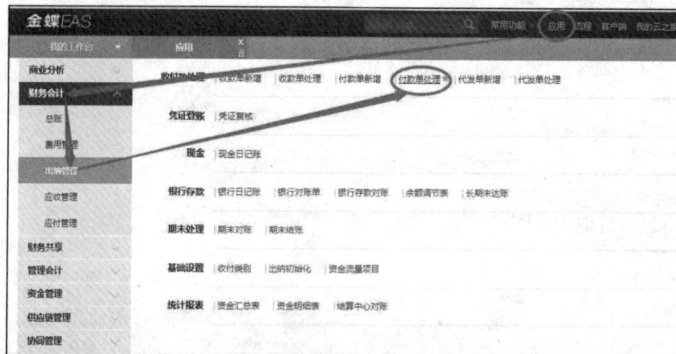

图4-104　进入付款单界面

在付款单查询界面，单击工具栏的"新增"按钮，进入付款单新增界面。按实验数据录入付款单，选择业务日期为"2021-01-15"，付款类型为"费用报销"，付款账户为"工商银行罗湖支行"，确认付款银行为"工商银行"，付款科目为"银行存款"，选择收款人类型为"其他"，输入收款人名称为"秦义"，输入金额为"3920.00"，选择对方科目为"6601.02 差旅费"，确认所有信息无误后，依次单击"保存""提交"按钮(见图4-105)。

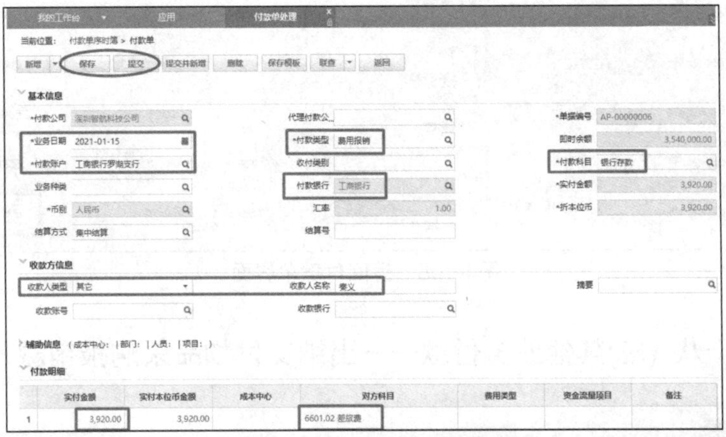

图4-105　进入付款单新增界面

切换用户至"dyb+学号"进行单据审批。单击右上角的工具栏的"流程"选项，勾选刚才提交的付款单，单击"处理"按钮，进入审批单据界面(见图4-106)。

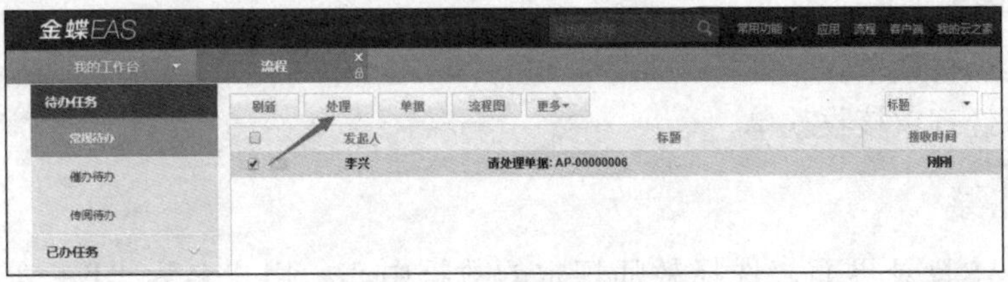

图4-106　审批单据界面

根据企业付款业务规范，确认审批通过后，提交付款单完成审批流程，审批完成后则付款业务完结(见图4-107)。

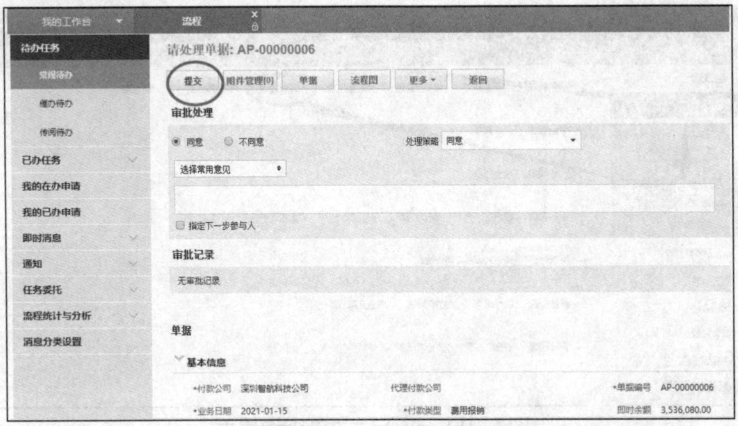

图4-107　提交付款单

返回付款单查询界面，可以看到已经审核成功的付款单，单据状态为"已审批"(见图4-108)。

		公司	单据编号	单据日期	付款类型	付款账户	付款科目	币别	付款金额	折本位币	收款人	生成凭证	生成管理凭证	状态	操作
1		深圳智航科技公司	AP-00000001	2021-01-04	预付款	43874628880000 6888 工商银行罗湖支行	1002 银行存款	人民币	100,000.00	100,000.00	深圳赛格电子有限公司	否	否	已审批	操作▼
2		深圳智航科技公司	AP-00000002	2021-01-25	公益捐款	43874628880000 6888 工商银行罗湖支行	1002 银行存款	人民币	300,000.00	300,000.00	深圳医疗队	否	否	已审批	操作▼
3		深圳智航科技公司	AP-00000003	2021-01-26	采购付款	43874628880000 6888 工商银行罗湖支行	1002 银行存款	人民币	84,750.00	84,750.00	硼瑞制造公司	否	否	已审批	操作▼
4		深圳智航科技公司	AP-00000004	2021-01-16	费用报销	43874628880000 6888 工商银行罗湖支行	1002 银行存款	人民币	800.00	800.00	秉义	否	否	已审批	操作▼
5		深圳智航科技公司	AP-00000005	2021-01-10	费用报销	43874628880000 6888 工商银行罗湖支行	1002 银行存款	人民币	60,000.00	60,000.00	深圳市小美家园有限公司	否	否	已审批	操作▼
6		深圳智航科技公司	AP-00000006	2021-01-15	费用报销	43874628880000 6888 工商银行罗湖支行	1002 银行存款	人民币	3,920.00	3,920.00	秉义	否	否	已审批	操作▼

图4-108　返回付款单界面

4.4.7　任务十八 (应)其他业务付款——出纳支付物品采购报销款

↗ **业务场景**

2021年1月7日，物品采购费报销单审核通过，出纳李兴做付款单支付零星采购的员工文化衫费用，财务经理邓永彬审核。

↗ **实验步骤**

❑　出纳做付款单。
❑　财务经理审核收款单。

↗ **操作指导**

在金蝶EAS登录界面，选择教师规定的数据中心，用户名为"lx+学号"，无密码，单击"登录"按钮，进入金蝶EAS操作界面。单击右上角工具栏的"应用"选项后，依次单击"财务会计"｜"出纳管理"｜"收付款处理"｜"付款单处理"选项，进入付款单查询界面(见图4-109)。

操作视频

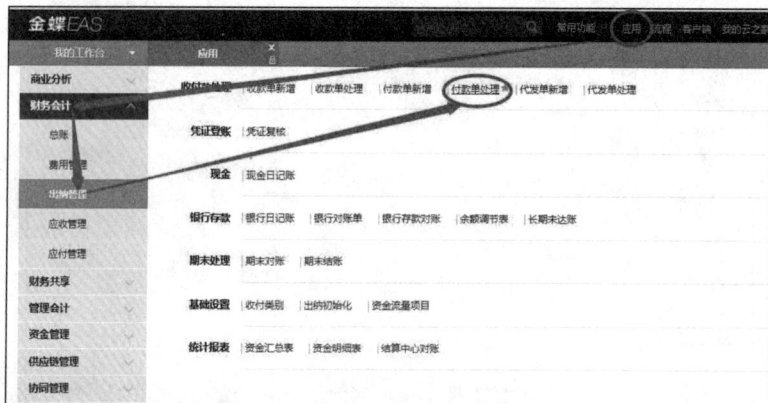

图4-109　进入付款单查询界面

在付款单查询界面，单击工具栏的"新增"按钮，进入付款单新增界面。按实验数据录入付款单，选择业务日期为"2021-01-07"，付款类型为"费用报销"，付款账户为"工商银行罗湖支行"，确认付款银行为"工商银行"，付款科目为"银行存款"，选择收款人类型为"其他"，输入收款人名称为"秦义"，输入金额为"2500.00"，选择对方科目为"6602.12员工文化衫"，确认所有信息无误后，依次单击"保存""提交"按钮(见图4-110)。

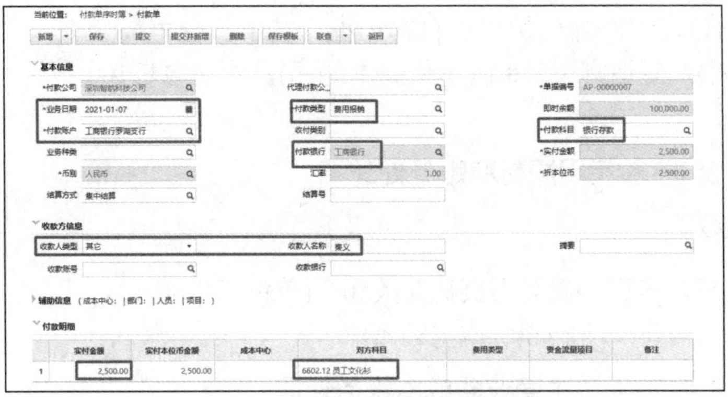

图4-110 进入付款单新增界面

切换用户至"dyb+学号"进行单据审批。单击右上角的工具栏的"流程"选项，勾选刚才提交的付款单，单击"处理"按钮，进入审批单据界面(见图4-111)。

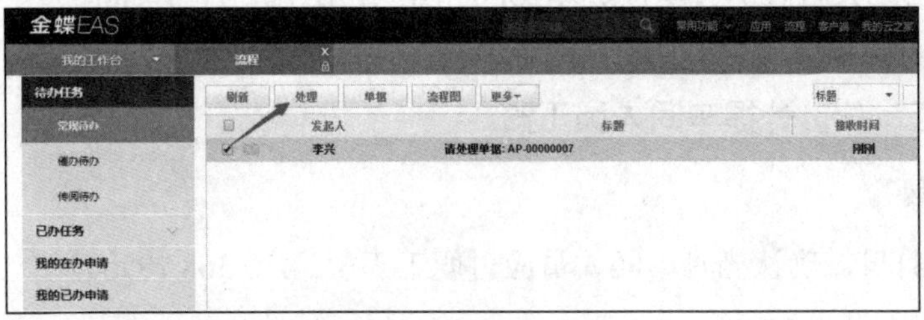

图4-111 审批单据界面

返回付款单查询界面，可以看到已经审核成功的付款单，单据状态为"已审批"(见图4-112)。

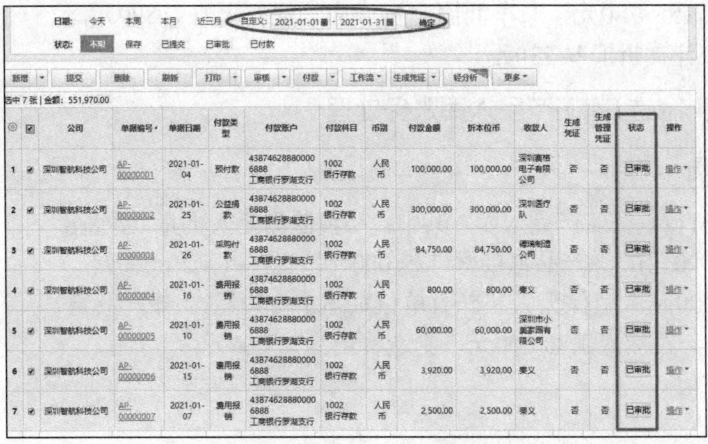

图4-112 返回付款单查询界面

4.5 课后练习题

任务十九 （选）生产领用原材料账务处理

↗ 业务场景

2021年1月5日，生产部门领用原材料一批，其中：分电板50个 (单位成本3000元)，落地脚架200个(单位成本50元)，普通电机100个 (单位成本1120元)。

操作视频

任务二十 （选）一般耗用原材料账务处理

↗ 业务场景

2021年1月5日，车间一般耗用负荷开关50个(单位成本80元)，厂部办公一般耗用负荷开关20个(单位成本80元)。

操作视频

任务二十一 （选）确认主营业务成本账务处理

↗ 业务场景

2021年1月9日，确认销售给哈博森股份有限公司的货物成本，包括：通用型航拍无人机100台(单位成本2500元)，警用无人机10台(单位成本2000元)。

操作视频

任务二十二 （选）计提车间人员工资

↗ 业务场景

2021年1月31日，确认当月车间人员应付职工工资2 430 368.19元。

任务二十三 （选）计提折旧

↗ 业务场景

1月31日，计提本月固定资产折旧348 500元，其中：一车间固定资产应计提折旧156 780元，二车间固定资产应计提折旧167 590元，厂部固定资产应计提折旧24 130元。

操作视频

任务二十四 （选）完工产品入库账务处理

↗ 业务场景

2021年1月31日，完工产品入库，其中：环境监测无人机完工数量8台(单位成本15 000元)，该产品直接材料75 000元，直接人工20 000元，制造费用为25 000元；植保无人机5台(单位成本30 000元)，该产品直接材料60 000元，直接人工80 000元，制造费用为10 000元。

操作视频

任务二十五 （选）结转进项税额

↗ 业务场景

2021年1月31日，结转本期进项税额42 838元。

操作视频

任务二十六 （选）结转销项税额

↗ 业务场景

2021年1月31日，结转本期销项税额561 027.2元。

操作视频

任务二十七 （选）计提地税

↗ 业务场景

2021年1月31日，计提本期地税，其中：城建税336 573.24元，教育费附加144 245.68元，地方教育附加96 163.78元。

操作视频

任务二十八 （选）计提企业所得税

↗ 业务场景

2021年1月31日，计提企业所得税2 258 172.89元。

操作视频

第 5 章
记账机器人

【财务机器人在代理记账行业的应用】

2017年5月，作为国际四大会计事务所之一的德勤推出了财务机器人"小勤人"，标志着会计工作已逐渐进入了人工智能时代。随后，普华永道、安永、毕马威等国际大所也相继推出了自己的财务机器人。财务机器人的出现引起了会计人士的广泛关注和讨论，成为会计行业最热的词之一。随着财务机器人在实际工作中的逐渐推广和应用，其作用也逐渐被大家认可。当前，国内主流的财务软件公司已经研制出自己的财务机器人并投入应用市场，比如金蝶推出了财务机器人小K，用友推出了财务机器人小友等。RPA技术最合适的应用场景就是存在"量大重复""规则明确"的工作任务和流程。代理记账机构服务对象主要是中小微企业，如果是单个的中小微企业，其业务量往往不大，是不太适合应用RPA技术的。但是代理记账机构同时服务大量的中小微企业，这样就产生了业务量的叠加，也就产生了一些"量大重复""规则明确"的工作任务和流程，适合财务机器人的工作场景也就产生了。

当今时代，模式识别、机器学习、数据挖掘、智能算法等新兴技术正在重构我们的世界，人工智能已真实来到了我们身边。会计行业经历手工会计、会计电算化、会计信息化等阶段，现在已逐渐进入智能化阶段。笔者相信，在当前人力成本不断攀升情况下，财务机器人的研发和应用对代理记账机构将更具现实意义。

资讯来源：方新华. 财务机器人在代理记账行业的应用[J]. 财会研究，2021(10)：57-62.

5.1 业务说明

会计核算处理系统是以"证—账—表"为核心的有关企业财务信息加工系统。会计凭证是整个会计核算系统的主要数据来源，是整个核算系统的基础，会计凭证的正确性将直接影响整个会计信息系统的真实性、可靠性，因此系统必须保证会计凭证录入数据的正确性。

系统中凭证支持手工新增凭证和从其他业务系统生成。当业务发生时，用户可以根据业务单据直接在总账系统手工新增凭证，也可以从业务系统中根据单据直接生成总账凭证，从业务财务一体化的角度出发，凭证应该尽量是来自业务系统的单据，保证业务和财务的一致性，智能记账的目的就是实现业务单据按正确的业务规则批量生成凭证，保证财务业务的统一性。

本章从出纳收款业务、付款业务、往来应收业务、应付业务这几个典型业务场景出发，会计凭证记账可以优先考虑将收款单、付款单、应收单、应付单这几个典型单据对应的财务处理通过智能记账来实现。除了凭证的处理外，出纳也需要根据收付款单的情况做银行日记账，这类出纳的记账业务可以优先考虑通过智能记账来实现。

5.2 银行日记账收款记账业务

↗ 课前思考

- ❑ 在不同的业务场景下，银行日记账是根据什么单据来填写的？
- ❑ 在填写银行日记账的过程中如何保持记账数据与收款业务数据一致？
- ❑ 银行日记账录入的执行人是谁？
- ❑ 在现有的信息化的系统中，要实现银行日记账快速准确录入，可以执行的操作是什么？

5.2.1 任务一 (应)银行日记账收款记账规划设置

↗ 业务场景

银行日记账是专门用来记录企业银行存款收支业务的一种特种日记账，出纳李兴在平时工作中，对收款单执行收款确认后就需要对应地记录一条银行日记账。该工作属于高重复、低价值的财务工作，李兴希望通过智能财务的规划设置将该部分工作交由智能财务机器人来完成。

↗ 实验步骤

- ❑ 设置收款单日记账记账过滤方案。
- ❑ 设置智能执行路径。

↗ 实验数据

实验数据如表5-1、表5-2所示。

表 5-1 收款单收款记账过滤方案

项目	内容
方案名称	已审核待收款
过滤条件	日期：2021-01-01—2021-01-31
	单据状态：已审批

表 5-2　收款单收款规划设置

项目	内容
操作人	lx+学号
操作对象	网页端
操作路径	"财务会计"｜"出纳管理"｜"收付款处理"｜"收款单处理"
操作按钮	收款
筛选方案	已审核待收款

↗ 操作指导

1. 设置收款单日记账记账过滤方案

用户李兴登录金蝶EAS系统，依次单击"应用"｜"财务会计"｜"出纳管理"｜"收付款处理"｜"收款单处理"选项，打开收款单列表界面(见图5-1)，根据出纳李兴的要求设置(即表5-1)并保存过滤方案。

图5-1　收款单收款记账过滤方案

2. 设置智能执行路径

双击打开桌面上的金蝶智能财务机器人客户端，客户端启动成功后，会自动打开金蝶财务机器人登录界面，在登录界面输入用户名和密码，用户名为学生学号，密码默认为123456。进入智能财务规划教学平台后，依次单击"记账机器人"｜"记账机器人规划"选项，打开记账机器人规划界面。选择案例任务一(题目序号1)，在该界面可以查看建议的规划的要求(见图5-2)。

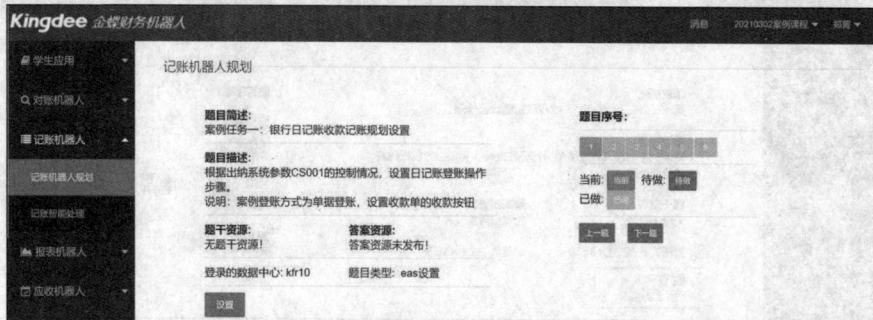

图5-2　记账机器人规划任务一界面

单击"设置"按钮，根据表5-2的信息完成财务机器人自动化操作的规划设置，主要包括银行日记账收款记账的用户账号、执行的菜单路径及对应的需要执行收款记账的筛选条件设置(见图5-3)。

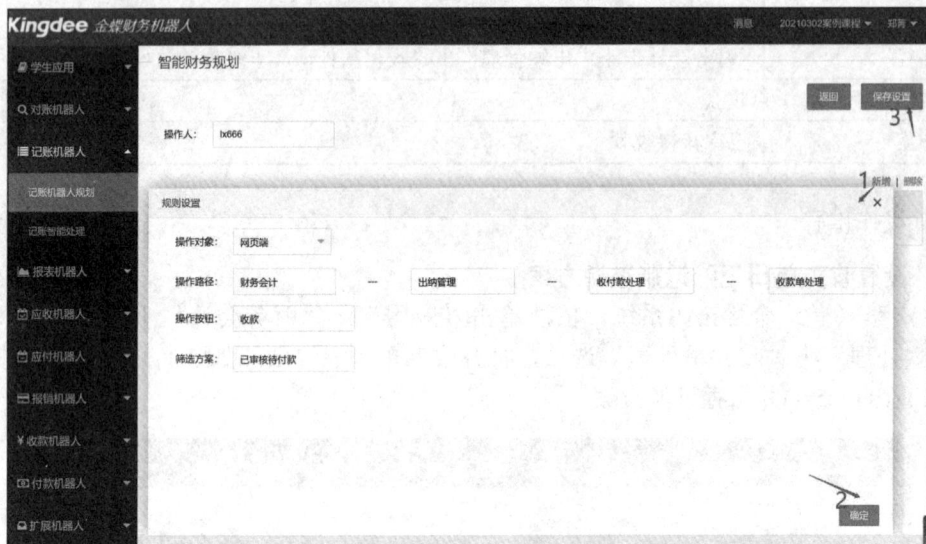

图5-3　记账机器人规划任务一规则设置界面

5.2.2　任务二 (应)银行日记账收款单智能记账处理

【↗ 业务场景】

出纳李兴完成日记账收款记账的记账规划后，调用记账机器人对当月收款单进行收款处理，完成银行日记账自动记账处理。

↗ 操作指导

进入智能财务规划教学平台，依次单击"记账机器人"｜"记账智能处理"选项，打开记账机器人智能处理界面，找到对应的收款单智能记账的题目，选择案例任务二(题目序号1)，单击"运行设置"按钮，机器人会自动进行收款单智能记账处理，如图5-4所示。

操作视频

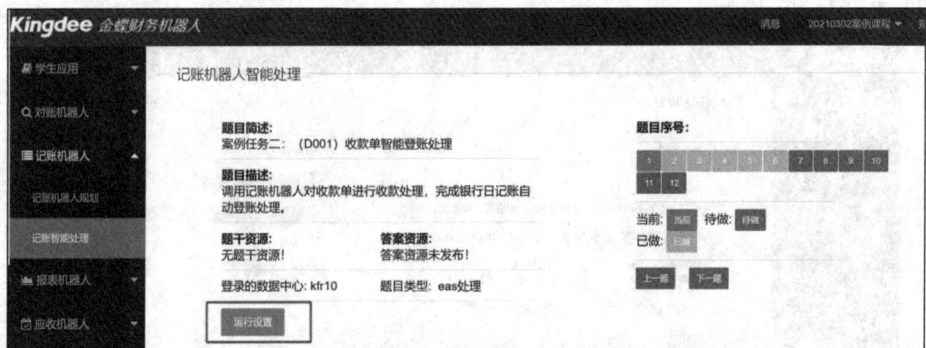

图5-4　智能记账处理任务二界面

5.3 银行日记账付款记账业务

↗ 课前思考

- ❑ 在以下业务场景下，银行日记账是根据什么单据来填写的？
- ❑ 在填写银行日记账的过程中如何保持记账数据与付款业务数据一致？
- ❑ 银行日记账录入的执行人是谁？
- ❑ 在现有的信息化的系统中，要实现银行日记账快速准确录入，可以执行的操作是什么？

5.3.1 任务三 (应)银行日记账付款记账规划设置

↗ 业务场景

银行日记账是专门用来记录企业银行存款收支业务的一种特种日记账，出纳李兴在平时工作中，对付款单执行付款确认后就需要对应地记录一条银行日记账，该工作属于高重复低价值的财务工作，李兴希望通过智能财务的规划设置将该部分工作交由智能财务机器人来完成。

↗ 实验步骤

- ❑ 设置付款单日记账记账过滤方案。
- ❑ 设置智能执行路径。

↗ 实验数据

实验数据如表5-3、表5-4所示。

表 5-3　付款单付款记账过滤方案

项目	内容
方案名称	已审核待付款
过滤条件	日期：2021-01-01—2021-01-31
	单据状态：已审批

表 5-4　付款单付款规划设置

项目	内容
操作人	lx+学号
操作对象	网页端
操作路径	"财务会计"｜"出纳管理"｜"收付款处理"｜"付款单处理"
操作按钮	付款
筛选方案	已审核待付款

↗ 操作指导

1. 设置付款单日记账记账过滤方案

用户李兴登录金蝶EAS系统，依次单击"应用" | "财务会计" | "出纳管理" | "收付款处理" | "付款单处理"选项，打开付款单列表界面，根据出纳李兴的要求设置(即表5-3)，并保存过滤方案(见图5-5)。

图5-5　付款单付款记账过滤方案

2. 设置智能执行路径

双击打开桌面上的金蝶智能财务机器人客户端，客户端启动成功后，会自动打开金蝶财务机器人登录界面，在登录界面输入用户名和密码，用户名为学生学号，密码默认为123456。进入智能财务规划教学平台后，依次单击"记账机器人" | "记账机器人规划"选项，打开记账机器人规划界面，选择案例任务三(题目序号2)，在该界面可以查看建议的规划的要求(见图5-6)。

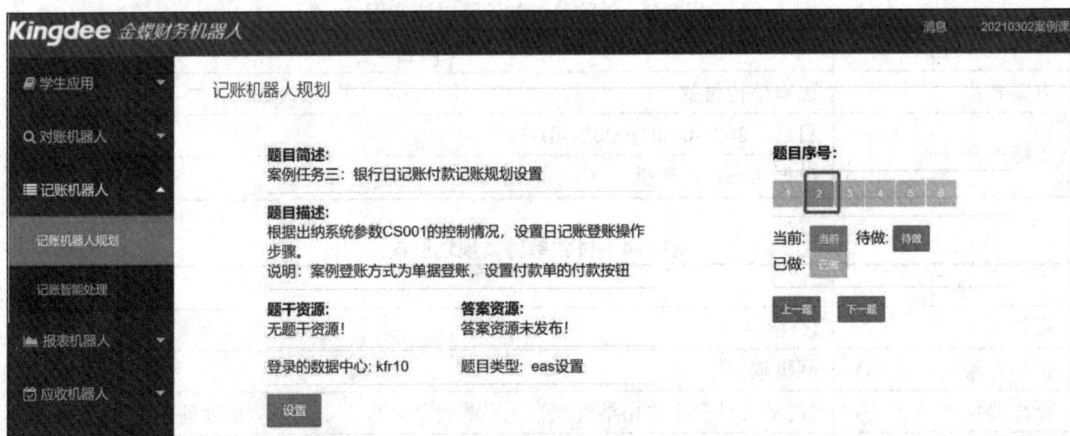

图5-6　记账机器人规划任务三规划界面

单击"设置"按钮，根据表5-4完成财务机器人自动化操作的规划设置，主要包括银行日记账付款记账的用户账号、执行的菜单路径及对应的需要执行付款记账的筛选条件设置(见图5-7)。

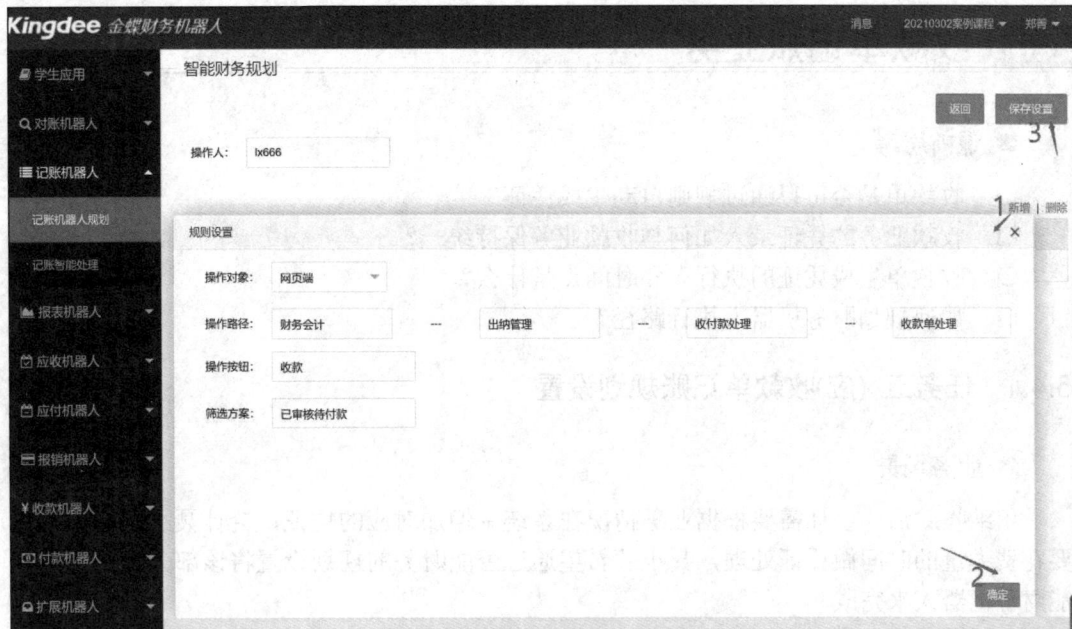

图5-7　记账机器人规划任务三规则设置界面

5.3.2　任务四 (应)银行日记账付款单智能记账处理

➚ 业务场景

出纳李兴完成日记账付款记账的记账规划后，调用记账机器人对当月付款单进行付款处理，完成银行日记账自动记账处理。

➚ 操作指导

进入智能财务规划教学平台，依次单击"记账机器人"｜"记账智能处理"选项，打开记账机器人智能处理界面，找到对应的付款单智能记账的题目，选择案例任务四(题目序号2)，单击"运行设置"按钮，机器人会自动进行收款单智能记账处理(见图5-8)。

操作视频

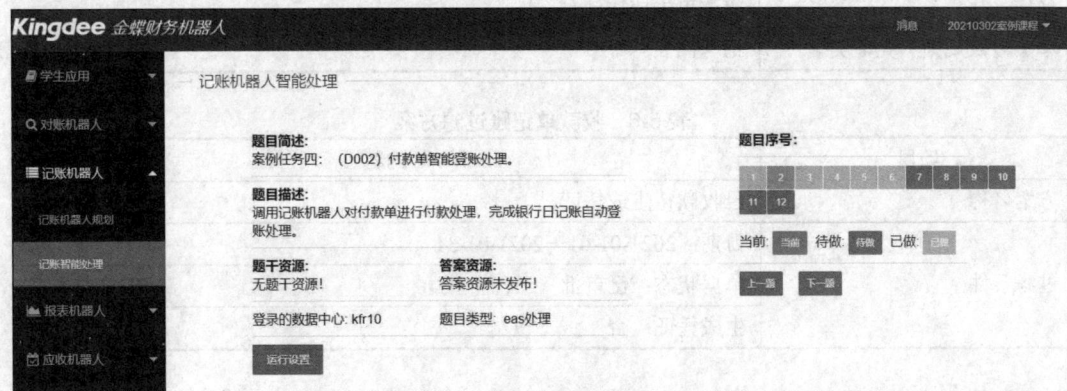

图5-8　记账智能处理任务四界面

5.4　收款单记账业务

↗ 课前思考

❏　收款单是否可以通过规则自动生成凭证?
❏　收款业务的凭证录入如何与收款业务保持统一?
❏　收款单生成凭证的执行人和时间点是什么?
❏　如何规划财务机器人执行路径?

5.4.1　任务五　(应)收款单记账规划设置

↗ 业务场景

出纳收款后,会计需要根据业务情况在系统中增加对应的凭证,会计聂小莉每天都需要花费大量的时间做凭证处理,聂小莉希望通过智能财务的规划设置将该部分工作交由智能财务机器人来完成。

↗ 实验步骤

❏　设置收款单单据转换规则。
❏　设置收款单记账过滤方案。
❏　设置智能执行路径。

↗ 实验数据

实验数据如表5-5、表5-6、表5-7所示。

表 5-5　收款单转凭证规则设置

项目	内容
复制规则编码	SKDSCPZ
复制规则名称	收款单生成凭证(供复制用)
编码	SKDSCPZcopy+学号
名称	收款单生成凭证+学号
单头转换规则—凭证类型	记_姓名

表 5-6　收款单记账过滤方案

项目	内容
方案名称	已收款待生成凭证
过滤条件	日期:2021-01-01—2021-01-31
	单据状态:已审批
	生成凭证:否

表 5-7 收款单记账规划设置

项目	内容
操作人	nxl+学号
操作对象	网页端
操作路径	"财务会计" | "出纳管理" | "收付款处理" | "收款单处理"
操作按钮	生成凭证
筛选方案	已收款待生成凭证

↗ 操作指导

1. 设置收款单单据转换规则

聂小莉登录金蝶EAS客户端，依次单击"企业建模" \| "业务规则" \| "单据转换规则" \| "单据转换规则配置"选项，打开规则配置列表界面。根据表5-5的信息找到待复制的规则，如图5-9所示。

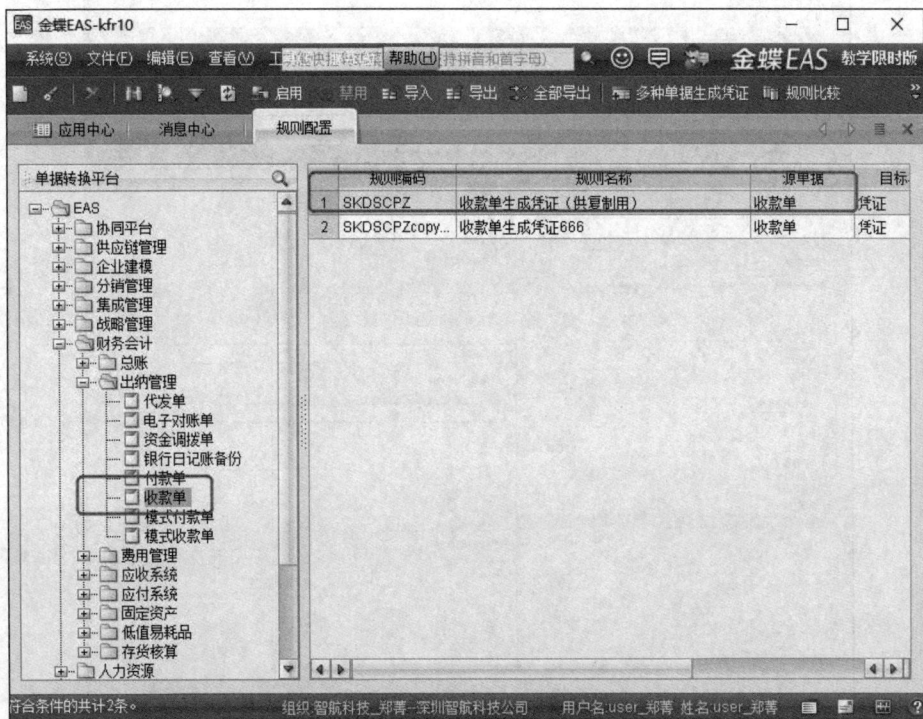

图5-9 选择供复制的规则

选择待复制的规则后，双击打开规则查看界面，单击"复制"按钮，完成规则的复制(见图5-10)。

复制好规则后，根据实验数据的内容，调整规则信息，完成规则设置(见图5-11)。

完成规则设置后，启用该规则，后续机器人调用规则生成收款单对应的凭证(见图5-12)。

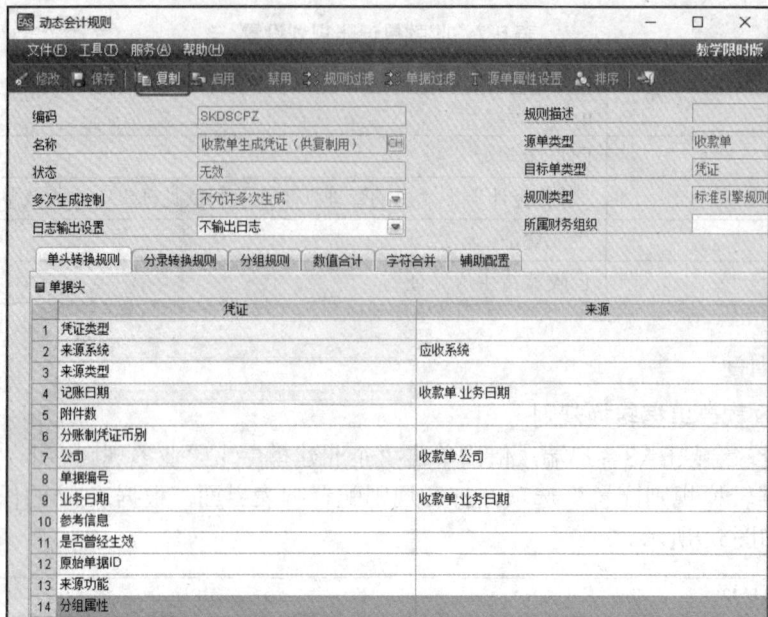

图5-10　复制规则

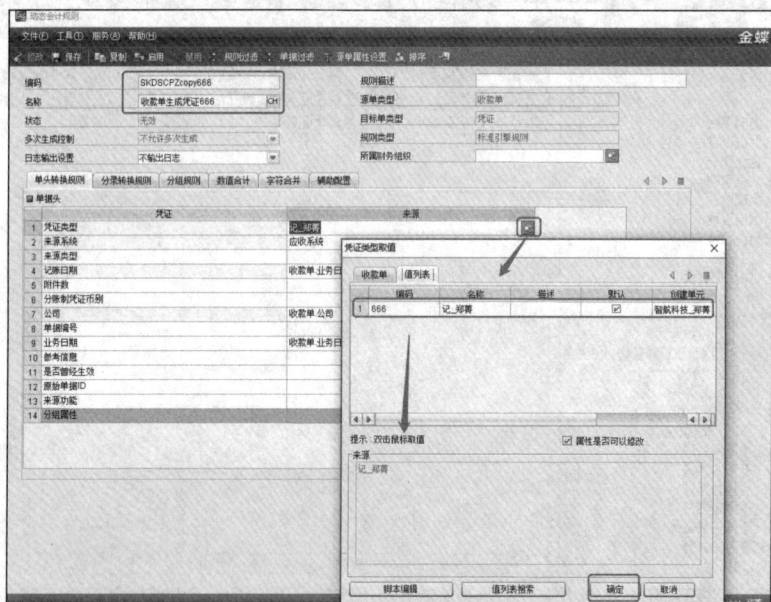

图5-11　设置凭证类型

图5-12　启用规则

2. 设置收款单记账过滤方案

用户李兴登录金蝶EAS系统，依次单击"应用"｜"财务会计"｜"出纳管理"｜"收付款处理"｜"收款单处理"选项，打开收款单列表界面，根据出纳李兴的要求设置(即表5-1)并保存过滤方案(见图5-13)。

图5-13 收款单记账过滤方案

3. 设置智能执行路径

双击打开桌面上的金蝶智能财务机器人客户端，客户端启动成功后，会自动打开金蝶财务机器人登录界面。在登录界面输入用户名和密码，用户名为学生学号，密码默认为123456。进入智能财务规划教学平台后，依次单击"记账机器人"｜"记账机器人规划"选项，打开记账机器人规划界面，选择案例任务一(题目序号1)，在该界面可以查看建议的规划的要求(见图5-14)。

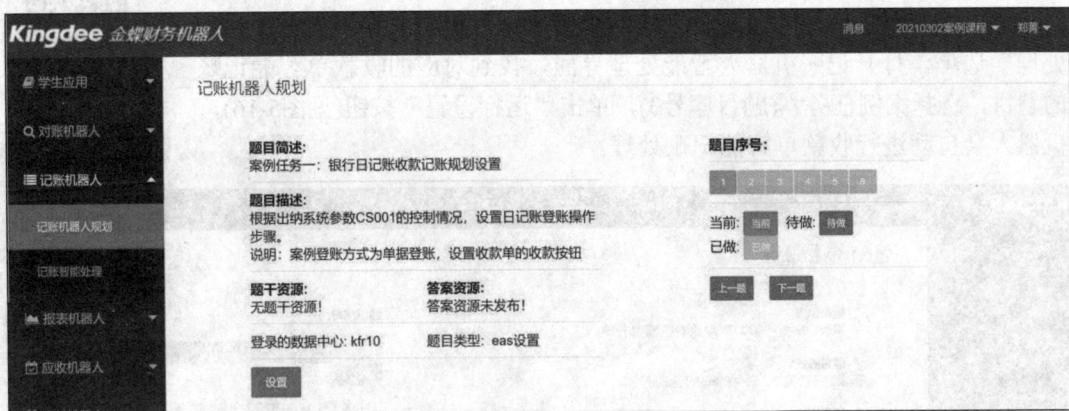

图5-14 记账机器人规划任务一界面

单击设置按钮，根据表5-2完成财务机器人自动化操作的规划设置，主要包括银行日记账收款记账的用户账号、执行的菜单路径及对应的需要执行收款记账的筛选条件设置(见图5-15)。

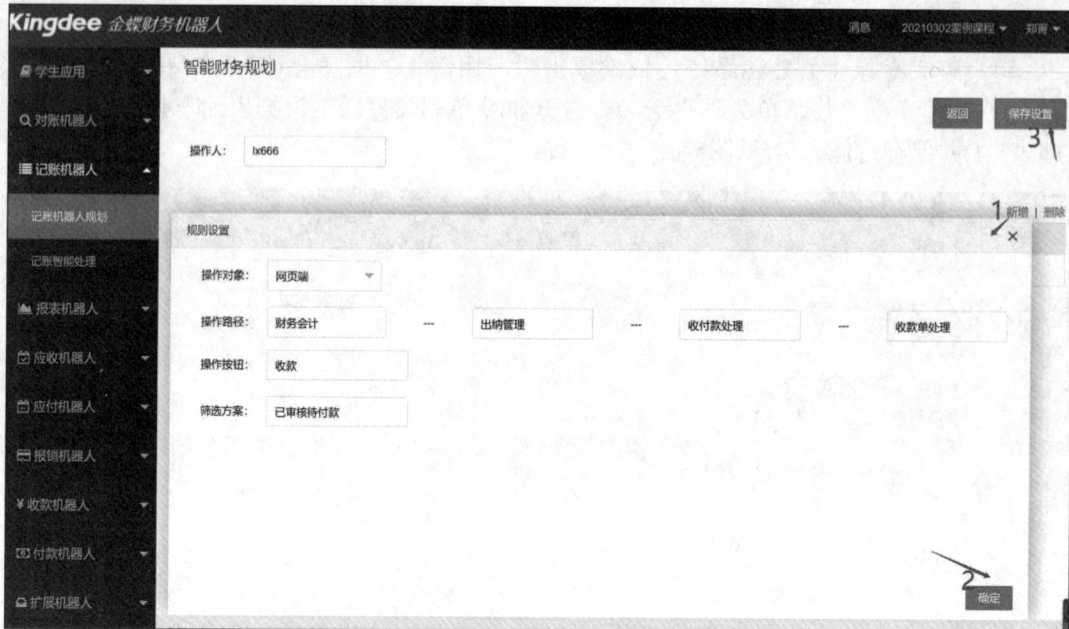

图5-15　记账机器人规划任务一规则设置界面

5.4.2　任务六　(应)收款单智能记账处理

↗ 业务场景

会计聂小莉完成收款记账规划后，调用记账机器人，完成当月收款单记账处理。

↗ 操作指导

进入智能财务规划教学平台，依次单击"记账机器人"｜"记账智能处理"选项，打开记账机器人智能处理界面，找到对应的收款单智能记账的题目，选择案例任务六(题目序号3)，单击"运行设置"按钮(见图5-16)，机器人会自动进行收款单智能记账处理。

操作视频

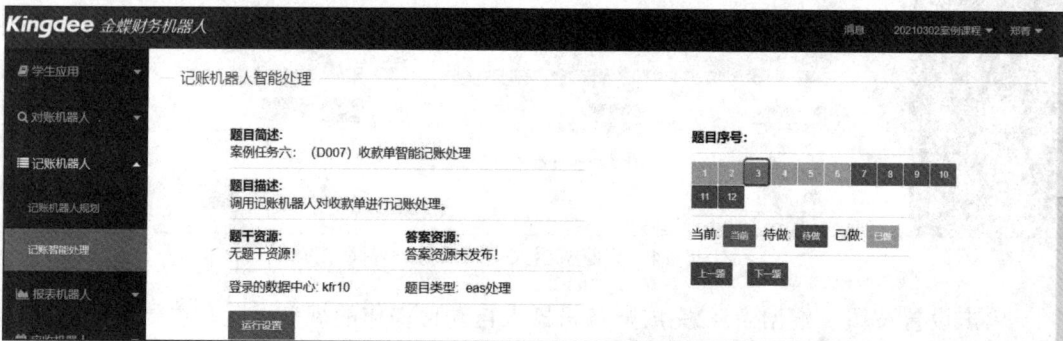

图5-16　记账智能处理任务六界面

5.5 付款单记账业务

↗**课前思考**

❑ 付款单生成的凭证是否正确?
❑ 智能处理与智能设置有什么关联关系?
❑ 是否需要调整规划设置?

5.5.1 任务七 (应)付款单记账规划设置

↗ **业务场景**

出纳付款后,会计需要根据业务情况在系统中增加对应的凭证,会计聂小莉每天都需要花大量的时间做凭证处理,聂小莉希望通过智能财务的规划设置将该部分工作交由智能财务机器人来完成。

↗ **实验步骤**

❑ 设置收款单单据转换规则。
❑ 设置付款单记账过滤方案。
❑ 设置智能执行路径。

↗ **实验数据**

实验数据如表5-8、表5-9、表5-10所示。

表 5-8 付款单转凭证规则设置

项目	内容
复制规则编码	FKDSCPZ
复制规则名称	付款单生成凭证(供复制用)
编码	FKDSCPZcopy+学号
名称	付款单生成凭证+学号
单头转换规则—凭证类型	记_姓名

表 5-9 付款单记账过滤方案

项目	内容	
方案名称	已付款待生成凭证	
过滤条件	日期:2021-01-01—2021-01-31	
	单据状态:已付款	
	已生成凭证:否	

表 5-10　付款单记账规划设置

项目	内容
操作人	nxl+学号
操作对象	网页端
操作路径	"财务会计"｜"出纳管理"｜"收付款处理"｜"付款单处理"
操作按钮	生成凭证
筛选方案	已付款待生成凭证

↗ 操作指导

1. 设置付款单单据转换规则

用户聂小莉登录金蝶EAS客户端，依次单击"企业建模"｜"业务规则"｜"单据转换规则"｜"单据转换规则配置"选项，打开规则配置列表界面。根据表5-8的信息找到待复制的规则。复制好规则后，根据实验数据的内容，调整规则信息，完成规则设置。规则设置后，启用该规则，后续机器人调用规则生成收款单对应的凭证(见图5-17)。

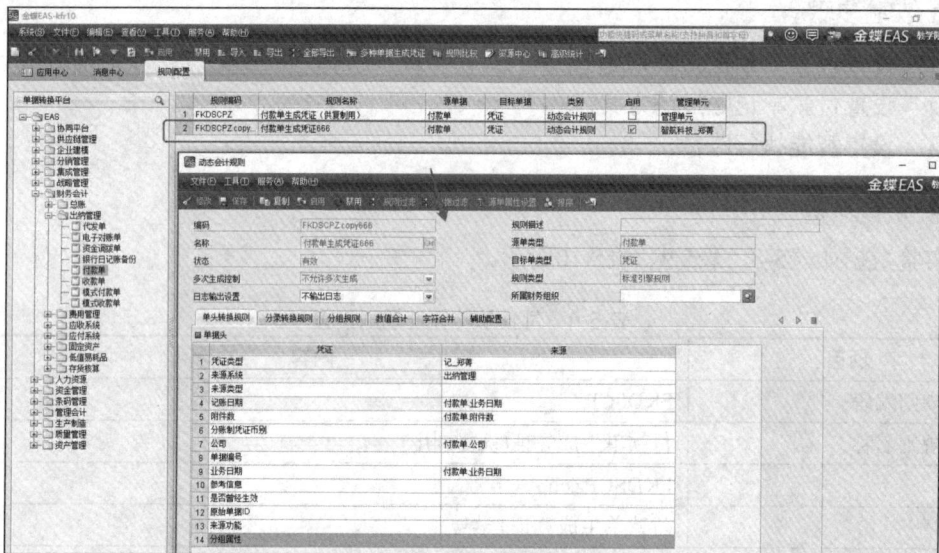

图5-17　付款单记账规则

2. 设置付款单记账过滤方案

用户聂小莉登录金蝶EAS系统，依次单击"应用"｜"财务会计"｜"出纳管理"｜"付款单处理"选项，打开付款单列表界面，根据会计聂小莉的要求设置并保存过滤方案(见图5-18)。

3. 设置智能执行路径

进入智能财务规划教学平台，依次单击"记账机器人"｜"记账机器人规划"选项，打开记账机器人规划界面，在该界面可以查看建议的规划的要求。单击"运行设置"按钮，完成财务机器人自动化操作的规划设置。

图5-18　付款单记账过滤方案

5.5.2　任务八　(应)付款单智能记账处理

↗ 业务场景

会计聂小莉完成付款记账规划后，调用记账机器人，完成当月收款单记账处理。

↗ 操作指导

进入智能财务规划教学平台，依次单击"记账机器人" | "记账智能处理"选项，打开记账机器人智能处理界面，找到对应的付款单智能记账的题目，选择案例任务八(题目序号4)，单击运行"运行设置"按钮，机器人会自动进行收款单智能记账处理(见图5-19)。

操作视频

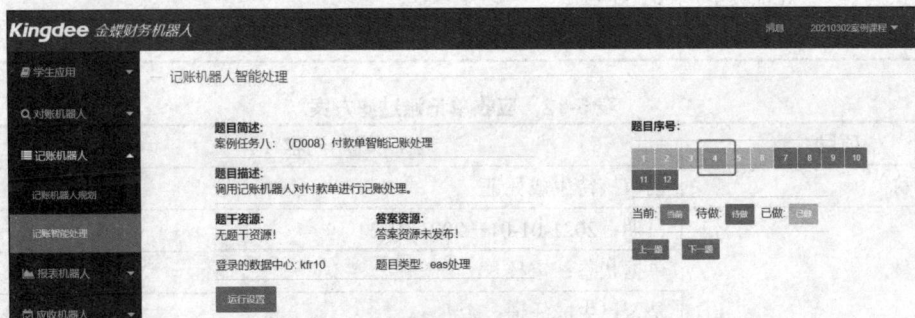

图5-19　记账智能处理任务八界面

5.6　应收单记账业务

↗ 课前思考

❑　应收单是否可以通过规则自动生成凭证？

❑　应收业务的凭证录入如何与应收业务保持统一？

- 应收单生成凭证的执行人和时间点是什么？
- 如何规划财务机器人执行路径？

5.6.1　任务九　(应)应收单记账规划设置

↗ 业务场景

往来会计做完应收业务后，会计需要根据业务情况在系统中增加对应的凭证，会计聂小莉每天需要花费大量的时间做凭证处理，希望通过智能财务的规划设置将该部分工作交由智能财务机器人来完成。

↗ 实验步骤

1. 设置应收单单据转换规则。
2. 设置应收单记账过滤方案。
3. 设置智能执行路径。

↗ 实验数据

实验数据如表5-11至表5-13所示。

表 5-11　应收单转凭证规则设置

项目	内容
复制规则编码	YSDSCPZ
复制规则名称	应收单生成凭证(供复制用)
编码	YSDSCPZcopy+学号
名称	应收单生成凭证+学号
单头转换规则——凭证类型	记_姓名
分录转换规则——科目	重新选择"销项税额"科目

表 5-12　应收单记账过滤方案

项目	内容
方案名称	已审核待生成凭证
过滤条件	日期：2021-01-01—2021-01-31
	单据状态：审核
	是否已生成凭证：否

表 5-13　应收单记账规划设置

项目	内容
操作人	nxl+学号
操作对象	网页端
操作路径	"财务会计"｜"应收管理"｜"应收业务处理"｜"应收单维护"
操作按钮	生成凭证
筛选方案	已审核待生成凭证

↗ 操作指导

1. 设置付款单单据转换规则

用户聂小莉登录金蝶EAS客户端，依次单击"企业建模"｜"业务规则"｜"单据转换规则"｜"单据转换规则配置"选项，打开规则配置列表界面。根据表5-11的信息找到待复制的规则。选择待复制的规则后，双击打开规则查看界面，单击"复制"按钮，完成规则的复制(见图5-20)。复制好规则后，根据实验数据的内容，调整规则信息，完成规则设置后，启用该规则。

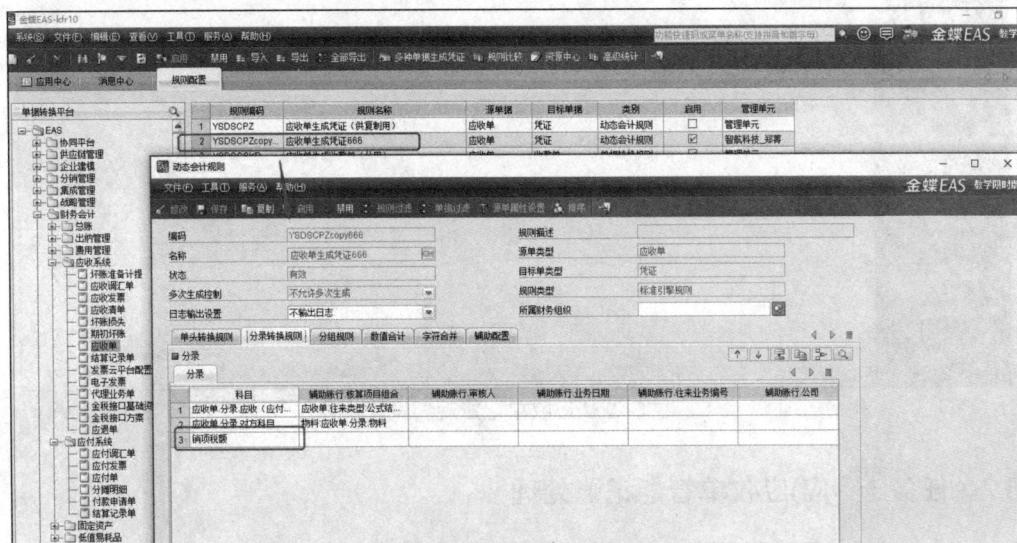

图5-20 应收单记账规则

2. 设置应收单记账过滤方案

用户聂小莉登录金蝶EAS系统，依次单击"应用"｜"财务会计"｜"应收管理"｜"应收业务处理"｜"应收单维护"选项，打开应收单列表界面，根据会计聂小莉的要求设置并保存过滤方案(见图5-21)。

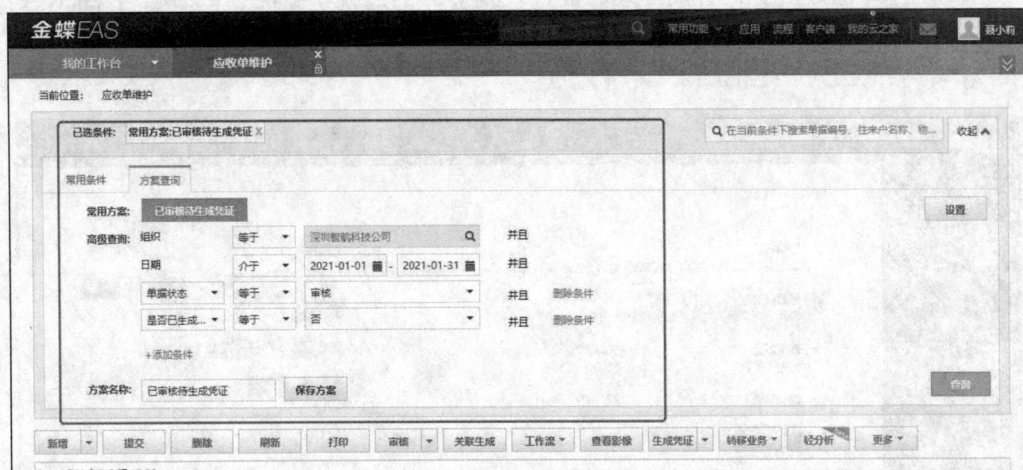

图5-21 应收单记账过滤方案

3. 设置智能执行路径

进入智能财务规划教学平台，依次单击"记账机器人"|"记账机器人规划"选项，打开记账机器人规划界面，在该界面可以查看建议的规划的要求。单击"设置"按钮，完成财务机器人自动化操作的规划设置(见图5-22)。

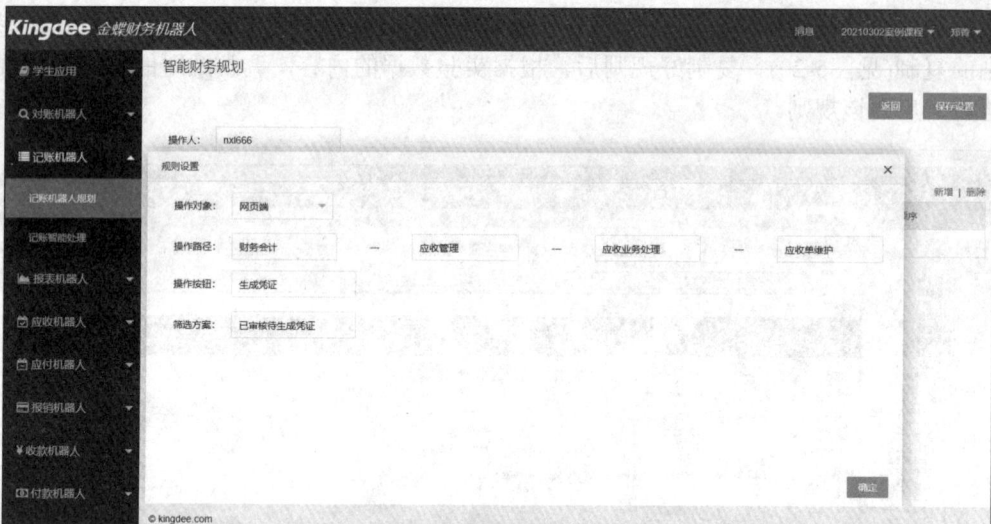

图5-22　应收单记账规划设置

5.6.2　任务十 (应)应收单智能记账处理

↗ 业务场景

会计聂小莉完成应收记账规划后，调用记账机器人对当月应收单进行记账处理。

↗ 操作指导

进入智能财务规划教学平台，依次单击"记账机器人"|"记账智能处理"选项，打开记账机器人智能处理界面，找到对应的应收单智能记账的题目，选择案例任务十(题目序号5)，单击"运行设置"按钮，机器人会自动进行收款单智能记账处理(见图5-23)。

操作视频

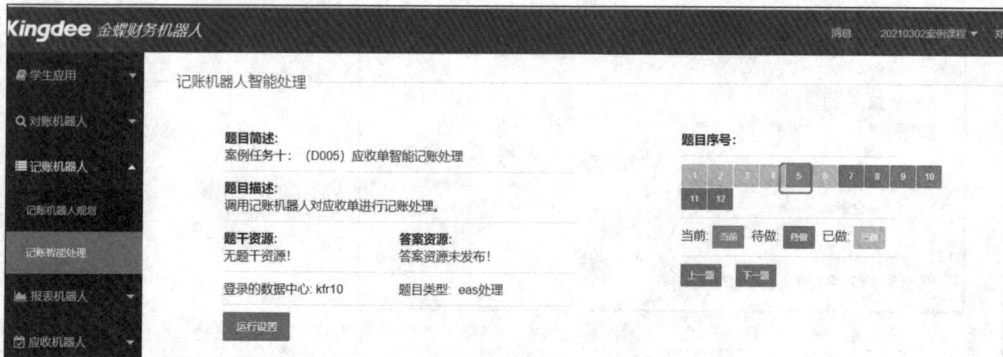

图5-23　记账智能处理任务十界面

5.7　应付单记账业务

↗ **课前思考**

- ❑ 应付单生成的凭证是否正确？
- ❑ 智能处理与智能设置有什么关联关系？
- ❑ 是否需要调整规划设置？

5.7.1　任务十一　(应)应付单记账规划设置

↗ **业务场景**

往来会计做完应付业务后，会计需要根据业务情况在系统中增加对应的凭证，会计聂小莉每天都需要花费大量的时间做凭证处理，希望通过智能财务的规划设置将该部分工作交由智能财务机器人来完成。

↗ **实验步骤**

- ❑ 设置应付单单据转换规则。
- ❑ 设置应付单记账过滤方案。
- ❑ 设置智能执行路径。

↗ **实验数据**

实验数据如表5-14至表5-16所示。

表 5-14　应付单转凭证规则设置

项目	内容
复制规则编码	YFDSCPZ
复制规则名称	应付单生成凭证(供复制用)
编码	YFDSCPZcopy+学号
名称	应付单生成凭证+学号
单头转换规则——凭证类型	记_姓名
分录转换规则——科目	重新选择"进项税额"科目

表 5-15　应付单记账过滤方案

项目	内容
方案名称	已审核待生成凭证
过滤条件	日期：2021-01-01—2021-01-31
	单据状态：审核
	是否已生成凭证：否

表 5-16　应付单记账规划设置

项目	内容
操作人	nxl+学号
操作对象	网页端
操作路径	"财务会计"｜"应付管理"｜"应付业务处理"｜"应付单维护"
操作按钮	生成凭证
筛选方案	已审核待生成凭证

↗ 操作指导

1. 设置付款单单据转换规则

用户聂小莉登录金蝶EAS系统，依次单击"企业建模"｜"业务规则"｜"单据转换规则"｜"单据转换规则配置"选项，打开规则配置列表界面。根据表5-14的信息找到待复制的规则。选择待复制的规则后，双击打开规则查看界面，单击"复制"按钮，完成规则的复制。复制好规则后，根据实验数据的内容，调整规则信息，完成规则设置(见图5-24)。规则设置后，启用该规则。

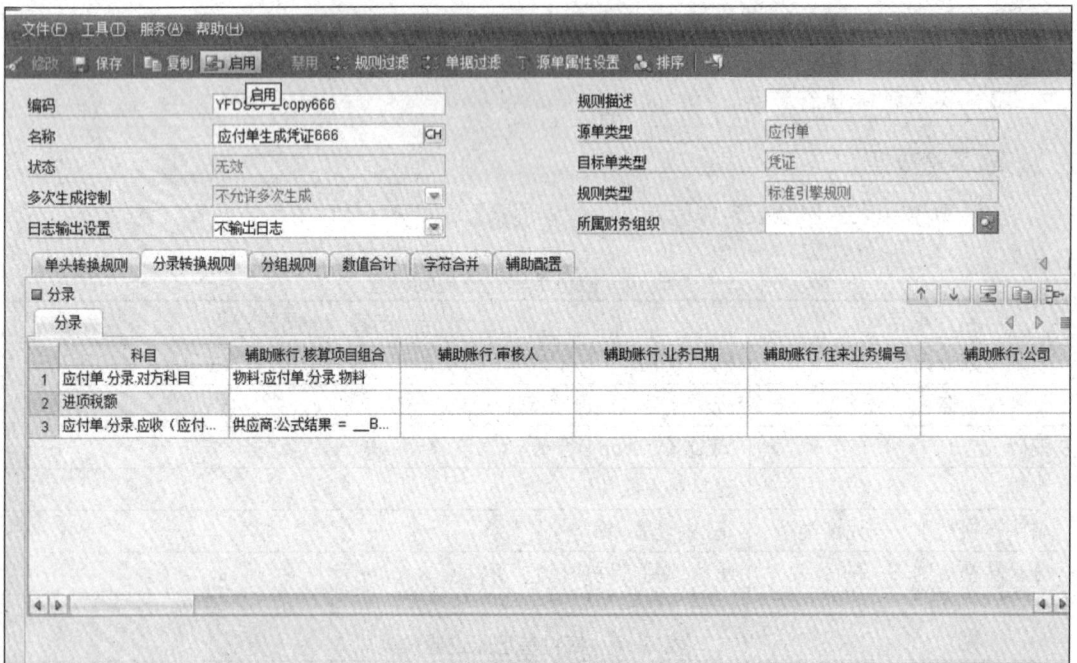

图5-24　应付单记账规则

2. 设置应收单记账过滤方案

用户聂小莉登录金蝶EAS系统，依次单击"应用"｜"财务会计"｜"应付管理"｜"应付业务处理"｜"应付单维护"选项，打开应付单列表界面，根据会计聂小莉的要求设置并保存过滤方案(见图5-25)。

图5-25 应付单记账过滤方案

3. 设置智能执行路径

进入智能财务规划教学平台，依次单击"记账机器人"|"记账机器人规划"选项，打开记账机器人规划界面，在该界面可以查看建议的规划的要求。单击"确定"按钮，完成财务机器人自动化操作的规划设置(见图5-26)。

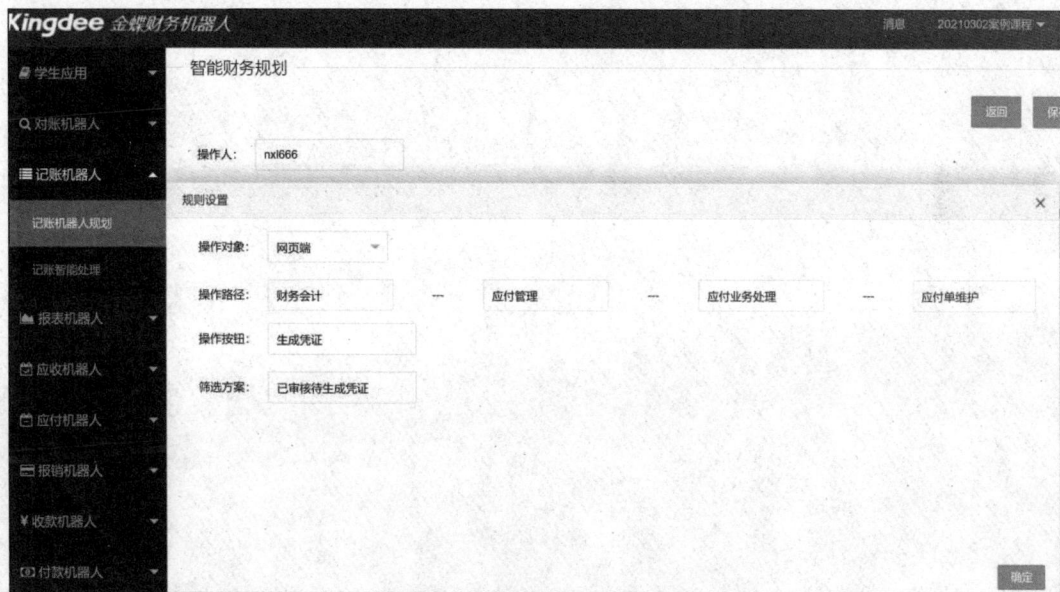

图5-26 应付单记账规划设置

5.7.2 任务十二 (应)应付单智能记账处理

↗ 业务场景

会计聂小莉完成应付记账规划后，调用记账机器人对当月应付单进行记账处理。

↗ 操作指导

进入智能财务规划教学平台，依次单击"记账机器人"｜"记账智能处理"选项，打开记账机器人智能处理界面，找到对应的应收单智能记账的题目，选择案例任务十二(题目序号6)，单击"运行设置"按钮，机器人会自动进行收款单智能记账处理(见图5-27)。

操作视频

图5-27　记账智能处理任务十二界面

第 6 章
对账机器人

【财务机器人在企业对账业务中的应用】

机器人自动流程技术(以下简称RPA)是一种软件技术,是推动企业数字化转型的重要技术之一。基于RPA设计出的软件机器人可按照事先制定好的规则,完成数据的自动收集、存储和分析工作,具有较好的自动化处理能力;同时,该机器人还可无缝连接多种软件,对多种软件中的内容进行整理分析,实现软件间的数据互通。目前,RPA被广泛应用于财务、税务工作,如基于RPA构建基层税务监管体系,可以有效地提高企业基层税务监管部门的协同效果;基于RPA和ChatGPT重构银企对账流程,使银企异常数据的自动处理能力得到提升,银企对账成本得以降低;将RPA应用于烟草商业企业财务工作中,使财务的工作速率、风险、成本都得到降低。从上述举例中不难看出,RPA在企业税务管理、账目核对、财务处理等方面都呈现出较好的数据处理能力,能够代替人工完成周期性重复的工作。将机器人技术应用于企业财务账目核对工作中,可以提高企业的财务处理效率,进而巩固企业的核心竞争力。

资讯来源:王佩. 基于XGBoost融合算法的RPA销售账目核对机器人设计[J]. 自动化与仪器仪表,2024(02):200-203.

6.1 业务说明

银行存款对账是企业出纳人员的基本工作之一,企业的结算业务大部分要通过银行进行结算,但由于企业与银行的账务处理时间的不一致,往往会发生双方账面不一致的情况。为了防止记账发生差错,准确掌握银行存款的实际金额,企业必须定期将银行日记账与银行出具的银行对账单进行核对。企业每月月末为了确定各业务系统与总账的数据统一,要进行期末对账,保证账务处理的合理性和正确性,确保账账相符。

6.2 银行对账单核对业务

↗ 课前思考

❏ 银行对账单录入的执行人是谁？
❏ 企业获取的银行对账单是什么形式的？
❏ 银行对账单如何保证与银行提供的电子对账单一致？

操作视频

6.2.1 任务一 (应)银行对账单的自动登记规划设置

↗ 业务场景

银行对账单是银行和企业核对账务的联系单，也是证实企业业务往来的记录，出纳李兴每个月拿到银行提供的电子对账单后都需要花费大量的时间将银行对账单的信息录入系统。该工作属于高重复、低价值的财务工作，李兴希望通过智能财务的规划设置，把部分工作交给智能财务机器人，由它代为完成。

↗ 实验步骤

❏ 设置银行对账单自动填写规划。

↗ 实验数据

实验数据如表6-1所示。

表 6-1　银行对账单自动登记规划设置

项目	内容
多张票据	单据信息参考一张票据
制单人	lx+学号
票据识别检验	不校验
开始时间	Y[\${银行对账单发票.开始日期}]+'年'+M[\${银行对账单发票.开始日期}]+'期'
结束时间	Y[\${银行对账单发票.截止日期}]+'年'+M[\${银行对账单发票.截止日期}]+'期'
银行账号	\${银行对账单发票.账号}
日期	\${银行对账单发票.日期}
摘要	\${银行对账单发票.摘要}
借方金额	\${银行对账单发票.借方发生额}
贷方金额	\${银行对账单发票.贷方发生额}
对方单位	\${银行对账单发票.对方户名}
对方账号	\${银行对账单发票.对方账号}

↗ 操作指导

进入智能财务规划教学平台，依次单击"对账机器人"｜"对账机器人规划"选项，打开对账机器人规划界面，在该界面可以查看建议的规划的要求(见图6-1)。完成财务机器人自动化操作的规划设置，如图6-2所示。

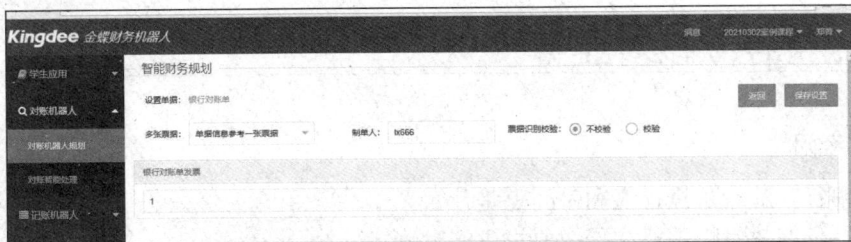

图6-1 银行对账单自动登记规划设置①

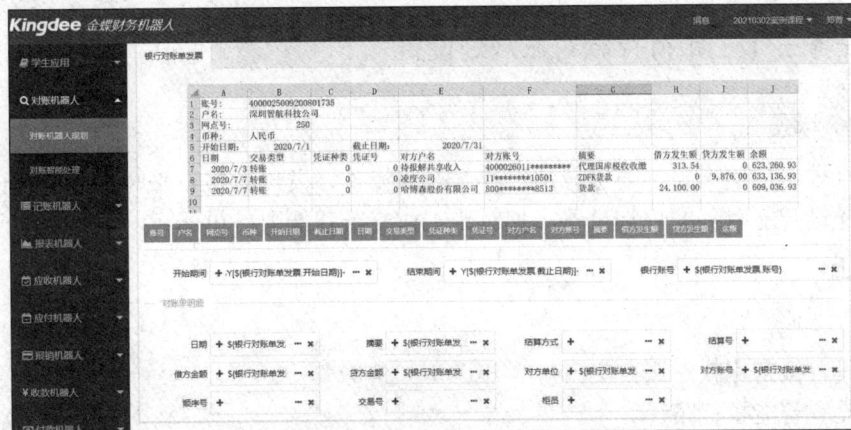

图6-2 银行对账单自动登记规划设置②

6.2.2 任务二 (应)工行银行对账单的智能登记处理

↗ 业务场景

出纳李兴完成工行银行对账单规划后,调用对账机器人,自动填写当月银行对账单。

↗ 操作指导

进入智能财务规划教学平台,依次单击"对账机器人"|"对账智能处理"选项,打开对账机器人智能处理界面,找到对应的题目,单击"智能处理"按钮,机器人会进行智能处理,自动录入银行对账单(见图6-3)。

图6-3 工行银行对账单的智能登记处理

6.3 银行存款核对业务

操作视频

↗ 思考问题

❑ 银行存款对账执行人和时间点是什么？
❑ 银行存款对账需要按什么要求进行对账？
❑ 如何规划财务机器人执行路径？

6.3.1 任务三 (应)银行存款对账规划设置

↗ 业务场景

每月月末，出纳李兴都要进行银行存款对账操作，发现对账不平时，需要找出原因。李兴希望通过智能财务的规划设置，把对账工作交给智能财务机器人，他则专注于处理对账不平问题。

↗ 实验步骤

❑ 设置银行存款对账方案。
❑ 设置智能执行路径。

↗ 实验数据

实验数据如表6-2、表6-3所示。

表6-2 银行存款对账方案

项目	内容
方案名称	银行存款对账方案
是否默认方案	勾选
一对一对账条件	日期相同

表6-3 银行存款对账规划设置

项目	内容
操作人	lx+学号
操作对象	网页端
操作路径	"财务会计"｜"出纳管理"｜"银行存款"｜"银行存款对账"
操作按钮	自动对账

↗ 操作指导

1. 设置银行存款对账方案

用户李兴登录金蝶EAS系统，依次单击"应用"｜"财务会计"｜"出纳管理"｜"银行存款对账"选项，打开对账界面后，单击"设置"按钮，进入对账方案设置界面，根据出纳李兴处理银行对账的习惯设置对账方案(见图6-4)。

图6-4　银行存款对账方案

2. 设置智能执行路径

进入智能财务规划教学平台，依次单击"对账机器人"｜"对账机器人规划"选项，打开对账机器人规划界面，在该界面可以查看建议的规划的要求。根据企业业务情况设置银行存款对账默认对账方案，并设置对账处理步骤(见图6-5)。

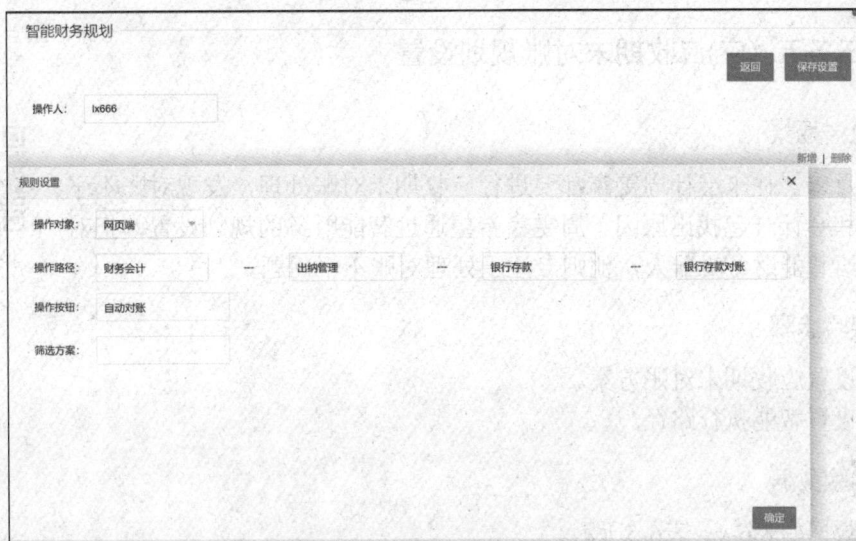

图6-5　银行存款对账规划设置

6.3.2　任务四 (应)银行存款对账智能处理

↗ 业务场景

出纳李兴完成银行存款对账规划后，调用对账机器人对银行存款进行对账处理，出纳检查对账结果。

↗ 操作指导

进入智能财务规划教学平台，依次单击"对账机器人"｜"对账智能处理"选项，打开对账机器人智能处理界面，找到对应的题目，单击"运行设置"按钮，机器人会自动进行银行存款对账智能处理工作(见图6-6)。

图6-6　银行存款对账智能处理

6.4　应收期末对账业务

6.4.1　任务五 (应)应收期末对账规划设置

↗ 业务场景

每月月末，往来会计周雯鑫都要进行应收期末对账处理，发现对账不平时，需要和会计一起找出原因。周雯鑫希望通过智能财务的规划设置，把对账工作交给智能财务机器人，他则专注于处理对账不平问题。

操作视频

↗ 实验步骤

❑　设置应收期末对账方案。
❑　设置智能执行路径。

↗ 实验数据

实验数据如表6-4、表6-5所示。

表 6-4　应收期末对账方案

项目	内容
方案名称	应收期末对账方案
默认方案	勾选
对账方式	按科目对账
科目	1122应收账款
包括未过账凭证	勾选
显示往来户明细	勾选

表 6-5　应收期末对账规划设置

项目	内容
操作人	zwx+学号
操作对象	网页端
操作路径	"财务会计"｜"应收管理"｜"期末处理"｜"期末对账"
操作按钮	对账

↗ 操作指导

1. 设置应收期末对账方案

用户李兴登录金蝶EAS系统，依次单击"应用"｜"财务会计"｜"应收管理"｜"期末对账"选项，打开对账界面后，单击"设置"按钮，进入对账方案设置界面，根据往来会计周雯鑫处理对账的习惯设置对账方案(见图6-7)。

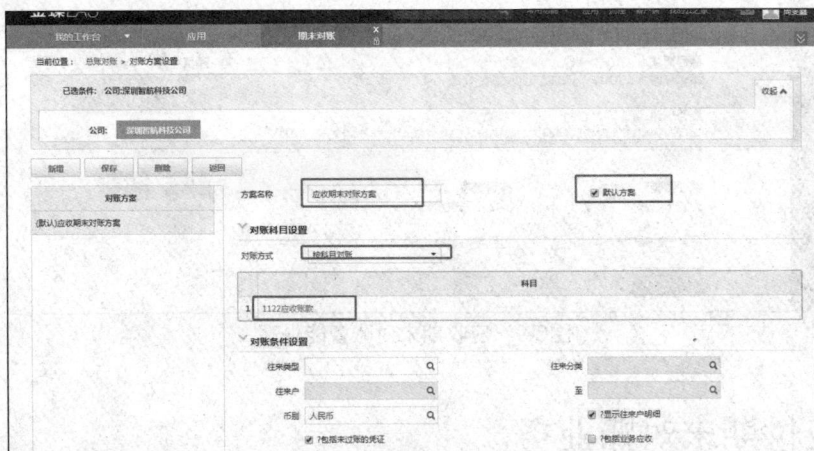

图6-7　应收期末对账方案

2. 设置智能执行路径

进入智能财务规划教学平台，依次单击"对账机器人"｜"对账机器人规划"选项，打开对账机器人规划界面，在该界面可以查看建议的规划的要求。根据企业业务情况，设置智能处理步骤(见图6-8)。

图6-8　应收期末对账规划设置

6.4.2 任务六 (应)应收期末对账智能处理

↗ 业务场景

往来会计周雯鑫完成应收期末对账规划后，调用对账机器人对应收期末对账进行处理，往来会计检查期末对账结果。

↗ 操作指导

进入智能财务规划教学平台，依次单击"对账机器人"｜"对账智能处理"选项，打开对账机器人智能处理界面，找到对应的题目，单击"运行设置"按钮，机器人会自动进行对账智能处理工作(见图6-9)。

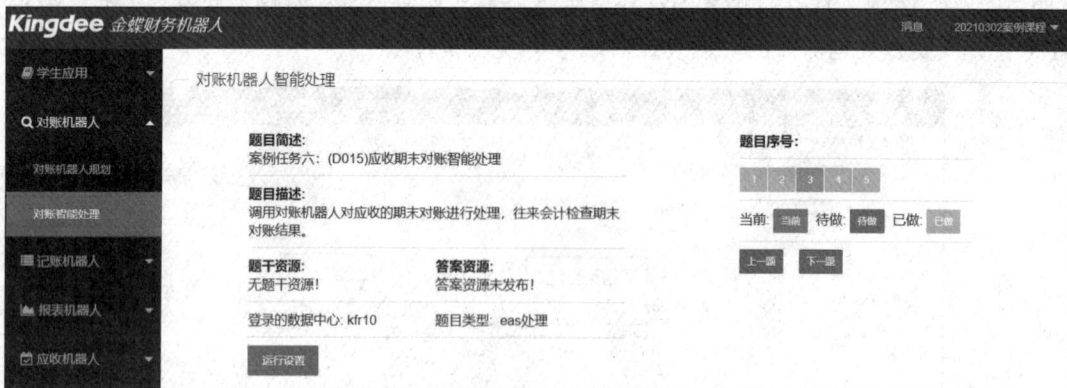

图6-9 应收期末对账智能处理

6.5 应付期末对账业务

6.5.1 任务七 (应)应付期末对账规划设置

操作视频

↗ 业务场景

每月月末，往来会计周雯鑫都要进行应付期末对账处理，发现对账不平时，需要和会计一起找出不平的原因。周雯鑫希望通过智能财务的规划设置，把对账工作交给智能财务机器人来完成，他则可以专注于处理对账不平问题。

↗ 实验步骤

❑ 设置应付期末对账方案。
❑ 设置智能执行路径。

↗ 实验数据

实验数据如表6-6、表6-7所示。

表6-6 应付期末对账方案

项目	内容
方案名称	应付期末对账方案
默认方案	勾选
对账方式	按科目对账
科目	2202应付账款 2241.02往来
包括未过账凭证	勾选
显示往来户明细	勾选

表6-7 应付期末对账规划设置

项目	内容
操作人	zwx+学号
操作对象	网页端
操作路径	"财务会计"｜"应付管理"｜"期末处理"｜"期末对账"
操作按钮	对账

↗ 操作指导

1. 设置应付期末对账方案

用户李兴登录金蝶EAS系统，依次单击"应用"｜"财务会计"｜"应付管理"｜"期末对账"选项，打开对账界面后，单击"设置"按钮，进入对账方案设置界面，根据往来会计周雯鑫处理对账的习惯设置对账方案(见图6-10)。

图6-10 应付期末对账方案

2. 设置智能执行路径

进入智能财务规划教学平台，依次单击"对账机器人"｜"对账机器人规划"选项，打开对账机器人规划界面，在该界面可以查看建议的规划的要求，根据企业业务情况设置智能处理步骤(见图6-11)。

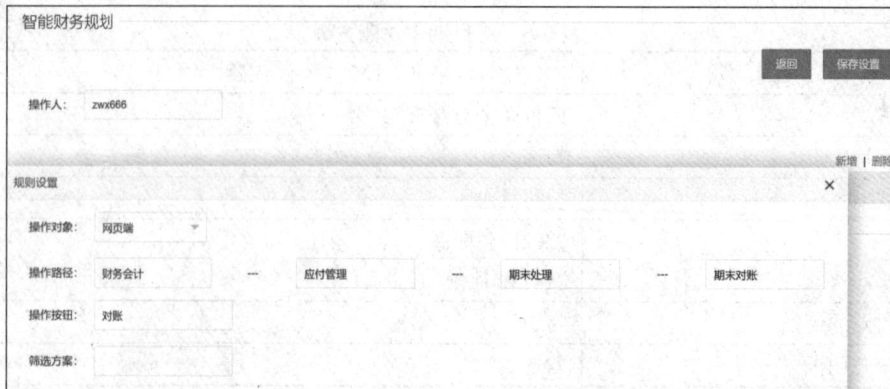

图6-11　应付期末对账规划设置

6.5.2　任务八 (应)应付期末对账智能处理

↗ **业务场景**

往来会计周雯鑫完成应付期末对账规划后，调用对账机器人对应付期末对账进行处理，往来会计检查期末对账结果。

↗ **操作指导**

进入智能财务规划教学平台，依次单击"对账机器人"｜"对账智能处理"选项，打开对账机器人智能处理界面，找到对应的题目，单击"运行设置"按钮，机器人会自动进行对账智能处理工作(见图6-12)。

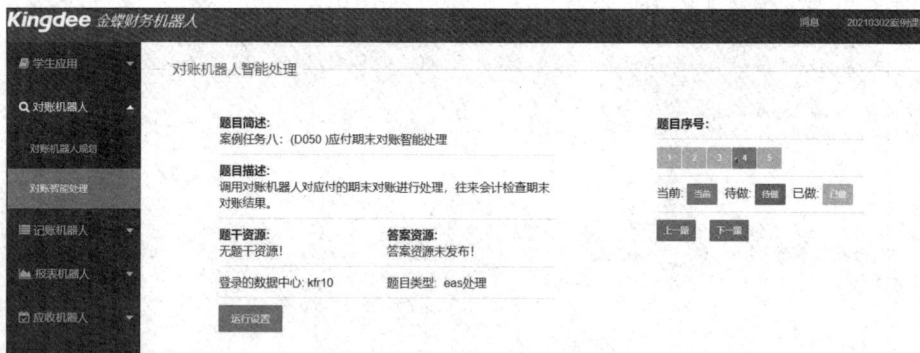

图6-12　应付期末对账智能处理

6.6　出纳期末对账业务

6.6.1　任务九 (应)出纳期末对账规划设置

↗ **业务场景**

每月月末，出纳李兴都要进行出纳期末对账处理，发现对账不平时，

操作视频

需要和会计一起找出不平的原因。李兴希望通过智能财务的规划设置，把对账工作交给智能财务机器人，他则可以专注于处理对账不平问题。

↗ 实验步骤

❑ 设置出纳期末对账方案。
❑ 设置智能执行路径。

↗ 实验数据

实验数据如表6-8、表6-9所示。

表 6-8 出纳期末对账方案

项目	内容
方案名称	出纳期末对账方案
是否默认方案	勾选
包括未过账凭证	勾选

表 6-9 银行存款对账规划设置

项目	内容
操作人	lx+学号
操作对象	网页端
操作路径	"财务会计"｜"出纳管理"｜"期末处理"｜"期末对账"
操作按钮	对账

↗ 操作指导

1. 设置出纳期末对账方案

用户李兴登录金蝶EAS系统，依次单击"应用"｜"财务会计"｜"出纳管理"｜"期末对账"选项，打开对账界面后，单击"设置"按钮，进入对账方案设置界面，根据李兴处理对账的习惯设置好对账方案(见图6-13)。

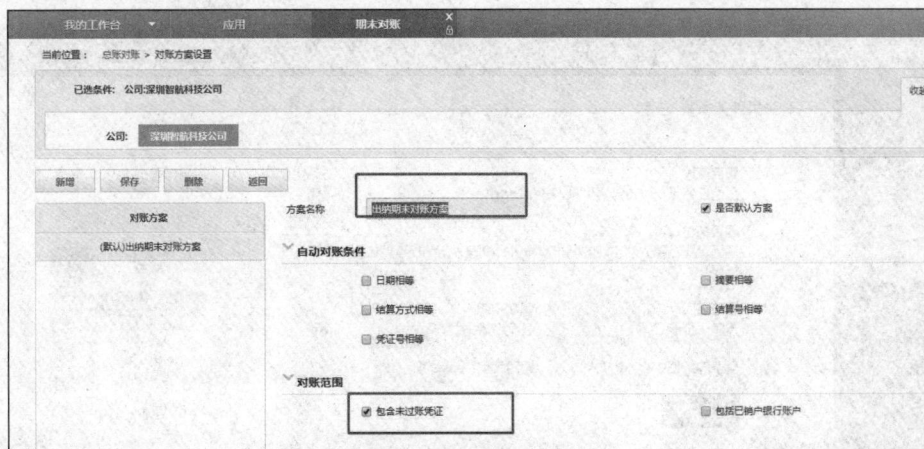

图6-13 出纳期末对账方案

2. 设置智能执行路径

进入智能财务规划教学平台，依次单击"对账机器人"｜"对账机器人规划"选项，打开对账机器人规划界面，在该界面可以查看建议的规划的要求，根据企业业务情况设置智能处理步骤(见图6-14)。

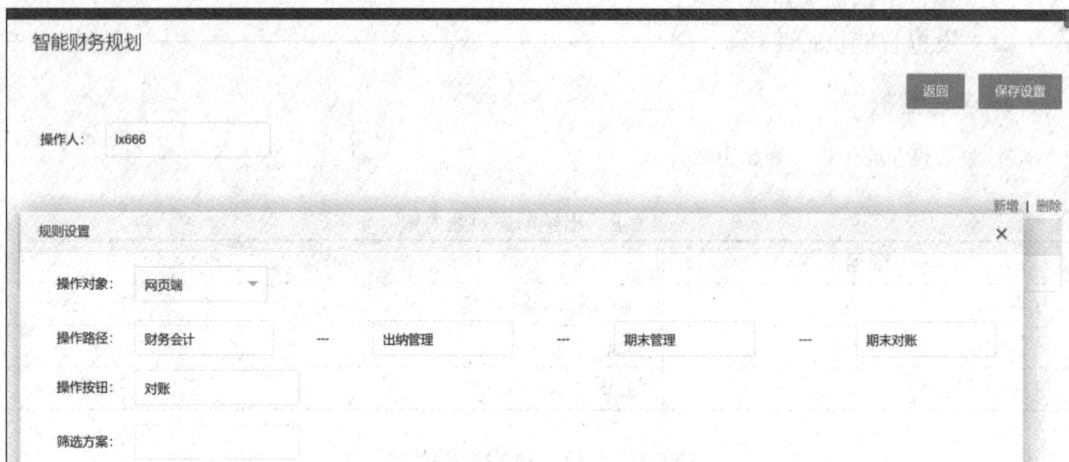

图6-14   银行存款对账规划设置

6.6.2   任务十 (应)出纳期末对账智能处理

⤤ 业务场景

出纳李兴完成出纳期末对账规划后，调用对账机器人对出纳的期末对账进行处理，出纳检查期末对账结果。

⤤ 操作指导

进入智能财务规划教学平台，依次单击"对账机器人"｜"对账智能处理"选项，打开对账机器人智能处理界面，找到对应的题目，单击"运行设置"按钮，机器人会自动进行对账智能处理工作(见图6-15)。

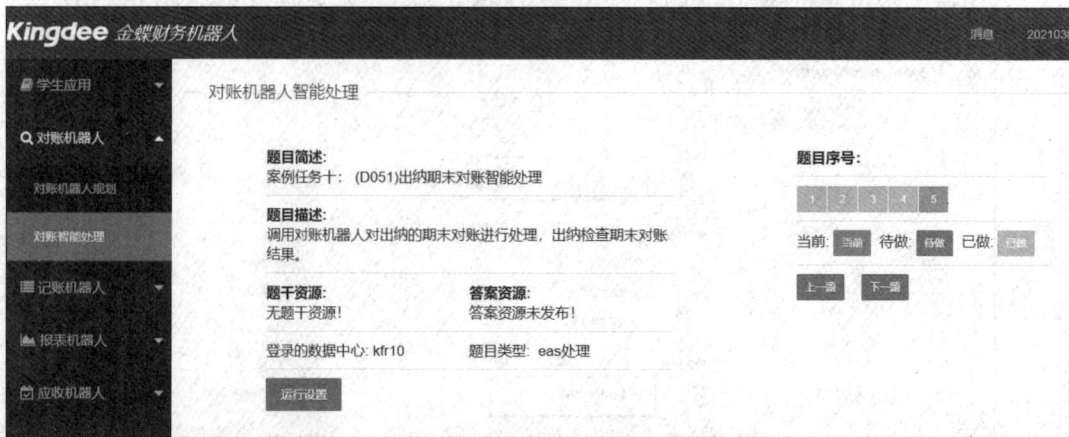

图6-15   出纳期末对账智能处理

第 7 章

报表机器人

【财务机器人在企业报表业务中的应用】

　　合并财务报表涉及的主体多且复杂，存在合并范围、编制基础及编制方法上的特殊性，具有较多的不确定因素，实施人工审计尚有许多难点，且审计效率低下、易出错。机器人流程自动化(RPA)技术适用于工作量大、重复性较高的工作，在合并报表审计业务中对规范审计程序、标准化审计流程、提高审计的准确性和风险识别能力能够发挥积极作用。同时，合并报表审计机器人集群涉及的数据量大，并且流程处理较为复杂，多个机器人的前后运作需要良好配合，尤其要控制数据源获取的安全性、运行过程的稳定性、运行结果的准确性。

　　资讯来源：程平，袁瑞繁. 基于RPA技术的合并报表审计机器人的设计与应用[J]. 财务与会计，2022(02)：62-65.

7.1　业务说明

　　财务报表是反映企业或预算单位一定时期资金、利润状况的会计报表。我国财务报表的种类、格式、编报要求，均是由统一的会计制度规定的，要求企业每月编报。因此，企业每月月末都要完成全部的财务业务处理后才可以编制报表，报表编制完成后就可以进行期末结账了。

7.2　凭证期末审核业务

↗ **思考问题**

❏　凭证审核的时间点和执行人是谁？

❏　智能处理与智能设置有什么关联关系？

❏　如何规划财务机器人执行路径？

操作视频

7.2.1 任务一 (应)凭证期末审核规划设置

↗ 业务场景

每月月末，财务经理邓永斌都需要对当月的全部凭证进行审核，该工作属于高重复、低价值的财务工作，邓永斌希望通过智能财务的规划设置，把部分工作交由智能财务机器人来完成。

↗ 实验步骤

❑ 设置凭证审核过滤方案。
❑ 设置智能执行路径。

↗ 实验数据

实验数据如表7-1、表7-2所示。

表 7-1 凭证审核过滤方案

项目	内容
方案名称	待审核
过滤条件	日期：2021-01-01—2021-01-31 状态：已提交

表 7-2 凭证审核规划设置

项目	内容
操作人	dyb+学号
操作对象	网页端
操作路径	"财务会计"|"总账"|"凭证处理"|"凭证查询"
操作按钮	审核
筛选方案	待审核

↗ 操作指导

1. 设置凭证审核过滤方案

用户邓永斌登录金蝶EAS系统，依次单击"财务会计"\|"总账"\|"凭证处理"\|"凭证查询"选项，打开凭证查询列表界面，在方案查询界面设置并保存过滤方案(见图7-1)。

2. 设置智能执行路径

进入智能财务规划教学平台，依次单击"报表机器人"\|"报表机器人规划"选项，打开报表机器人规划界面，在该界面可以查看建议的规划要求，根据企业业务情况设置智能处理步骤(见图7-2)。

图7-1 凭证审核过滤方案

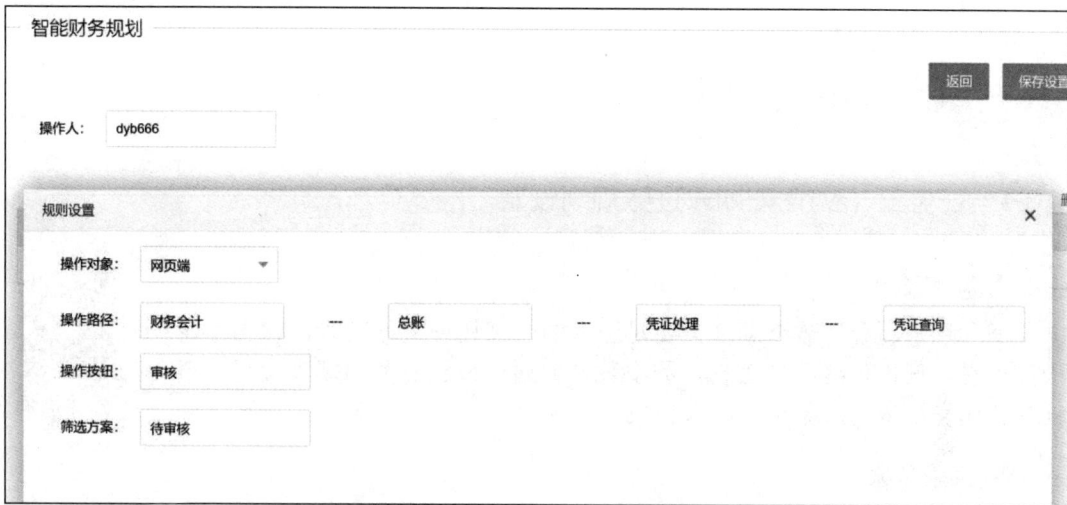

图7-2 凭证审核规划设置

7.2.2 任务二 (应)凭证审核智能处理

↗ 业务场景

财务经理邓永斌完成报表机器人规划后,月末所有业务处理完结后,将当月所有凭证通过智能财务机器人执行凭证审核处理,完成所有凭证的审核工作。

↗ 操作指导

进入智能财务规划教学平台,依次单击"报表机器人"|"报表智能处理"选项,打开报表机器人智能处理界面,找到对应的题目,单击"运行设置"按钮,机器人会自动进行智能处理工作(见图7-3)。

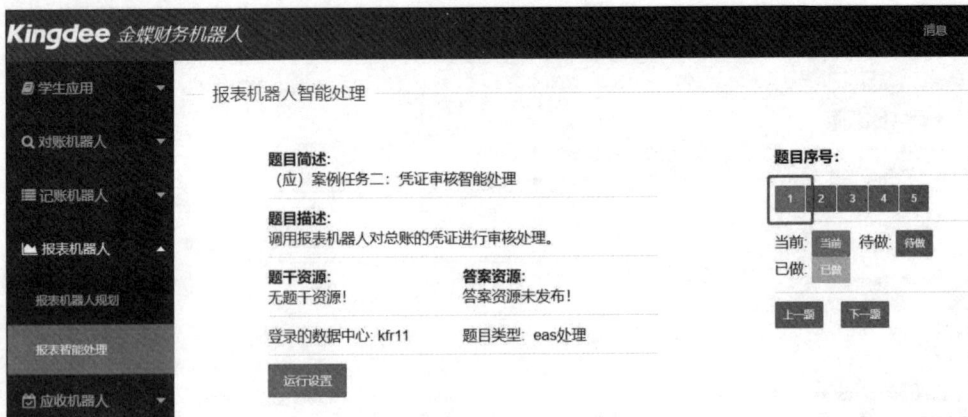

图7-3　凭证审核智能处理

7.3　凭证期末过账业务

7.3.1　任务三　(应)凭证期末过账规划设置

↗ 业务场景

每月月末，会计聂小莉都需要对当月的全部凭证进行过账，该工作属于高重复、低价值的财务工作，聂小莉希望通过智能财务的规划设置，把部分工作交由智能财务机器人来完成。

操作视频

↗ 实验步骤

☐　设置智能执行路径。

↗ 实验数据

实验数据如表7-3所示。

表 7-3　凭证过账规划设置

项目	名称
操作人	nxl+学号
操作对象	网页端
操作路径	"财务会计"|"总账"|"批量处理"|"批量过账"
操作按钮	开始

↗ 操作指导

进入智能财务规划教学平台，依次单击"报表机器人"\|"报表机器人规划"选项，打开报表机器人规划界面，在该界面可以查看建议的规划要求，根据企业业务情况设置智能处理步骤(见图7-4)。

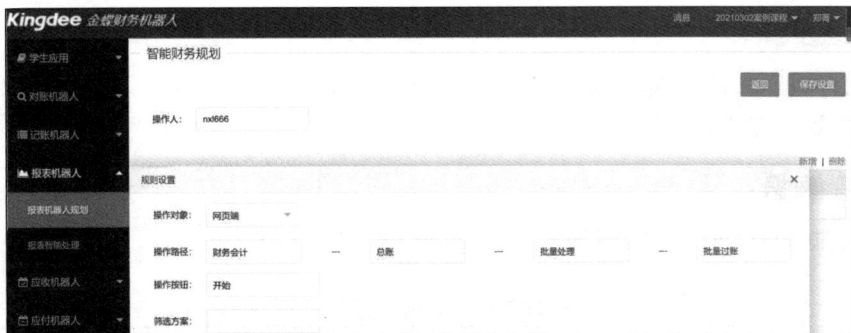

图7-4 凭证过账规划设置

7.3.2 任务四 (应)凭证过账智能处理

↗ 业务场景

会计聂小莉完成报表机器人规划后，调用报表机器人对当月凭证进行过账处理。

↗ 操作指导

进入智能财务规划教学平台，依次单击"报表机器人"｜"报表智能处理"选项，打开报表机器人智能处理界面，找到对应的题目，单击"运行设置"按钮，机器人会自动进行智能处理工作(见图7-5)。

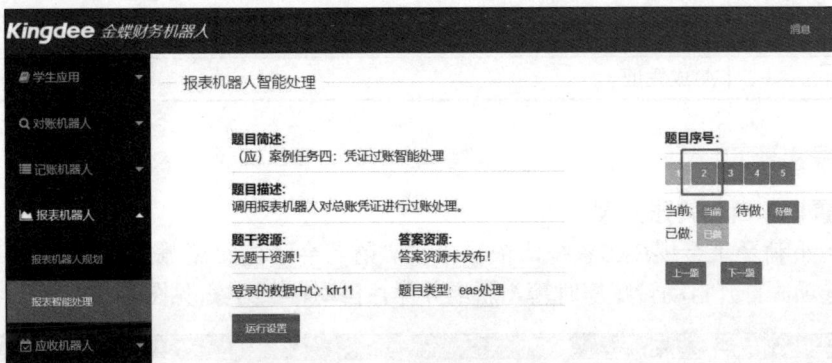

图7-5 凭证过账智能处理

7.4 期末自动转账业务

7.4.1 任务五 (应)期末自动转账规划设置

↗ 业务场景

每月月末，会计聂小莉都要做制造费用结转的财务处理，该工作属于高重复、低价值的财务工作，聂小莉希望通过智能财务的规划设置，把部分工作交由智能财务机器人来完成。

操作视频

⏎ 实验步骤

- ❑ 设置期末自动转账方案。
- ❑ 设置智能执行路径。

⏎ 实验数据

实验数据如表7-4、表7-5所示。

表 7-4 自动转账方案

公司	编码	名称	凭证类型	转账类型	凭证分录顺序	摘要	科目	币别	借贷	数据来源	转账比例
深圳智航科技公司	学号	结转制造费用	记_姓名	普通转账	模板顺序	结转制造费用	5001.03 (生产成本—制造费用)	人民币	自动	转入	100%
							5101.01 (制造费用—水电费)			按比例转出余额	
							5101.02 (制造费用—折旧费)				

表 7-5 自动转账规划设置

项目	内容
操作人	nxl+学号
操作对象	网页端
操作路径	"财务会计"|"总账"|"期末处理"|"自动转账"
操作按钮	生成凭证

⏎ 操作指导

1. 设置期末自动转账方案

用户聂小莉登录金蝶EAS系统，依次单击"财务会计"\|"总账"\|"期末处理"\|"自动转账"选项，打开自动转账序时簿，新增并保存自动转账方案(见图7-6)。

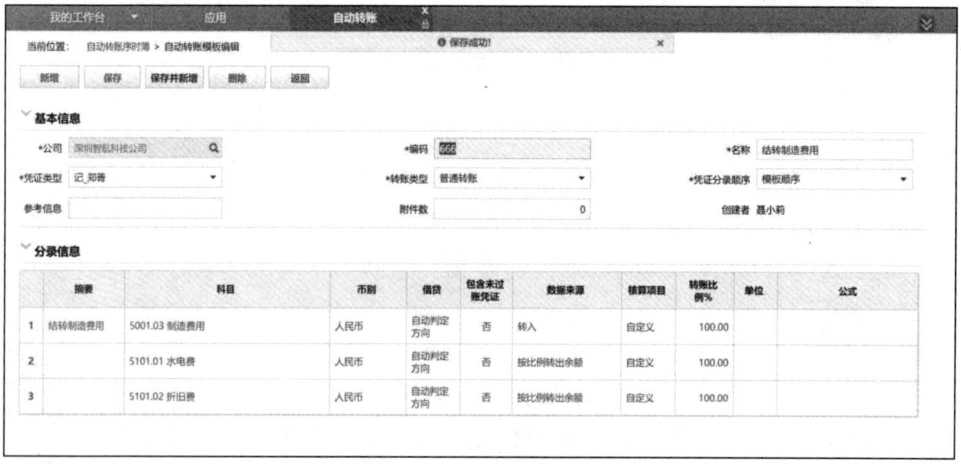

图7-6 期末自动转账方案

2. 设置智能执行路径

进入智能财务规划教学平台，依次单击"报表机器人"｜"报表机器人规划"选项，打开报表机器人规划界面，在该界面可以查看建议的规划要求，根据企业业务情况设置智能处理步骤(见图7-7)。

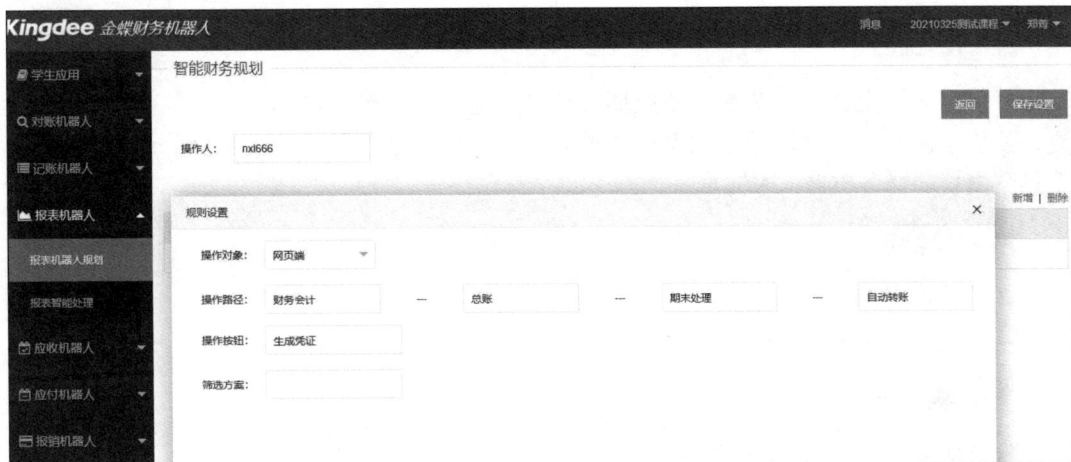

图7-7 自动转账规划设置

7.4.2 任务六 (应)期末自动转账智能处理

↗ 业务场景

会计聂小莉完成报表机器人规划后，调用报表机器人对期末自动转账进行处理。

↗ 操作指导

进入智能财务规划教学平台，依次单击"报表机器人"｜"报表智能处理"选项，打开报表机器人智能处理界面，找到对应的题目，单击"运行设置"按钮，机器人会自动进行智能处理工作(见图7-8)。

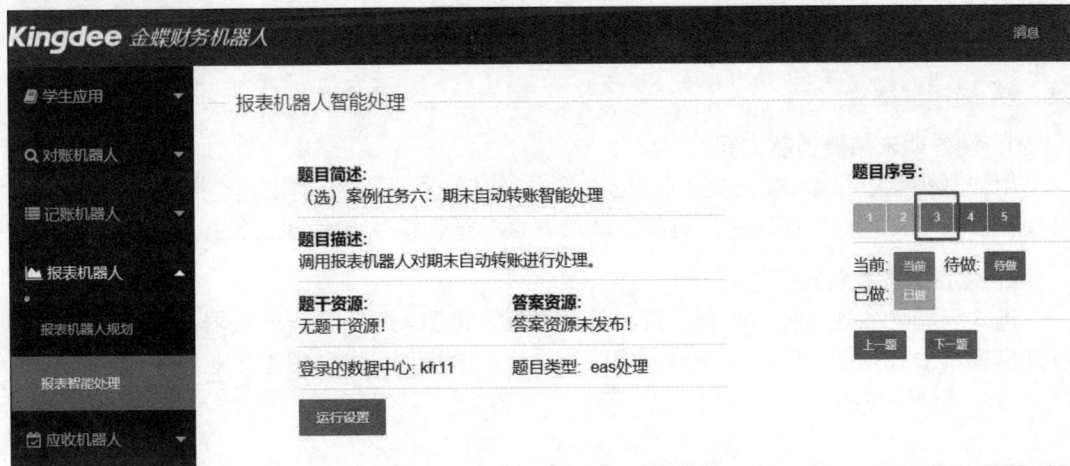

图7-8 期末自动转账智能处理

7.5 期末结转损益业务

7.5.1 任务八 (应)期末结转损益规划设置

↗ 业务场景

每月月末，会计聂小莉都需要做期末结转损益工作，该工作属于高重复、低价值的财务工作，聂小莉希望通过智能财务的规划设置，把该部分工作交由智能财务机器人来完成。

操作视频

↗ 实验步骤

❑ 设置期末结账损益方案。
❑ 设置智能执行路径。

↗ 实验数据

实验数据如表7-6、表7-7所示。

表 7-6　结转损益方案

公司	编码	名称	凭证类型	凭证日期	凭证摘要	本年利润科目	结转期间	全部损益科目结转
深圳智航科技公司	学号	结转损益	记_姓名	期末最后一天	结转损益	4103(本年利润)	当前期间	全选

表 7-7　结转损益规划设置

项目	内容
操作人	nxl+学号
操作对象	网页端
操作路径	"财务会计"|"总账"|"期末处理"|"结转损益"
操作按钮	生成凭证

↗ 操作指导

1. 设置期末结账损益方案

用户聂小莉登录金蝶EAS系统，依次单击"财务会计"\|"总账"\|"期末处理"\|"结转损益"选项，打开自动转账序时簿，新增并保存结转损益方案(见图7-9)。

2. 设置智能执行路径

进入智能财务规划教学平台，依次单击"报表机器人"\|"报表机器人规划"选项，打开报表机器人规划界面，在该界面可以查看建议的规划要求，根据企业业务情况设置智能处理步骤(见图7-10)。

图7-9 结转损益方案

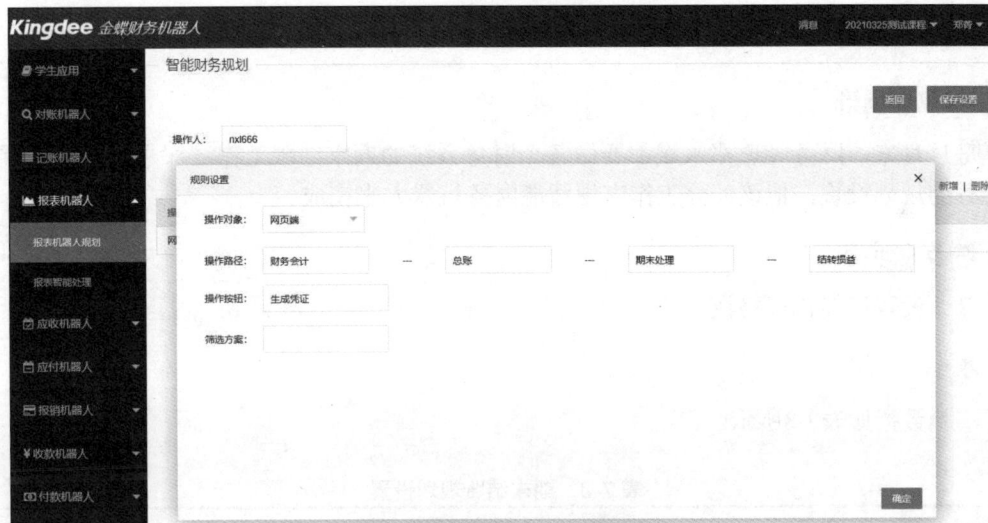

图7-10 结转损益规划设置

7.5.2 任务九 (应)期末结转损益智能处理

↗ 业务场景

会计聂小莉完成报表机器人规划后，调用报表机器人进行期末结转损益处理。

↗ 操作指导

进入智能财务规划教学平台，依次单击"报表机器人"｜"报表智能处理"选项，打开报表机器人智能处理界面，找到对应的题目，单击"运行设置"按钮，机器人会自动进行智能处理工作(见图7-11)。

图7-11　期末结转损益智能处理

7.6　期末结账业务

7.6.1　任务十三 (应)期末结账规划设置

➐ 业务场景

每月月末，财务经理邓永斌都要做各个财务系统的期末结账工作，邓永斌希望通过智能财务的规划设置，把该部分工作交由智能财务机器人来完成。

➐ 实验步骤

☐　设置智能执行路径。

➐ 实验数据

实验数据如表7-8所示。

表 7-8　期末结账规划设置

模块	操作路径	操作按钮
出纳管理期末结账	"财务会计"|"出纳管理"|"期末处理"|"期末结账"	"结账"
应收管理期末结账	"财务会计"|"应收管理"|"期末处理"|"期末结账"	"结账"
应付管理期末结账	"财务会计"|"应付管理"|"期末处理"|"期末结账"	"结账"
总账管理期末结账	"财务会计"|"总账"|"期末处理"|"期末结账"	"结账"

➐ 操作指导

进入智能财务规划教学平台，依次单击"报表机器人"\|"报表机器人规划"选项，打开报表机器人规划界面，在该界面可以查看建议的规划要求，根据企业业务情况设置智能处理步骤(见图7-12)。

操作视频

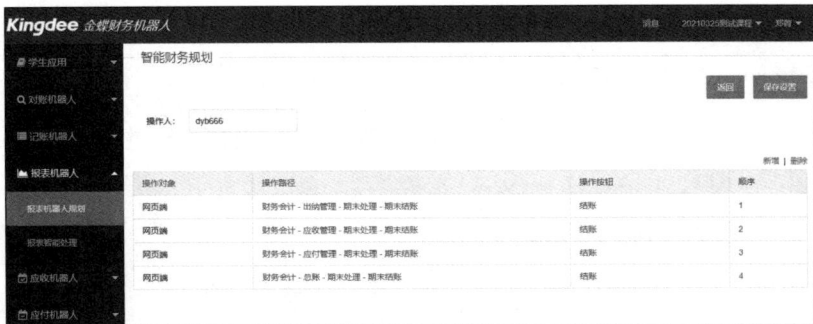

图7-12 期末结账规划设置

7.6.2 任务十四 (应)期末结账智能处理

↗ 业务场景

出具报表完成后，当月所有业务完结，财务经理邓永斌驱动智能财务机器人分别完成出纳、应收、应付、总账期末结账工作，业务结转到第二期进行处理。

↗ 操作指导

进入智能财务规划教学平台，依次单击"报表机器人"|"报表智能处理"选项，打开报表机器人智能处理界面，找到对应的题目，单击"运行设置"按钮，机器人会自动进行智能处理工作(见图7-13)。

操作视频

图7-13 期末结账智能处理

7.7 课后练习题

任务七 (选)自动转账凭证处理

↗ 业务场景

总账会计聂小莉对自动转账凭证进行提交、审核、过账处理，完成自动转账凭证处理期末工作。

任务十 （选)结转损益凭证处理

↗ 业务场景

结转损益凭证生成后，总账会计聂小莉对该凭证进行提交审核过账处理，完成期末结转损益凭证处理工作。

任务十一 （选)报表模板设置

业务场景

根据企业业务情况，完成资产负债表和利润表的报表模板设置。

调用智能财务机器人自动执行报表重算前，总账会计聂小莉需要在深圳智航科技公司规划所需生成报表的报表模板，选择案例提供的导入模板导入资产负债表与利润表，并审批两个报表模板。

↗ 实验数据

实验数据如表7-9所示。

表 7-9　报表模板信息

模板	公司	模板编码	模板名称	模板类型	报表周期	公共模板
公共模板	深圳智航科技公司	01_学号	资产负债表	公共模板	月报	勾选
公共模板	深圳智航科技公司	02_学号	利润表	公共模板	月报	勾选

任务十二 （选)编制报表

↗ 业务场景

所有期末业务完结后，根据前期规划的报表模板进行报表制作，此部分工作由人工完成，制作报表后进行报表重算，确认无误后即可审批报表。

↗ 实验数据

实验数据如表7-10所示。

表 7-10　编制报表信息

公司	选用模版	模板	报表编号	报表名称	期间	公共报表
深圳智航科技公司	选用普通模板创建报表	01_学号(资产负债表)	01_学号	资产负债表	2021年1期	勾选
		02_学号(利润表)	02_学号	利润表	2021年1期	勾选

第 8 章

收款机器人

【财务机器人在企业收款业务中的应用】

    2022年，S医院作为河南省唯一医疗单位参与全国电子凭证会计数据标准试点工作，该试点工作旨在通过电子会计凭证开具、接收、入账和归档，实现全程数字化和无纸化办公，推动各单位做好整体财务信息化建设，进而打通数字化治理的全链路，重塑信息化管理新机制。医院收款具有业务种类复杂、资金来源分散、回单信息不明确等特点，收款回单机器人技术主要围绕如何实现收款认领展开设计。收款回单机器人每天登录银行网银系统自动下载前一日所有银行收款回单，并自动检索回单备注信息，按照设定的匹配规则归属不同类型的收款业务，自动推送回单到对应的业务部门发起收款业务确认单，回单版式文件及解析到的回单结构化收款信息(付款方、流水号、金额、收款时间等)自动填入收款业务确认单，经办部门仅需手工增加项目信息，即可完成填单，大幅提升了资金管理效率。当机器人遇到回单无法根据现有规则归属业务类型时，可暂存回单池，由出纳人员手工匹配相关回单到业务部门发起的收款业务确认单。月末结账前所有不明款项回单将会自动进入往来回单池，自动生成往来业务记账凭证。月末结账后已入往来账管理的资金再发生收款认领时，由往来会计在往来回单池中进行手工捞拣与匹配，并进行往来款项核销的账务自动化处理。

    资料来源：孙舒然，李建军，张功富，等. 智慧医院背景下财务RPA机器人的应用研究——以S医院为例[J]. 会计之友，2024(01)：57-63.

8.1 业务说明

    企业收款主要分为销售业务收款和其他业务收款两大类。销售业务收款涉及日常销售活动的款项，包括预付款和销售款，通过销售类收款单进行管理。其他业务收款涵盖非销售类的对外收款，对象包括客户、供应商、部门、员工等，用途多样，如罚款、利息、捐赠等，并允许自定义。这两种收款均通过相应的收款单处理。

    本章节将阐述一种更为先进的技术手段——集成光学字符识别(OCR)技术的智能财务机器人。运用该技术，财务机器人能够自动从原始凭证中提取关键信息，并据此自动完成单据与凭证的填写工作，从而显著体现财务机器人技术在操作便捷性方面的优势。

8.2　智能收款

↗ 课前思考

❑　如何理解公司的收款管理规范？
❑　收款单填单的执行人是谁？
❑　收款单填写需要哪些原始票据？
❑　收款单填写的依据是什么？

操作视频

8.2.1　任务一 (应)收款单填写规划设置

↗ 业务场景

收款是企业经营活动、投资活动和筹资活动实现资金流入的一种表现。出纳李兴每月都要花费大量时间根据业务提供的银行回单及原始票据到系统中做收款单。该工作属于高重复、低价值的财务工作，李兴希望通过智能财务的规划设置，将该部分高重复的工作交给智能财务机器人，由它代为完成。

↗ 实验步骤

❑　设置收款单自动填写规划。

↗ 实验数据

实验数据如表8-1所示。

表 8-1　收款单规划(预收款)——中国工商银行客户回单

项目	内容
多张票据	单据信息参考一张票据
制单人	lx+学号
票据识别校验	校验
收款类型	预收款
业务日期	${中国工商银行客户回单.入账日期}
收款账户	'工商银行南山支行'(英文状态下的单引号)
收款科目	'1002'
往来类型	'客户'
付款单位	${中国工商银行客户回单.付款人名称}
摘要	${中国工商银行客户回单.用途摘要}
付款账号	${中国工商银行客户回单.付款人账号}
付款银行	${中国工商银行客户回单.付款人开户行}
实收金额	${中国工商银行客户回单.金额(小写)}-'RMB：'
对方科目	'2203'

↗ 操作指导

登录智能财务规划教学平台，依次单击"收款机器人"|"收款机器人规划"选项，打开收款机器人规划界面，在该界面可以查看建议的规划要求。根据企业业务情况设置收款单填单规则，单击"导入设置"按钮导入数据文件(见图8-1)。

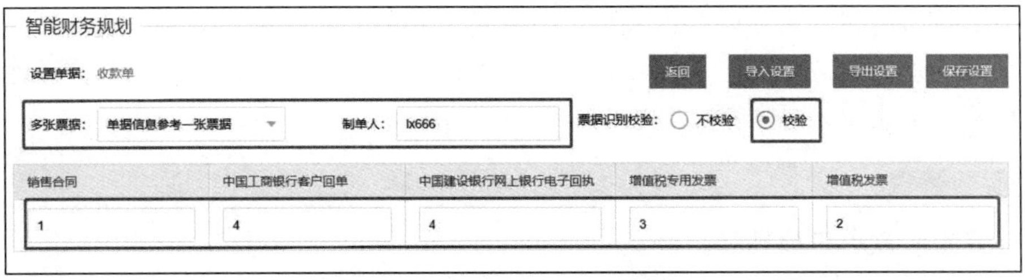

图8-1 收款机器人规划界面

图8-2为银行客户回单示例。

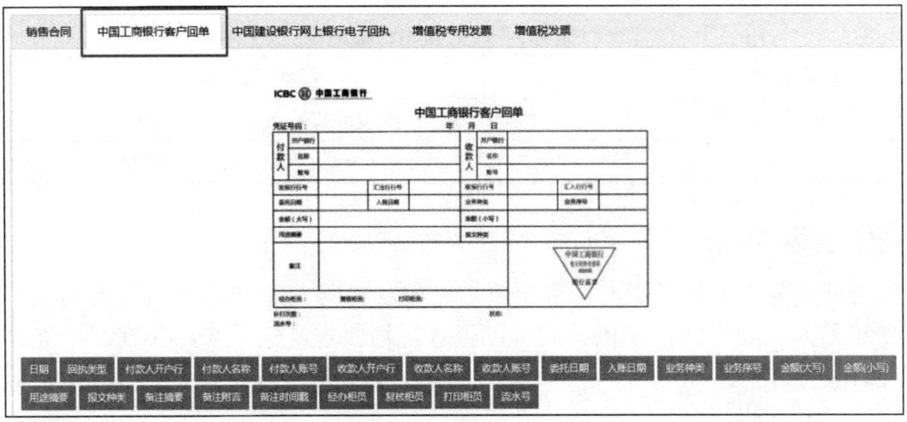

图8-2 银行客户回单

单击"中国工商银行客户回单"页签，根据表8-1中的信息，详细填入收款单所需检索的其他相关内容，具体操作信息可参考图8-3。

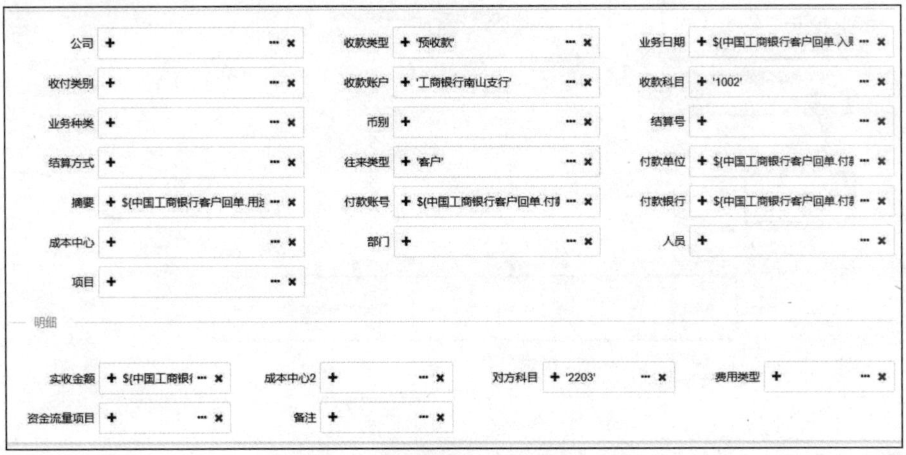

图8-3 收款机器人导入界面

8.2.2 任务二 (应)收款单审核规划设置

↗ 业务场景

财务经理邓永斌每天都需要抽出大量时间对当天产生的收款单进行审核，审核的重点是收款账号符合公司的收支两条线规范，收款单金额和真实票据的金额一致。该工作属于高重复、低价值的财务工作，邓永斌希望通过智能财务的规划设置，将该部分工作交由智能财务机器人来完成。

↗ 实验步骤

❑ 设置收款单审核规划。

↗ 实验数据

实验数据如表8-2所示。

表 8-2 收款单审核规划

校验点名称	校验要求
收款账户确认	收款单的收款账户为工商银行南山支行
收款金额确认	收款单实收金额=银行回单金额

↗ 操作指导

进入智能财务规划教学平台，依次单击"收款机器人"|"收款机器人规划"选项，打开收款机器人规划界面，在该界面可以查看规划要求。接下来，在规划设置界面单击"新增"按钮。根据表8-2所列的收款单审核规划，设定收款账户确认、收款金额确认的校验要求(见图8-4、图8-5)。

注意：需分别对收款账户和收款金额进行确认校验点设置。

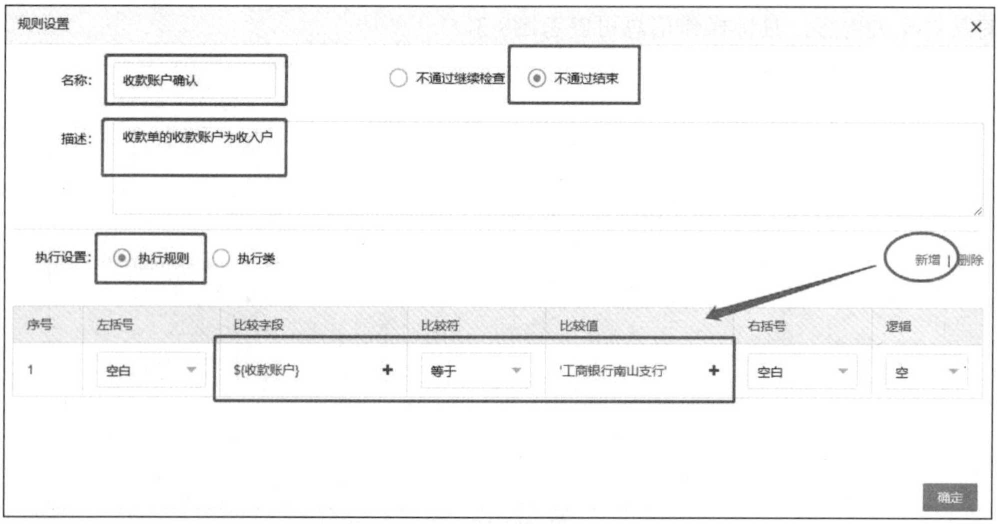

图8-4 收款账户确认校验点设置

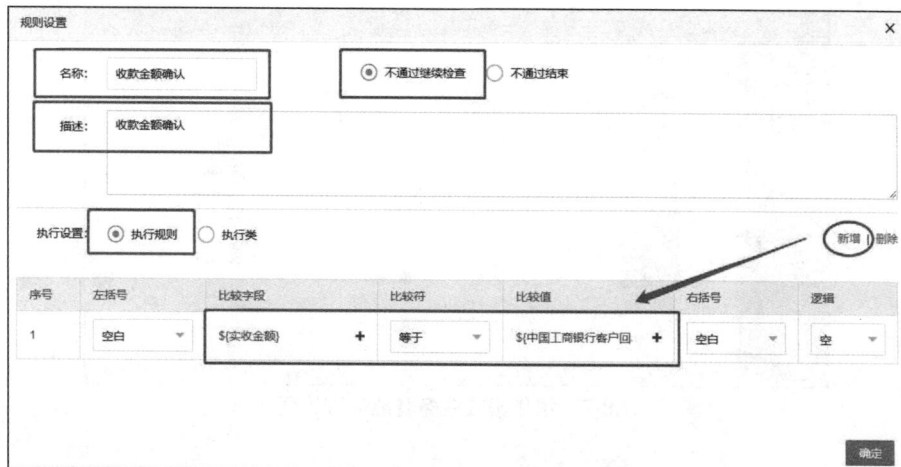

图8-5 收款金额确认校验点设置

设置好校验点后,重新登录审核人账号(格式为"dyb+学号"),进入智能财务规划教学平台。依次选择"收款机器人"|"收款机器人规划"选项,保存后完成操作(见图8-6)。

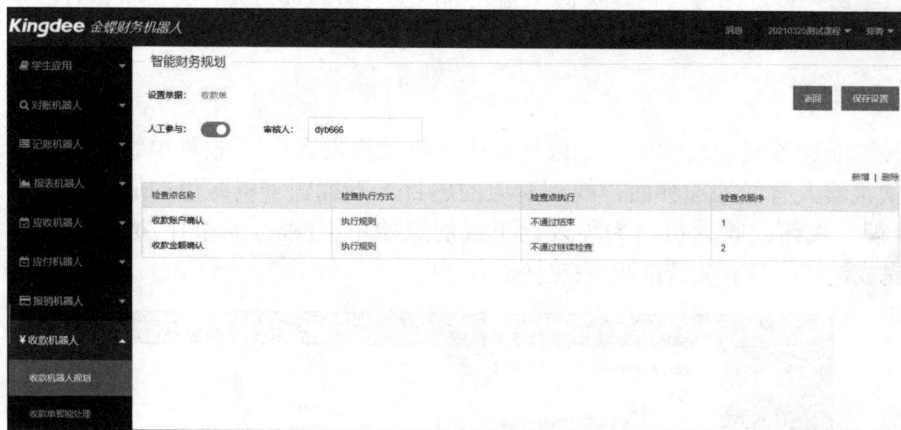

图8-6 收款单规划

8.2.3 任务三 (应)销售预收业务智能处理

↗ 业务场景

2021年2月4日,科亚特股份有限公司要求购买30台通用型航拍无人机定制A款,当天签订销售合同,要求2021年3月10日发货,客户支付10万元作为预收款,出纳根据该业务情况调用收款机器人填写收款单。

↗ 操作指导

进入智能财务规划教学平台,依次单击"收款机器人"|"收款单智能处理"选项,打开收款机器人智能处理界面,找到对应的题目,单击题干资源(查看详情),下载题干资源里的原始单据(银行回单)后,单击"智能处理"按钮,上传已下载的银行回单,收款机器人执行收款单自动填写(见图8-7)。

图8-7　销售预收业务智能处理界面

8.2.4　任务四　(应)销售收款业务智能处理

↗ **业务场景**

2021年2月7日，朗星公司购买植保无人机，支付货款10万元，并提供银行回单，出纳根据该业务情况调用收款机器人完成收款单填写。

↗ **操作指导**

进入智能财务规划教学平台，依次单击"收款机器人"|"收款单智能处理"选项，打开收款机器人智能处理界面，找到对应的题目，下载题干资源里的原始单据后，单击"智能处理"按钮，收款机器人导入已下载的原始单据(银行回单)，执行收款单自动填写，并完成销售收款业务智能处理(见图8-8)。

图8-8　销售收款业务智能处理界面

8.2.5　任务五　(应)收回代垫客户费

↗ **业务场景**

2021年2月28日，公司收到为客户朗星公司代垫的运输物流费1000元，出纳调用收款机器人完成收款单填写工作。

↗ 操作指导

进入智能财务规划教学平台，依次单击"收款机器人"|"收款单智能处理"选项，打开收款机器人智能处理界面，找到对应的题目，下载题干资源里的原始单据后，单击"智能处理"按钮，收款机器人导入已下载单据，并执行收款单自动填写(见图8-9)。

图8-9 收回代垫客户运费业务智能处理界面

8.2.6 任务九 (应)收款单智能审核处理

↗ 业务场景

调用收款机器人完成收款单自动审核处理，财务经理关注需要人工审核的项目。

↗ 操作指导

进入智能财务规划教学平台，依次单击"收款机器人"|"收款智能处理"选项，打开收款机器人智能处理界面，找到案例任务九，单击"智能审核"按钮，执行单据审核处理(见图8-10)。

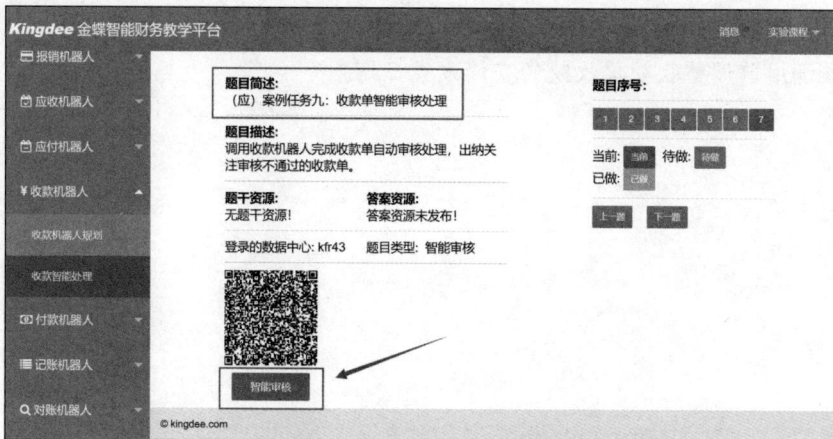

图8-10 收款单智能审核处理业务智能处理界面

8.3　课后练习题

任务六　（选）收到保险公司赔偿款

↗ 业务场景

2021年2月19日，公司收到太平洋保险公司承保无人机生产设备出险款共计17万元，出纳调用收款机器人完成收款单填写。

任务七　（选）收到政府奖励

↗ 业务场景

公司在上一年度申请的专利符合政府奖励条件，2021年2月7日，收到政府奖励20万元，出纳调用收款机器人完成收款单填写。

任务八　（选）贷款收入业务

↗ 业务场景

2021年2月10日，公司收到银行贷款150万元，出纳调用收款机器人完成收款单填写。

任务十　（选）收款单智能登账处理

↗ 业务场景

出纳李兴调用记账机器人对收款单进行收款处理，完成2021年2月银行日记账自动登账。

注意： 调用前调整收款单收款的查询方案日期。

任务十一　（选）收款单智能记账处理

↗ 业务场景

会计聂小莉调用记账机器人对2021年2月收款单进行记账处理，完成该月收款单自动记账。

注意： 调用前调整收款单收款的查询方案日期。

第 9 章

付款机器人

【RPA和BI技术在联通华盛数智财务管理中的应用实践】

在数智化时代，数据要素的价值日益凸显，RPA、BI等数智信息技术在提升财务管理水平方面的赋能作用，受到了理论界和实务界的广泛关注。联通华盛通信有限公司积极运用RPA、BI等数智信息技术，精准聚焦财务管理痛点，通过构建坚实的财务管理数智化运营基础，实现自动化数据采集、清洗及共享应用，建立数据框架模型库，启用"数字员工"等创新举措，显著提升了运营效率。

借助Smart BI自助报表平台的应用，联通华盛通信有限公司成功实现了本部与省分公司财务人员的数据共享。该平台功能强大、操作简便，大幅节省了财务人员制作报表的时间成本。据统计，该项技术的应用平均每月能节约人工5天，效率显著提升。同时，RPA机器人的自主开发为数据运营自动化提供了有力支撑，大幅提升了数据运营效能。RPA收款机器人实现7×24小时不间断支撑全国收款业务的系统维护工作，全面解放了省分公司财务人力，提高了工作效率。而收入稽核机器人则替代了全国34名财务人员执行SAP和收管系统的收入稽核工作，使稽核工作的标准化程度、准确率和时效性得到显著提升，有效防范了经营风险。

此外，RPA技术的应用还优化了财务流程，减少了人为错误，提升了数据质量。通过自动化处理，财务报表的生成速度和准确性大幅提高，进一步增强了企业的财务透明度和决策支持能力。

资讯来源：万绍亮. RPA和BI技术在联通华盛数智财务管理中的应用实践[J]. 财务与会计，2024
(24)：53-55.

9.1 业务说明

企业付款主要分为采购业务付款和其他业务付款两大类。采购业务付款涉及日常采购活动，包括预付款和采购款，通过采购类付款单操作。其他业务付款则涵盖非采购类的对外支付，对象包括客户、供应商、部门、员工等，用途多样，如工资、报销、借款、手续费、罚款等，并可自定义。这两种付款均通过相应的付款单完成。

本章将深入探讨一项尖端的自动化技术——集成光学字符识别(OCR)技术的财务机器

人。运用该技术，财务机器人能够自主从原始凭证中抓取关键数据，并基于这些信息自动填充表单与凭证，突出财务机器人在提升操作效率上的强大优势。

9.2　智能付款

操作视频

↗ 课前思考

❑　如何理解公司的付款管理规范？
❑　付款单填单的执行人是谁？
❑　付款单填写需要哪些原始票据？
❑　付款单填写的依据是什么？

9.2.1　任务一　(应)付款单填写规划设置

↗ 业务场景

相对于收款，付款是企业资金相对流出的一种形式。常见的付款单有采购付款、预付款、费用报销付款等。出纳李兴每月都要花费大量时间根据业务提供的银行回单及原始票据到系统中做付款单。该工作属于高重复、低价值的财务工作，李兴希望通过智能财务的规划设置，将该部分高重复的工作交由智能财务机器人来完成。

↗ 实验步骤

❑　设置付款单自动填写规划。

↗ 实验数据

实验数据如表9-1所示。

表 9-1　付款单规划(预付款)——中国工商银行客户回单

项目	内容
多张票据	单据信息参考一张票据
制单人	lx+学号
票据识别校验	校验
付款类型	预付款
业务日期	${中国工商银行客户回单.委托日期}
付款账户	'工商银行宝安支行'
付款科目	'1002'
收款人类型	'供应商'
收款人名称	${中国工商银行客户回单.收款人名称}
摘要	${中国工商银行客户回单.用途摘要}+', 对应的采购合同编号为: '+${采购合同.合同编号}
实付金额	${中国工商银行客户回单.金额(小写)}
对方科目	'预付账款'

⤴ 操作指导

登录智能财务规划教学平台，依次单击"付款机器人"|"付款机器人规划"选项，进入付款机器人规划界面。根据表9-1所提供的信息，依次输入"多张票据"和"制单人"的相关内容。同时，要根据不同票据的数量，准确填入相应的数字，具体操作如图9-1所示。

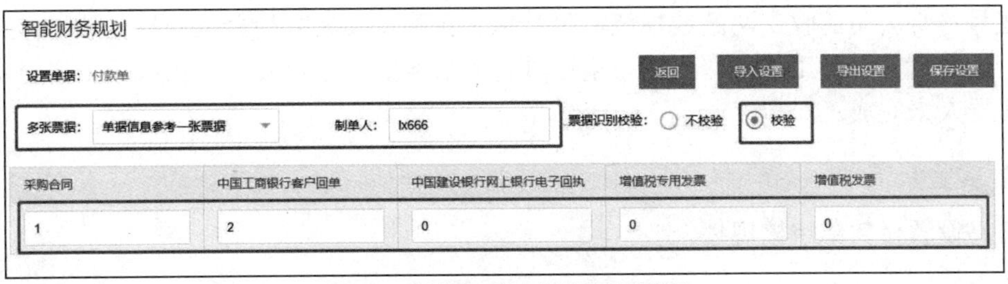

图9-1 付款机器人规划设置界面

图9-2为银行客户回单示例。

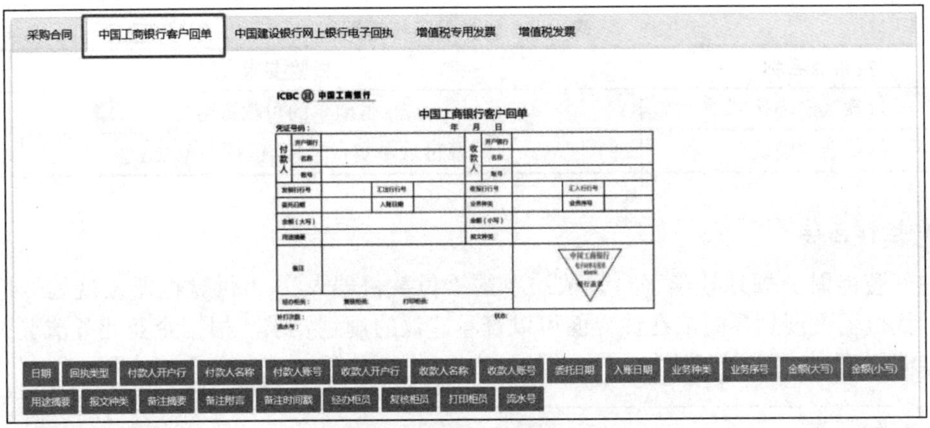

图9-2 银行客户回单示例

随后单击"中国工商银行客户回单"页签，根据表9-1中的信息，详细填入付款单所需检索的其他相关内容，具体操作信息可参考图9-3。

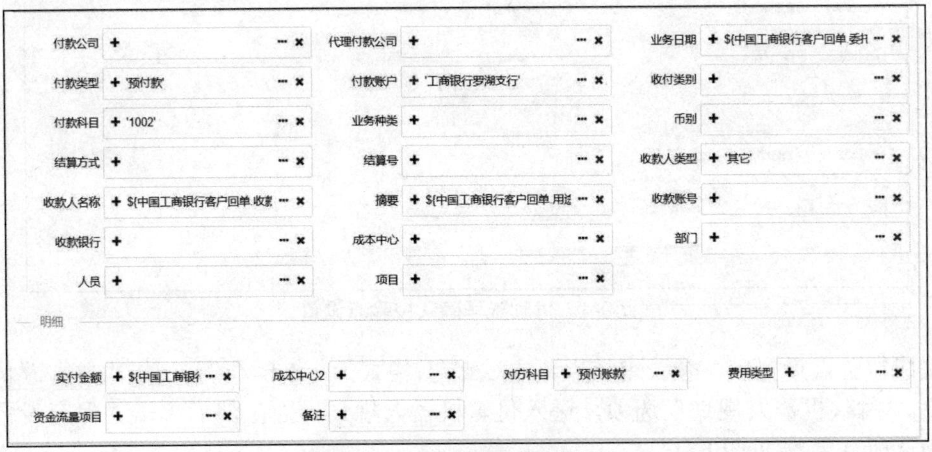

图9-3 付款单填写规划设置

9.2.2 任务二 (应)付款单审核规划设置

↗ 业务场景

财务经理邓永斌每天需要抽出大量时间对当天产生的付款单进行审核，审核的重点是付款账号符合公司的收支两条线规范，付款单金额和真实票据的金额一致。该工作属于高重复、低价值的财务工作，邓永斌希望通过智能财务的规划设置，将该部分工作交由智能财务机器人来完成。

↗ 实验步骤

❑   设置付款单审核规划。

↗ 实验数据

实验数据如表9-2所示。

表 9-2   付款单审核规划

校验点名称	校验要求
付款账户确认	付款单的付款账号
付款金额确认	付款单实付金额=银行回单金额

↗ 操作指导

进入智能财务规划教学平台，依次单击"付款机器人"|"付款机器人规划"选项，打开付款机器人规划界面，在该界面可以查看建议的规划要求。根据企业业务情况设置付款单审核规则，如图9-4所示。

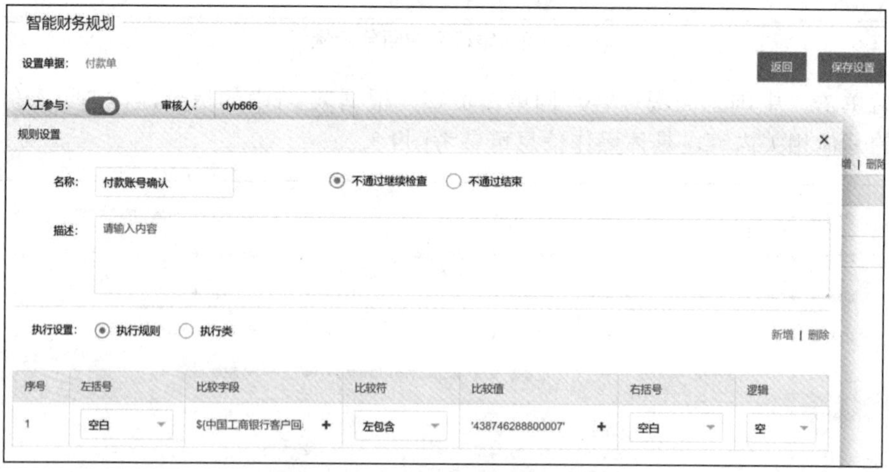

图9-4   付款账号确认校验点设置

完成校验点设置后，登录审核人邓永斌账号(格式为：dyb+学号)。依次单击"付款机器人"|"付款机器人规划"选项，进入付款机器人规划界面，然后单击"保存设置"按钮，确认所有更改(见图9-5)。

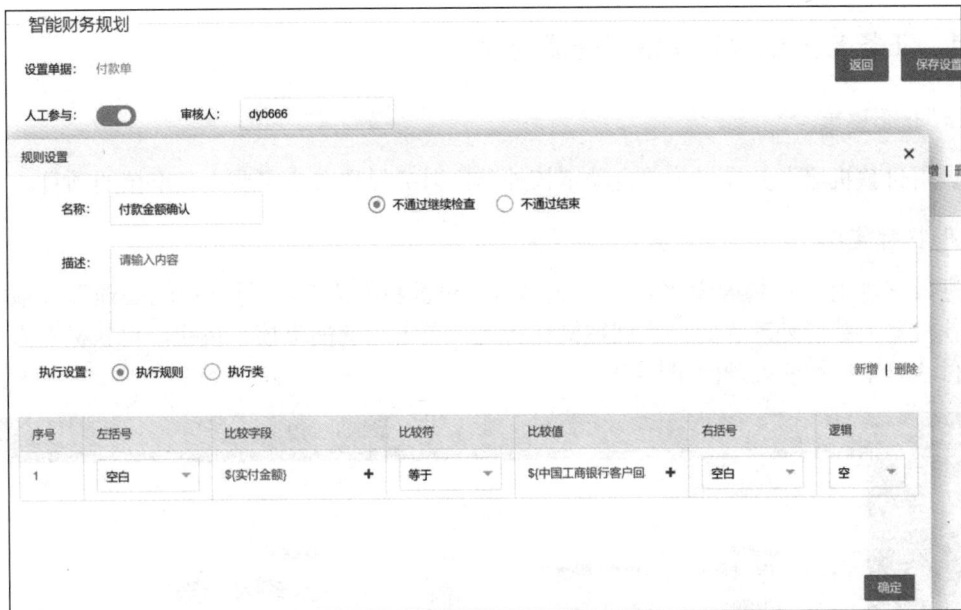

图9-5　付款金额确认校验点设置

9.2.3　任务三 (应)给供应商支付预付款

↗ 业务场景

2021年2月20日，公司和德瑞制造公司签订合同，购买分电板500个，根据合同要求先预付5万元预付款，出纳李兴调用付款机器人完成付款单填写。

↗ 操作指导

进入智能财务规划教学平台，依次单击"付款机器人"|"付款智能处理"选项，打开付款机器人智能处理界面，找到对应的题目，下载题干资源里的原始单据后，单击"智能处理"按钮，付款机器人填写付款单(见图9-6)。

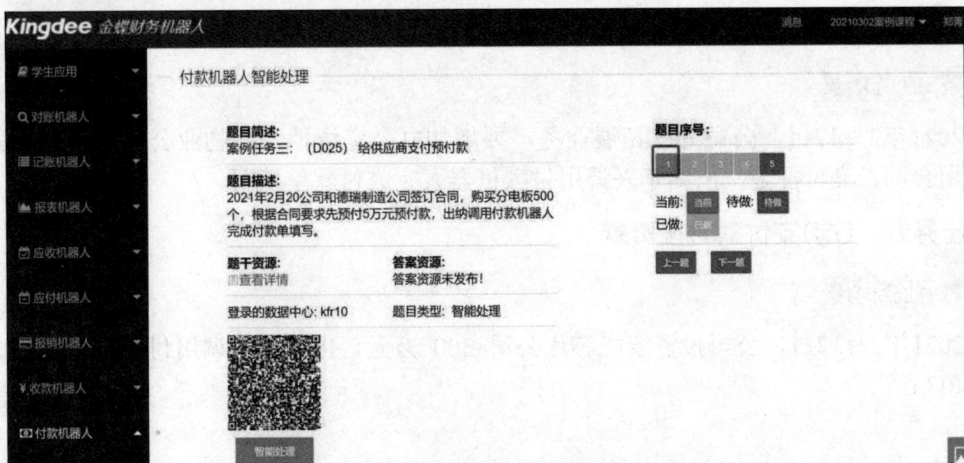

图9-6　给供应商支付预付款

9.2.4 任务七 (应)付款单审核智能处理

↗ 业务场景

调用付款机器人完成付款单自动审核处理,财务经理关注需要人工审核的项目。

↗ 操作指导

进入智能财务规划教学平台,依次单击"付款机器人"|"付款智能处理"选项,打开付款机器人智能处理界面,找到案例任务七,单击"智能审核"按钮,付款机器人自动执行付款单审核智能处理(见图9-7)。

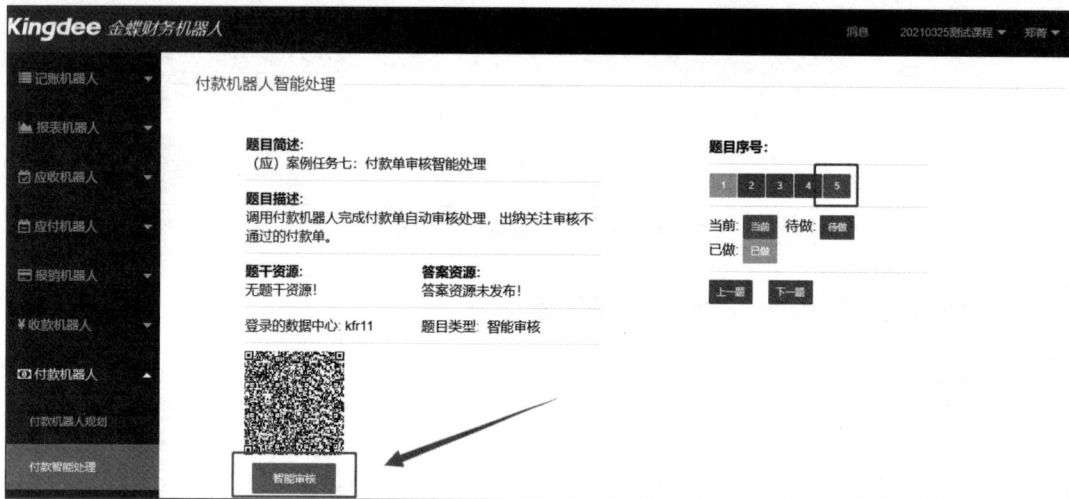

图9-7 付款单审核智能处理

9.3 课后练习题

任务四 (选)支付办公室租用押金

↗ 业务场景

2021年2月17日,公司为了拓展业务,要增加办公室场地,和物业公司签订新的办公室租用合同,支付押金,出纳李兴调用付款机器人完成付款单填写。

任务五 (选)支付对外投资款

↗ 业务场景

2021年2月17日,公司投资智能芯片公司 300 万元,出纳李兴调用付款机器人完成付款单填写。

任务六　（选）支付公益捐款

↗ 业务场景

2021年2月20日，公司捐款50万元，出纳李兴调用付款机器人完成付款单填写。

任务八　（选）付款单智能登账处理

↗ 业务场景

出纳李兴调用记账机器人对付款单进行付款处理，完成2021年2月银行日记账自动登账处理。

注意： 调用前调整付款单付款的查询方案日期。

任务九　（选）付款单智能记账处理

↗ 业务场景

会计聂小莉调用记账机器人对2021年2月付款单进行记账处理，完成该月收款单自动记账。

注意： 调用前调整付款单付款的查询方案日期。

第 10 章

应收机器人

【厦门海沧医院：RPA财务机器人在医院财务管理流程优化中的应用】

厦门海沧医院作为一所专科特色明显的市属三级综合性医院，在建设发展中注重医疗水平提升与财务管理流程优化，不断完善财务管理组织，以促进医院实现长期发展目标。

医院开展财务管理技术创新与流程优化，可提升财务资金有效利用率，有效管控医院经营中的成本投入。RPA财务机器人广泛应用于医院财务管理领域，推动医院高效率、高质量地完成一系列相关工作，包括应收应付处理、财务监督、市场预测和分析等。在财务工作的应付结算阶段，RPA财务机器人完成发票和入库单的匹配，导入共享平台，大幅度降低应付账款销账时间。厦门海沧医院通过RPA财务机器人优化财务工作流程，代替财务人员完成大量重复、有规则的人工劳动，提升财务管理整体效率与质量水平，构筑医院新的竞争优势。

资讯来源：厦门海沧医院：RPA财务机器人在医院财务管理流程优化中的应用[EB/OL]. (2024-01-05). http://www.chima.org.cn/Html/News/Articles/16652.html.

10.1 业务说明

系统通过应收凭证来追踪应收账款的生成。每月，往来账目会计需要投入大量时间，将销售合同、发票、退货单等业务部门提交的原始单据信息转换为系统中的应收凭证。这类财务工作具有高度重复性且附加值较低。借助智能财务系统的设计与部署，会计人员可将此类重复性任务转交给财务机器人处理。前面的章节已经详述了手动输入业务数据的流程。本章旨在深入分析一项创新技术——集成OCR技术的智能财务机器人，它能够自动提取原始凭证中的关键数据，并据此自动完成表格和凭证的填写，显著提高财务操作效率。

10.2 智能应收

操作视频

↗ **课前思考**

❑ 通过应收机器人如何设置应收单填写规划？
❑ 通过应收机器人如何设置应收单审核规划？
❑ 根据合同、发票等资料如何调用应收机器人完成应收单填写工作？

10.2.1 任务一 (应)付款单填写规划设置

↗ **业务场景**

应收单是用来确认债权的单据，系统采用应收单来统计应收的发生，往来会计周文鑫每月都要花费大量时间根据业务提供的销售合同、发票、退货单等原始票据到系统中做应收单。该工作属于高重复、低价值的财务工作，周雯鑫希望通过智能财务的规划设置，将该部分高重复的工作交由智能财务机器人来完成。

↗ **实验步骤**

❑ 设置应收单自动填写规划。

↗ **实验数据**

实验数据如表10-1所示。

表 10-1 应收单规划(普通应收)——销售合同

项目	内容
多张票据	单据信息参考一张票据
制单人	zwx+学号
票据识别校验	校验
单据日期	${销售合同.合同签订日期}
单据类型	'销售发票'
往来类型	'客户'
往来户	${销售合同.购货单位}
摘要	'客户'+${销售合同.购货单位}+'销售应收款'
物料	${销售合同.产品名称}
数量	${销售合同.数量}
单价	${销售合同.单价}
税率	${销售合同.税率}-'%'
应收账款	'应收账款'
对方科目	'主营业务收入'
应收日期	${销售合同.付款日期}
应收金额2	${销售合同.付款金额}
备注2	${销售合同.备注}

↗ 操作指导

登录金蝶智能财务教学平台，依次单击"应收机器人"|"应收机器人规划"选项，进入应收机器人规划界面。在此界面，可查阅建议的规划要求。根据企业实际业务情况，设置应收单填单规划(详见表10-1)。依次输入"多张票据"和"制单人"的相关信息，并确保根据不同票据的数量，准确填入相应的数字。具体操作步骤如图10-1所示。

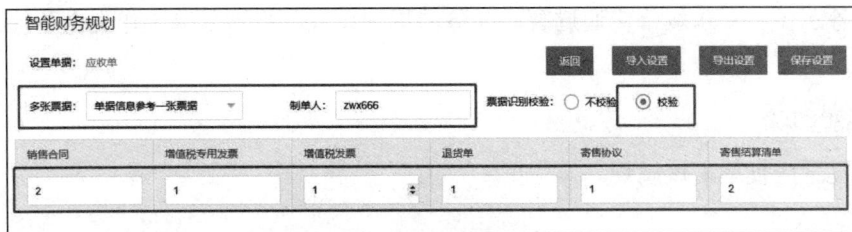

图10-1 应收单填单规划设置(1)

图10-2为销售合同示例。

图10-2 应收单填单规划设置(2)

随后，向下翻阅至"销售合同"页签。依据表10-1所列信息，详细填写销售合同所需检索的其他相关内容。完成填写后，单击"保存设置"，以确认更改，操作界面参考图10-3。

图10-3 应收单填单规划设置

10.2.2　任务二 (应)应收单审核规划设置

↗ 业务场景

财务经理邓永斌每天需要抽出大量时间对当天产生的应收单进行审核，审核的重点是单据对应的合同是真实有效的合同，合同金额和发票金额一致等。该工作属于高重复、低价值的财务工作，邓永斌希望通过智能财务的规划设置，将该部分工作交由智能财务机器人来完成。

↗ 实验步骤

❑　设置应收单审核规划。

↗ 实验数据

实验数据如表10-2所示。

表 10-2　收款单审核规划

校验点名称	校验要求
合同编码规范	销售合同编码符合公司要求，前缀为XSHT
合同真实性	合同真伪检查
合同金额和发票金额一致	合同金额与发票金额一致

↗ 操作指导

登录金蝶智能财务教学平台，依次单击"应收机器人"|"应收机器人规划"选项，进入应收机器人规划界面，在此可以查阅详细的建议规划要求。

随后，结合表10-2所示的企业实际业务情况，对应收单审核规划进行设置。设置内容包括合同编码规范(见图10-4)、合同真实性(见图10-5)、合同金额与发票金额一致(见图10-6)三项内容。通过单击"新增"按钮，逐一完成这三项内容的设置。

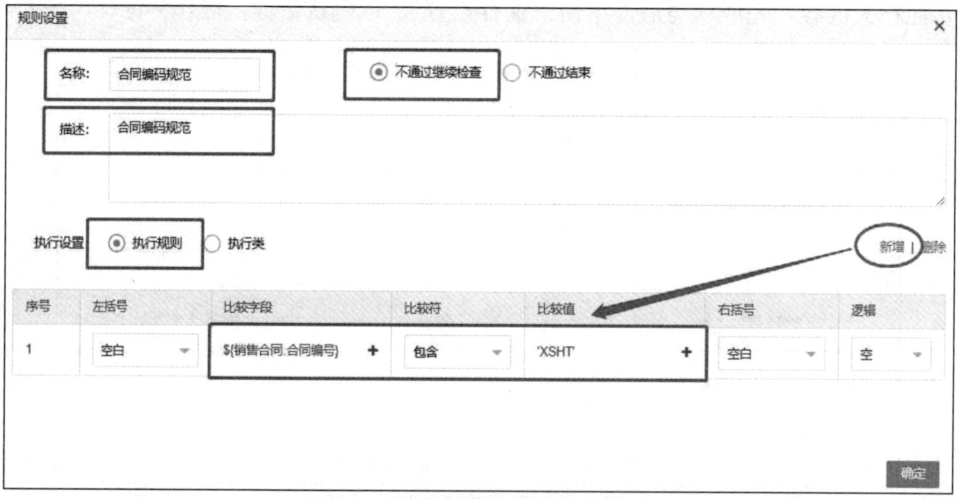

图10-4　合同编码规范校验点设置

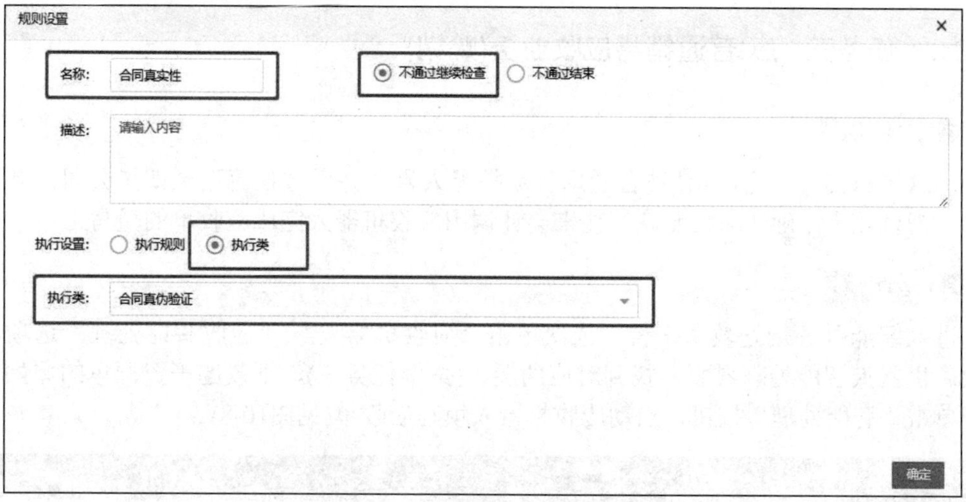

图10-5 合同真实性校验点设置

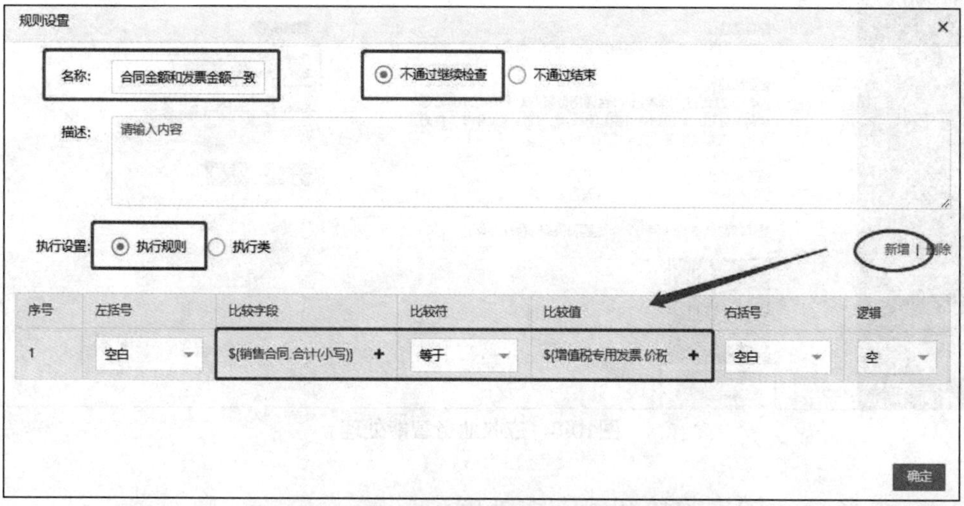

图10-6 合同金额与发票金额一致校验点设置

全部设置完成后，输入审核人账号，并保存所有更改(见图10-7)。

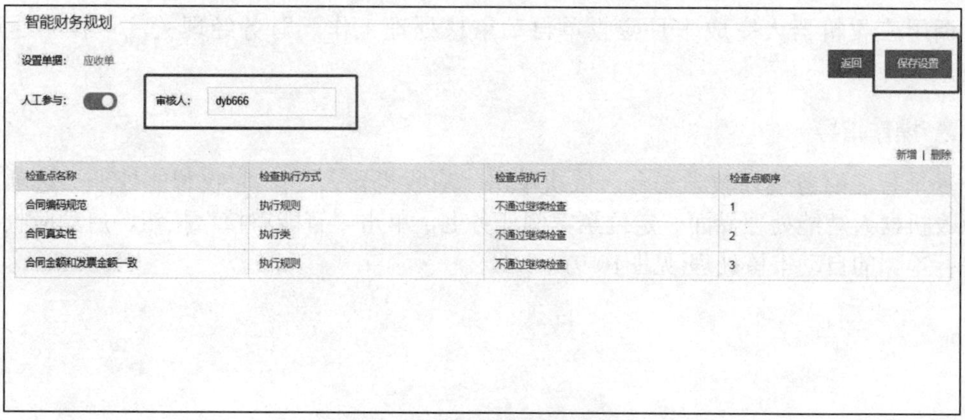

图10-7 完成校验点设置

10.2.3 任务三 (应)普通销售应收业务(赊销)

↗ 业务场景

2021年2月5日,仓库出库5台通用型航拍无人机,并通过物流运至朗星公司,同日财务开具销售发票,确认应收账款。往来会计调用应收机器人完成应收单的填写工作。

↗ 操作指导

进入智能财务规划教学平台,依次单击"应收机器人"|"应收智能处理"选项,打开收款机器人智能处理界面,找到对应的题目(案例任务三),下载题干资源里的原始单据后,单击"智能处理"按钮,启动应收机器人填写应收单(见图10-8)。

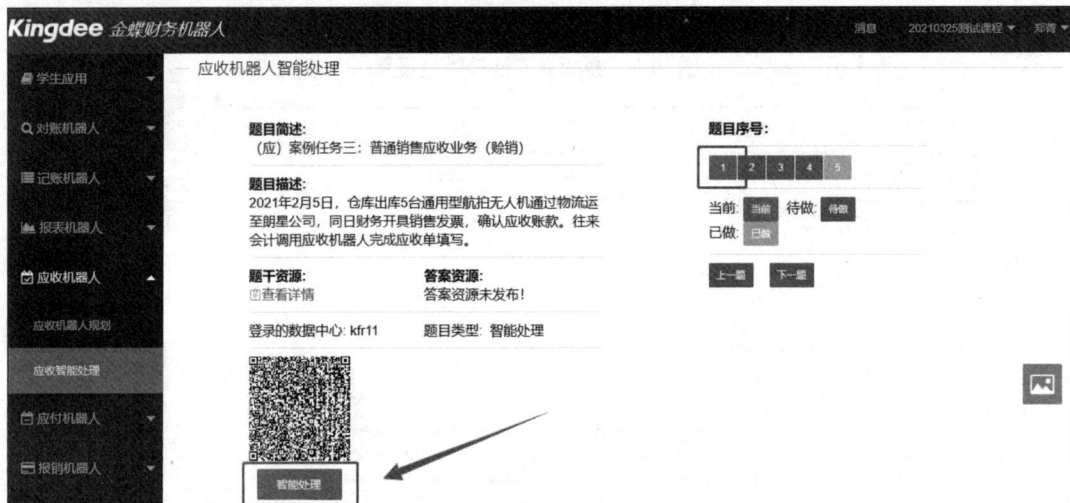

图10-8 应收业务智能处理

10.2.4 任务七 (应)应收单智能审核处理

↗ 业务场景

调用应收机器人完成本月应收单自动审核处理工作,财务经理关注审核不通过的应收单。

↗ 操作指导

登录智能财务规划教学平台,依次单击"应收机器人"|"应收智能处理"选项,进入应收机器人智能处理界面。定位至案例任务七,单击"智能审核"按钮,启动应收机器人进行单据的自动审核处理(见图10-9)。

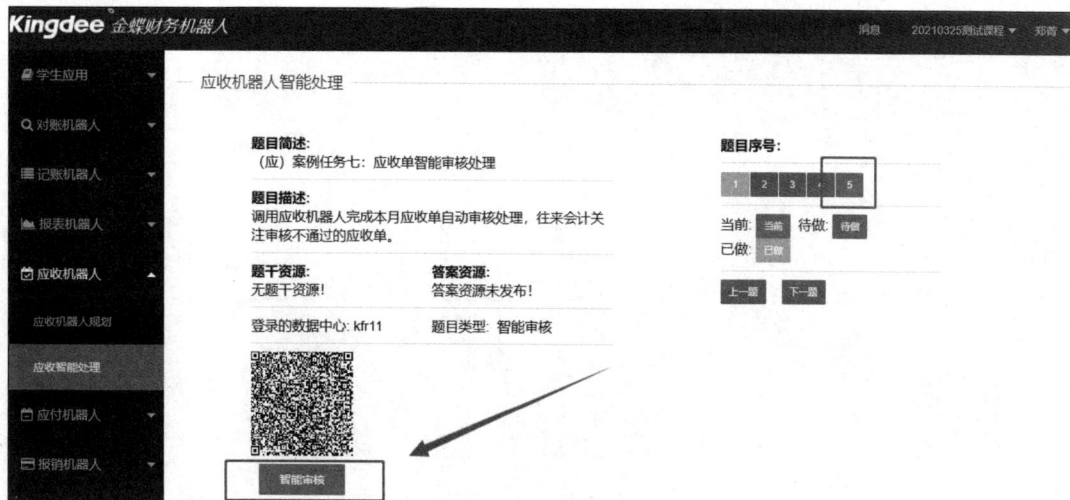

图10-9 应收单智能审核处理

10.3 课后练习题

任务四 （选）其他应收业务

↗ **业务场景**

2021年2月15日，盛泰宏辉公司拖欠办公楼租金12 000元，财务根据租赁合同与开具的增值税发票挂账其他应收款，往来会计调用应收机器人完成应收单填写工作。

任务五 （选）退货应收业务处理

↗ **业务场景**

2021年2月9日，仓库收到客户朗星公司因质量问题退回的通用型航拍无人机1台，往来会计调用应收机器人完成红字应收单填写工作。

任务六 （选）寄售销售应收业务处理

↗ **业务场景**

2021年2月15日，收到寄售客户深圳凌度有限公司寄售结算清单，往来会计调用应收机器人完成应收单填写工作。

任务八 （选）应收单智能记账处理

↗ **业务场景**

调用记账机器人对本月应收单进行记账处理。

第 11 章

应付机器人

【达观智能财务机器人在应付管理中的应用】

随着大数据、云计算、人工智能等创新科技的应用普及，"AI+财税"逐渐应用于财务共享服务，提升了财务服务水平和效率，为财务共享服务找到了成功构建的关键能力和新的契机。2017年开始，国际知名专业财税机构陆续推出了各类"财务机器人"，财务机器人无声无息地来到财务人员身边，辅助财务人员完成各项日常工作，将财税工作自动化应用推上了一个新的台阶。在企业财务核算系统中，往往需要在不同表单中多次填写重复信息，例如在应付管理中，财务人员需要连续填写"应付单"和"付款单"，而这两类单据中大部分为重复字段，如"摘要""结算方式""收款方"等。此外，随着数据量的提升，财务系统的响应速度越来越慢，如应付单"下推"付款单，上传采购合同附件等，用户体验很差，整个过程一般大于20分钟，且每次应付发生都需要重复此过程。对于此类规则明确、操作重复、工作低附加值、用户体验差的工作，财务机器人能够完美替代人力完成，并且不会产生任何情绪波动，使宝贵的专业人才更加聚焦于高附加值工作。

资料来源：达观智能财务机器人在应收应付管理中的应用[EB/OL]. (2022-11-21). https://www.yun88.com/news/1598.html.

11.1 业务说明

确认债务的凭证是应付单，系统利用这些单据来记录应付款项的产生。会计人员在往来账目管理上，每月需耗费大量时间，将业务部门提供的采购合同、发票等原始单据信息录入系统生成应付单。这类工作属于重复性高且价值低的财务作业。会计人员期望通过智能财务系统的规划与配置，将这些重复性任务交给智能财务机器人处理。

本章运用自动化技术——集成应用光学字符识别(OCR)技术的智能财务机器人，独立提取原始凭证中的关键数据，并据此自动完成表单和凭证的填写，充分展现了智能财务机器人在提升工作效率方面的显著优势。

11.2 智能应付

⌐ 课前思考

- ❑ 通过应付机器人如何设置应付单填写规划？
- ❑ 通过应付机器人如何设置应付单审核规划？
- ❑ 根据合同、发票等资料如何调用应付机器人完成应付单填写工作？

11.2.1 任务一 (应)应付单填写规划设置

⌐ 业务场景

应付单是用来确认债权的单据，系统采用应付单来统计应付的发生，往来会计周文鑫每月都要花费大量时间根据业务提供的采购合同、发票等原始票据到系统中做应付单。该工作属于高重复、低价值的财务工作，周雯鑫希望通过智能财务的规划设置，将该部分高重复的工作交由智能财务机器人来完成。

⌐ 实验步骤

- ❑ 设置应付单自动填写规划。

⌐ 实验数据

实验数据如表11-1所示。

表 11-1 应付单规划(普通应付)——采购合同

项目	内容
多张票据	单据信息参考一张票据
制单人	zwx+学号
票据识别校验	校验
单据日期	${采购合同.合同签订日期}
单据类型	'采购发票'
往来类型	'供应商'
往来户	${采购合同.供货单位}
摘要	'采购合同编号为'+${采购合同.合同编号}+'的应付单'
物料	${采购合同.产品名称}
计量单位	${采购合同.单位}
数量	${采购合同.数量}
含税单价	${采购合同.单价}
税率	${采购合同.税率}-'%'
应付科目	'应付账款'
对方科目	'1403'
应付日期	${采购合同.付款日期}
应付金额	${采购合同.付款金额}

↗ 操作指导

登录金蝶智能财务教学平台，依次单击"应付机器人" | "应付机器人规划"选项，进入应收机器人规划界面。在此界面，可以查阅详细的建议规划要求。结合企业实际业务情况，对应付单填单规划进行设置(详见表11-1)。依次输入"多张票据"和"制单人"的相关信息，并确保根据不同单据的数量，准确填入相应的数字。具体操作步骤如图11-1所示。

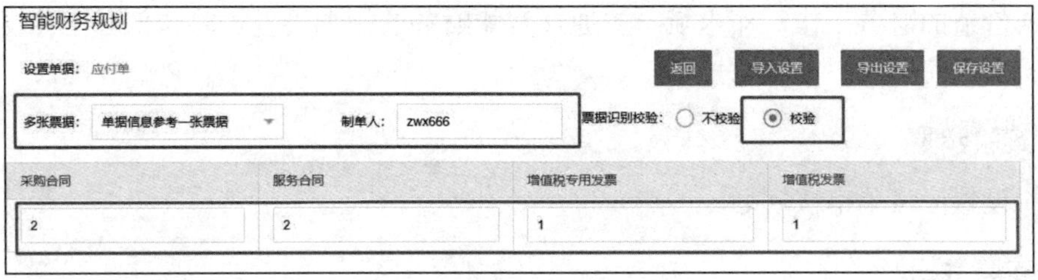

图11-1 应付单填单规划设置

图11-2为采购合同示例。

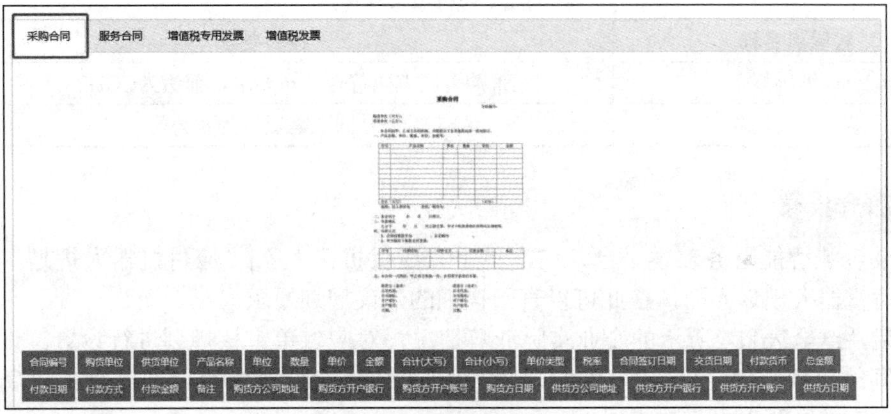

图11-2 采购合同示例

随后，向下翻阅至"采购合同"页签。依据表11-1所列信息，详细填写采购合同所需检索的其他相关内容。完成填写后，保存应付单填单设置以确认更改，操作界面参考图11-3。

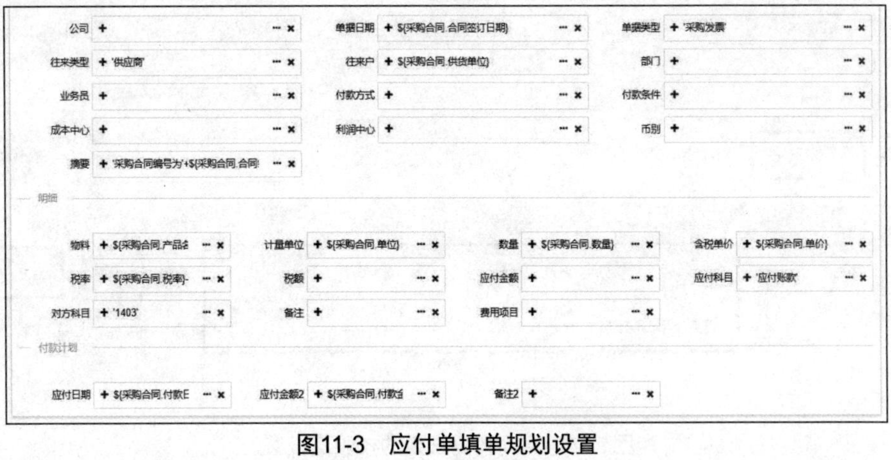

图11-3 应付单填单规划设置

11.2.2　任务二 (应)应付单审核规划设置

↗ 业务场景

财务经理邓永斌每天需要抽出大量时间对当天产生的应付单进行审核，审核的重点是单据对应的合同是否为公司标准采购合同，合同购货单位是否为本公司等。该工作属于高重复、低价值的财务工作，邓永斌希望通过智能财务的规划设置，将该部分工作交由智能财务机器人来完成。

↗ 实验步骤

❑　设置应付单审核规划。

↗ 实验数据

实验数据如表11-2所示。

表 11-2　应付单审核规划

校验点名称	校验要求
合同编码规范	采购合同编码符合公司要求，前缀为CGHT和FW
购货单位校验	合同上购货方为本公司

↗ 操作指导

登录金蝶智能财务教学平台，依次单击"应付机器人"|"应付机器人规划"选项，进入应付机器人规划界面，在此可以查阅详细的建议规划要求。

随后，结合表11-2所示的企业实际业务情况，对应付单审核规划进行设置。设置内容包括合同编码规范(见图11-4)、购货单位校验(见图11-5)两个内容。通过单击"新增"按钮，逐一完成这两项内容的设置。

图11-4　合同编码规范的校验点设置

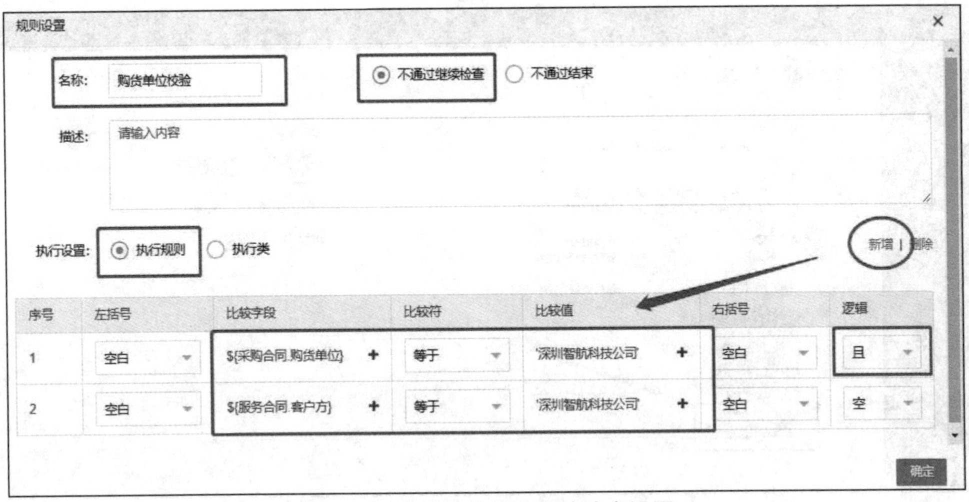

图11-5 购货单位校验的校验点设置

校验点设置完成后，输入审核人，格式为"dyb+学号"，单击"保存设置"按钮，如图11-6所示。

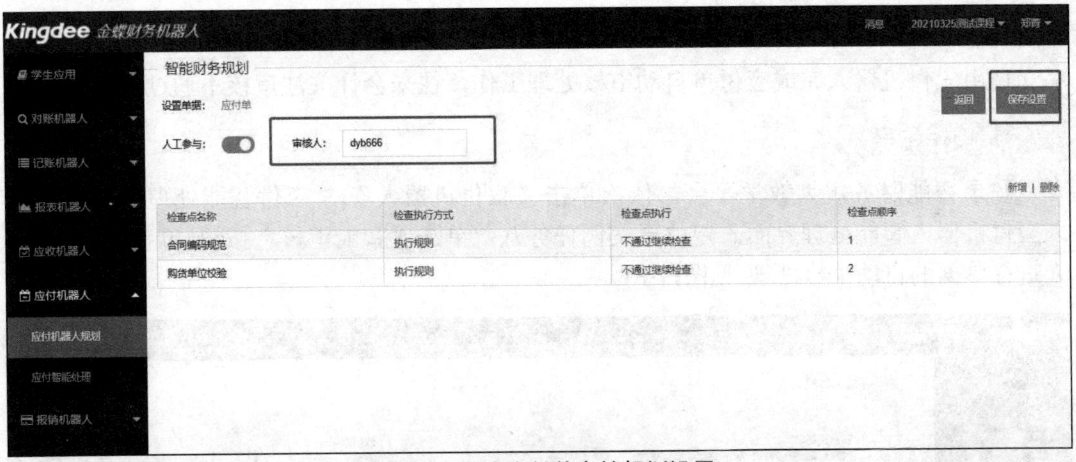

图11-6 完成应付单审核规划设置

11.2.3 任务三 (应)根据采购合同执行应付业务

↗ 业务场景

2021年2月24日，公司和深圳赛格电子有限公司签订采购合同，收货后，往来会计调用应付机器人完成应付单填写工作。

↗ 操作指导

登录智能财务规划教学平台，依次单击"应付机器人"|"应付智能处理"选项，进入付款机器人智能处理界面。定位至案例任务三，下载题干资源中的原始单据后，单击"智能处理"按钮，启动应付机器人自动填写应付单(见图11-7)。

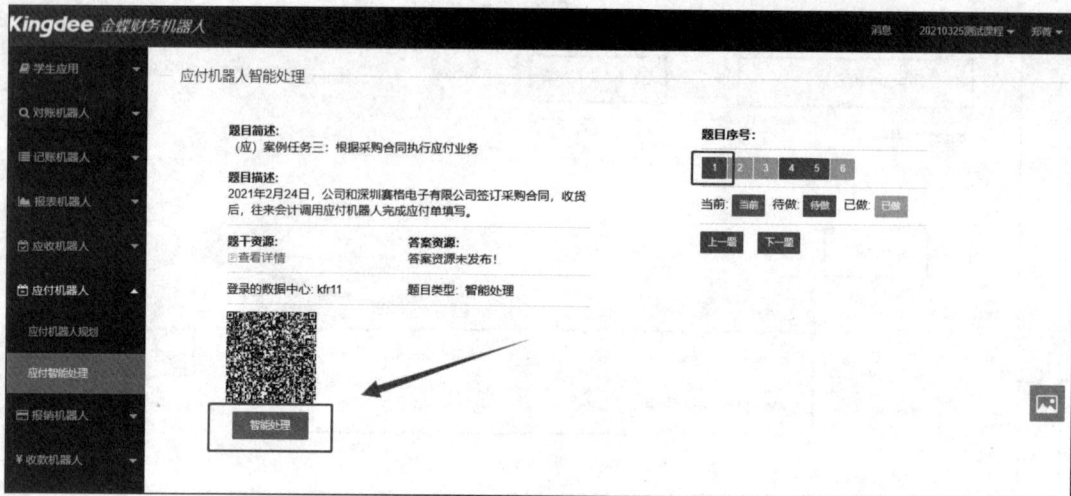

图11-7　应付业务智能处理

11.2.4　任务八 (应)应付单智能审核处理

↗ 业务场景

调用应付机器人完成应付单自动审核处理工作，往来会计关注审核不通过的应付单。

↗ 操作指导

登录智能财务规划教学平台，依次单击"应付机器人"|"应付智能处理"选项，进入应付机器人智能处理界面。定位至案例任务八，单击"智能审核"按钮，启动应付机器人进行单据的自动审核处理(见图11-8)。

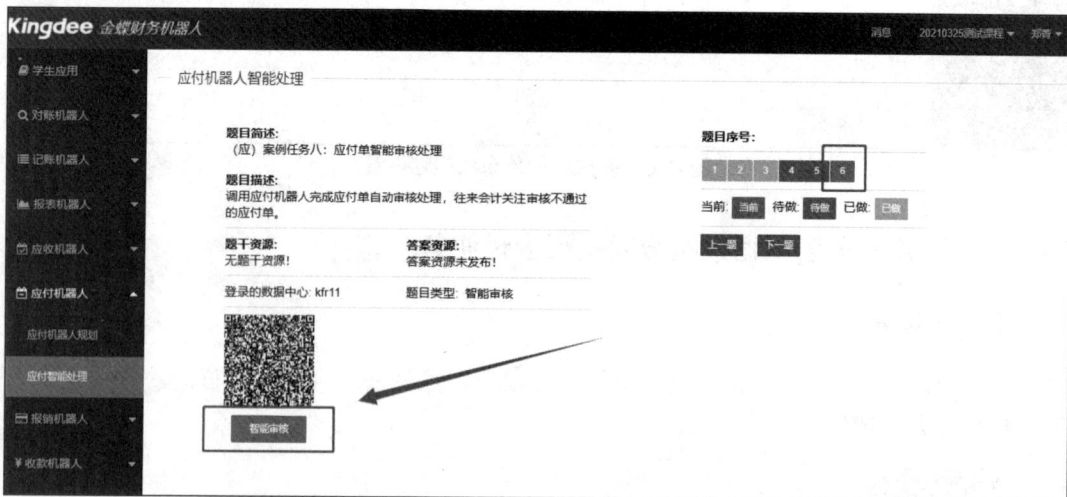

图11-8　应付单智能审核处理

11.3 课后练习题

任务四 （选）采购原材料票随货到执行应付

↗ 业务场景

2021年2月27日，公司紧急采购原材料，德瑞制造公司紧急发货并随货提供了发票，根据该情况，往来会计调用应付机器人完成应付单填写工作。

任务五 （选）与律师事务所合作

↗ 业务场景

2021年2月10日，公司委托君达律所处理员工的劳动纠纷，君达提供发票后，往来会计调用应付机器人完成应付单填写工作。

任务六 （选）与咨询公司合作

↗ 业务场景

2021年2月15日，公司和安升达咨询公司签订合同，并于当天进入公司进行项目调研，往来会计调用应付机器人完成应付单填写工作。

任务七 （选）公司购置办公座椅

↗ 业务场景

2021年2月17日，公司为了满足发展需求，到万合家具城订购了50套办公座椅，当天到货，往来会计调用应付机器人完成应付单填写工作。

任务九 （选）应付单智能记账处理

↗ 业务场景

调用记账机器人对应付单进行记账处理。

第 12 章

报销机器人

【基于流程再造的G集团智能报账系统建设】

在企业财务数字化转型背景下，智能报账系统在实务中的应用愈发广泛。G集团基于改制背景，通过打破原有报账体制，重新梳理与优化财务报账流程，在数字技术支持下建设适应企业经营、运转高效、资金安全的智能报账系统，体现了流程再造理念在改制企业智能报账系统建设中的实践应用。财务机器人根据系统内嵌报账规则审核报账单，包括校验发票真伪、检查发票是否重复报账、预算控制等，并对合规检查结果进行记录。对于合规的申请，系统自动生成审核意见。财务机器人的应用替代了财务人员在发票审核、内容审核、规则审核等方面的基础审核工作，大大减少了财务人员的工作量，降低了财务处理的出错率，提升了财务人员的工作效率，从而将财务人员释放以从事报账数据分析工作。

资料来源：李峰. 基于流程再造的G集团智能报账系统建设[J]. 财务与会计，2021(19)：35-38.

12.1 业务说明

费用管理模块属于金蝶EAS财务会计系统，主要解决日常办公中个人费用报销、差旅费报销和公司日常费用报销问题。模块包含4个标准的报销表单：费用报销单、差旅费报销单、物品采购费用报销单、对公费用报销单。系统中不同类型的业务发生后，员工需要手工新增报销单完成报销表单的发起，表单生成后会先跑一个工作流，工作流审批通过以后，再由表单生成凭证或付款单，从而实现业务审批与财务处理的无缝集成。

从个人费用报销和公司日常费用报销的典型业务场景出发，可以优先考虑将费用报销单、差旅费报销单、物品采购费用报销单、对公费用报销单这4个典型单据对应表单填写和表单审核交由报销机器人完成。

从个人费用报销和公司日常费用报销的典型业务场景的财务处理角度出发，可以优先考虑将报销单生成付款单和报销单挂账处理的财务操作交由报销机器人完成。

12.2　费用报销单

12.2.1　任务一 (应)费用报销单填单规划

↗ 业务场景

费用报销单用于报销，是一个业务、财务集成的表单，员工有报销业务的时候都需要根据报销的发票等信息填写费用报销单，因为对公司费用报销规范理解不到位，经常出现填错的情况，占用了员工大量的时间，员工希望通过智能财务的规划设置，将该部分工作交由智能财务机器人来完成。

↗ 实验步骤

❑　设置费用报销单自动填写规划。

↗ 实验数据

实验数据如表12-1～表12-3所示。

表 12-1　费用报销单规划——整体规划

项目	内容
多张票据	单据信息参考一张票据
制单人	qy+学号
票据识别校验	校验

表 12-2　费用报销单规划——增值税普通发票

项目	内容
申请日期	${增值税发票.开票日期}+3
事由	'因业务原因产生的费用：'+${增值税发票.货物或应税劳务名称}
费用类型	'通讯费'
发生日期	${增值税发票.开票日期}
开票日期	${增值税发票.开票日期}
报销金额	${增值税发票.价税合计(小写)}

表 12-3　费用报销单规划——出租车票

项目	内容
申请日期	${出租车票.开票日期}+3
事由	${出租车票.日期}+'因公加班打车费'
费用类型	'车补'
发生日期	${出租车票.开票日期}
开票日期	${出租车票.开票日期}

↗ 操作指导

登录智能财务规划教学平台，依次单击"报销机器人"|"报销机器人规划"选项，进入报销机器人规划界面，在此可以查阅建议的规划要求。根据企业实际业务情况，设置报销单填单规则，具体信息参考实验数据相关表格。先设置费用报销单的整体规划，填写"多张票据""制单人"的信息，如图12-1所示。

图12-1　费用报销单规划——整体规划

接着，向下翻阅至"增值税发票"页签，依据表12-2所示的信息填写增值税发票上需要检索的内容，具体操作步骤如图12-2所示。

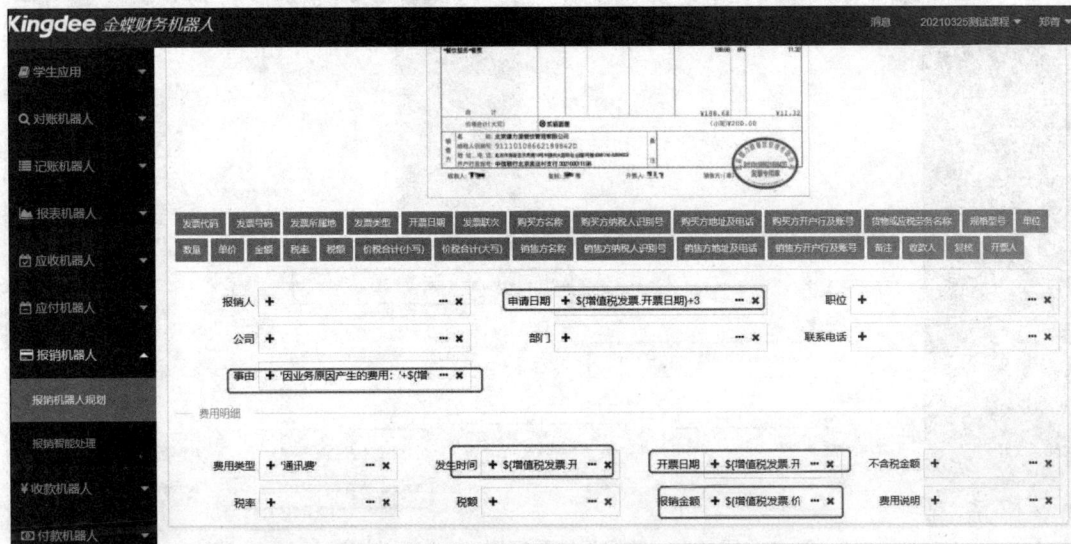

图12-2　费用报销单规划——增值税普通发票

特别需要注意的是，在"费用类型"一栏中，需补充多种费用类型，包括通讯费、培训费、房屋物管费、购买表述、会议费及业务招待费。详细内容请参考图12-3。

接下来，单击"出租车票"页签，切换至相应界面，并根据表12-3的要求填写出租车发票上需要检索的内容。具体操作步骤详见图12-4。

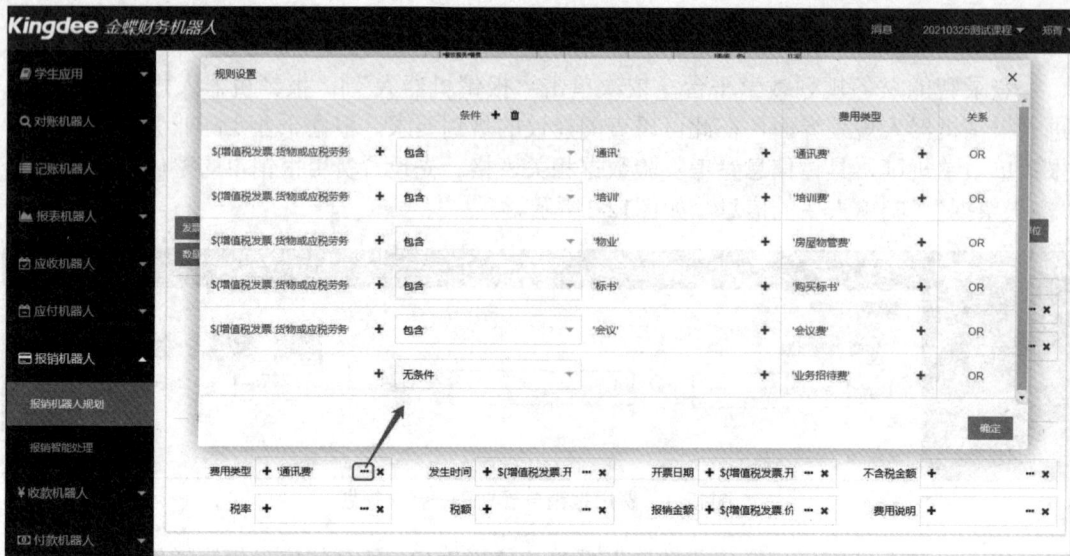

图12-3　费用报销单规划——费用类型

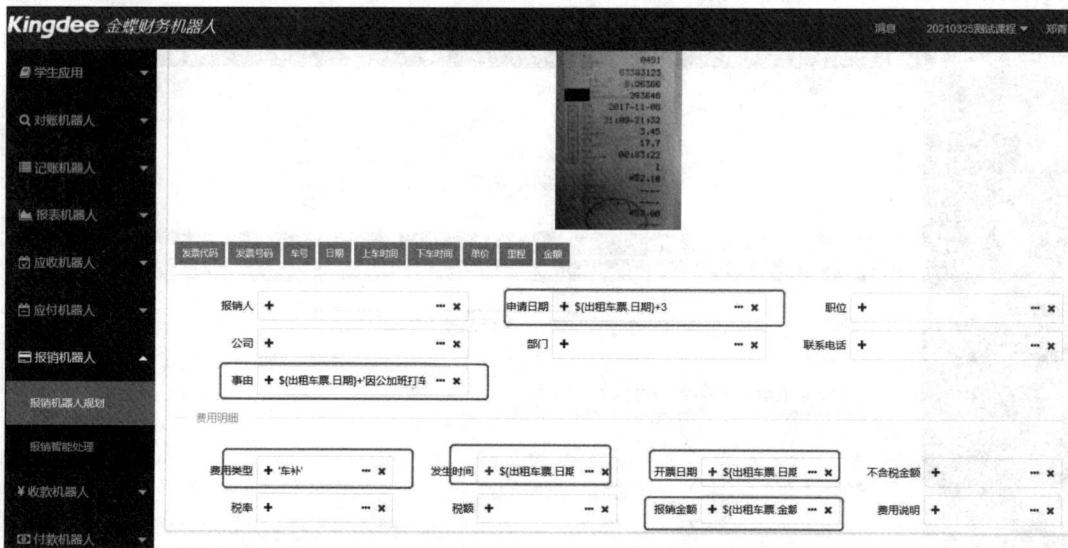

图12-4　费用报销单规划——出租车票

12.2.2　任务二　(应)费用报销单审核规划

↗ 业务场景

成本会计肖利华每天需要抽出大量时间对员工提交的费用报销单审核，审核的重点是发票抬头、发票真伪、报销金额超标等情况，工作量较大，导致肖利华没有时间做其他的成本管控工作。他希望通过智能财务的规划设置，将该部分工作交由智能财务机器人来完成。

↗ 实验步骤

❑　设置费用报销单审核规划。

↗ 实验数据

实验数据如表12-4所示。

表 12-4　费用报销单审核规划

校验点名称	校验要求
人工参与	参与
审核人	xlh+学号
发票抬头检查	除了个人的通讯费报销，其他发票抬头必须是公司
发票真伪	发票必须是真发票
通讯费报销额度检查	通讯费报销不超过150元
打车费额度检查	打车报销不超过150元

↗ 操作指导

登录智能财务规划教学平台，依次单击"报销机器人"|"报销机器人规划"选项，进入报销机器人规划界面。在此界面，可查阅建议的规划要求。

接下来，根据表12-4所示的企业实际业务情况设置报销单审核规则。先单击"人工参与"按钮，输入审核人账号(格式为"xlh+学号")，具体操作如图12-5所示。

图12-5　费用报销单审核规划

随后，设置发票抬头检查(见图12-6)、发票真伪(见图12-7)、通讯报销额度检查(见图12-8)、打车费额度检查(见图12-9)4个内容。通过单击"新增"按钮，逐一完成设置。

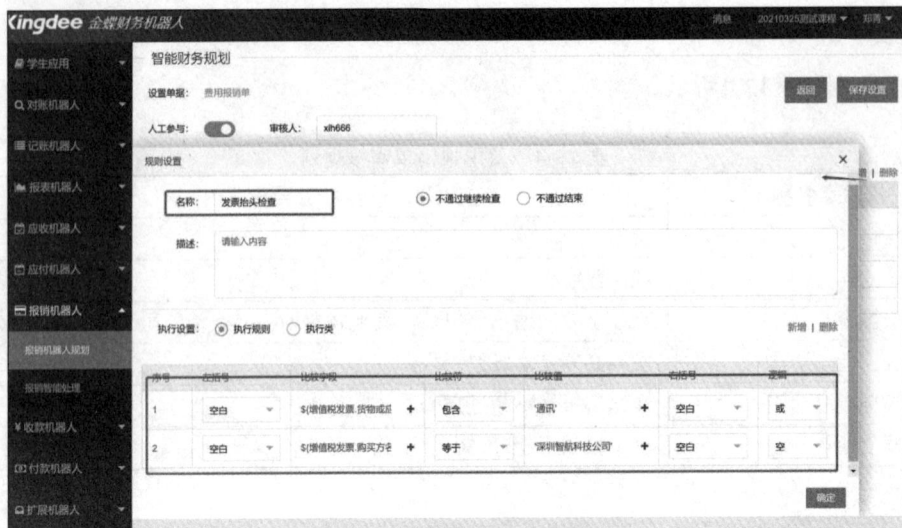

图12-6　发票抬头检查设置

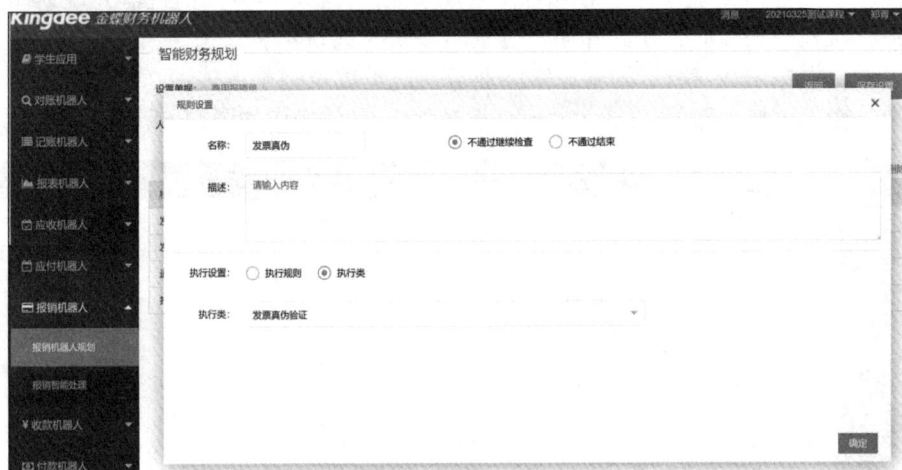

图12-7　发票真伪设置

图12-8　通讯报销额度检查设置

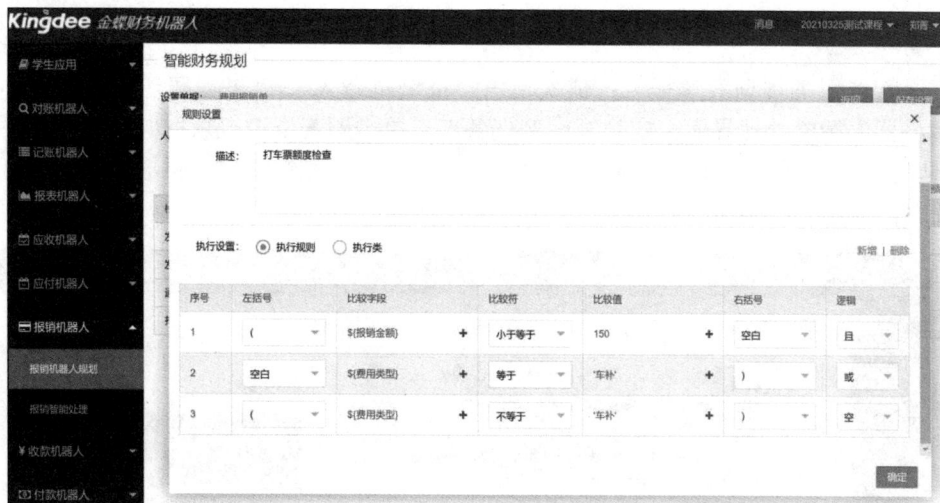

图12-9　打车费额度检查设置

12.2.3　任务三 (应)报销通讯费

↗ 业务场景

2021年2月10日，秦义报销话费200元，调用报销机器人填写费用报销单。

↗ 实验数据

图12-10为实验数据。

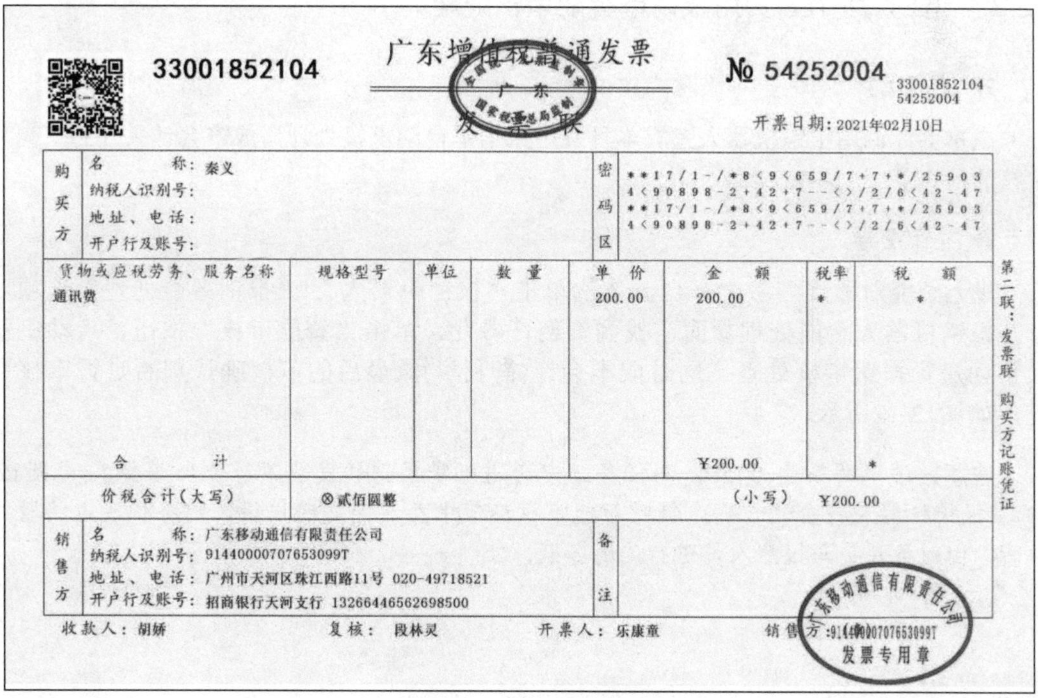

33001852104　　广东增值税普通发票　　№ 54252004　33001852104 54252004

发票联

开票日期：2021年02月10日

购买方	名　　称：秦义 纳税人识别号： 地址、电话： 开户行及账号：	密码区	**17/1-/*8<9<659/7+7+*/25903 4<90898-2+42+7--<>/2/6<42-47 **17/1-/*8<9<659/7+7+*/25903 4<90898-2+42+7--<>/2/6<42-47

货物或应税劳务、服务名称	规格型号	单位	数量	单价	金额	税率	税额
通讯费				200.00	200.00	*	*
合　　计					¥200.00		*
价税合计(大写)	⊗贰佰圆整				(小写)	¥200.00	

销售方	名　　称：广东移动通信有限责任公司 纳税人识别号：91440000707653099T 地址、电话：广州市天河区珠江西路11号 020-49718521 开户行及账号：招商银行天河支行 13266446562698500	备注	

收款人：胡娇　　复核：段林灵　　开票人：乐康童　　销售方：(章)

第二联：发票联　购买方记账凭证

图12-10　通讯费发票

↗ 操作指导

登录智能财务规划教学平台，依次单击"报销机器人"|"报销智能处理"选项，进入报销机器人智能处理界面。定位至案例任务三，单击题干资源以获取并保存原始发票图片(参见图12-10原始发票示例)。随后，单击"智能处理"按钮，启动机器人自动执行报销处理流程，如图12-11所示。

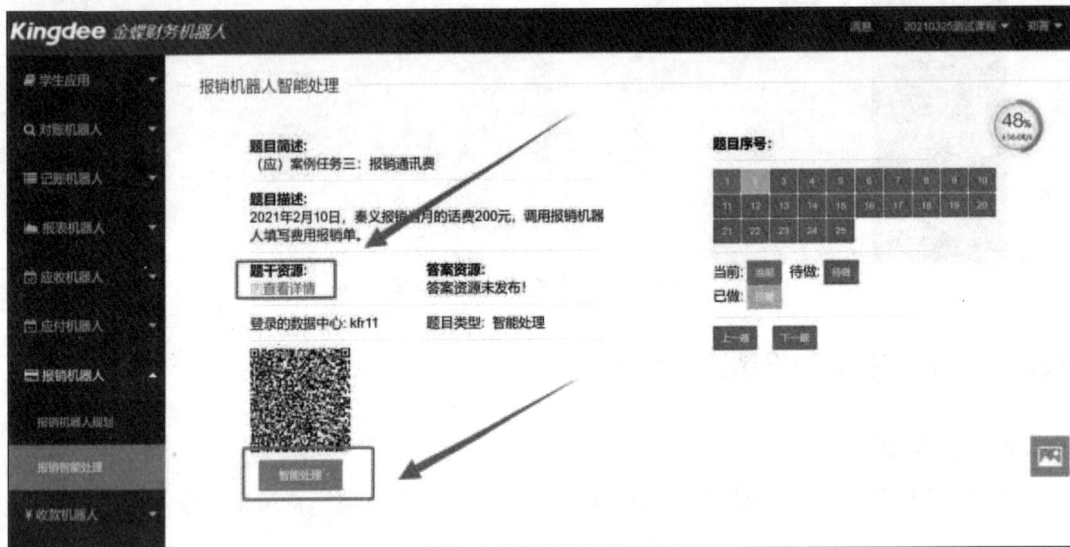

图12-11　报销智能处理

12.2.4　任务九　(应)费用报销单智能审核处理

↗ 业务场景

成本会计调用报销机器人完成本月费用报销单自动审核处理，成本会计关注不可自动审核的检查点。

↗ 操作指导

进入智能财务规划教学平台，依次单击"报销机器人"|"报销智能处理"选项，打开报销机器人智能处理界面，找到案例任务九，单击"智能审核"按钮，启动机器人自动进行报销审核处理，同时成本会计(肖利华)做最后的审核确认判断是否审核通过，如图12-12所示。

注意：设定的额度为150，而任务三中的通讯费报销的发票不符合企业要求(见图12-13)，报销机器人将自动识别。针对智能审核环节中存在问题的申请，财务机器人将驳回申请，由财务人员与报账人员进行沟通答疑。

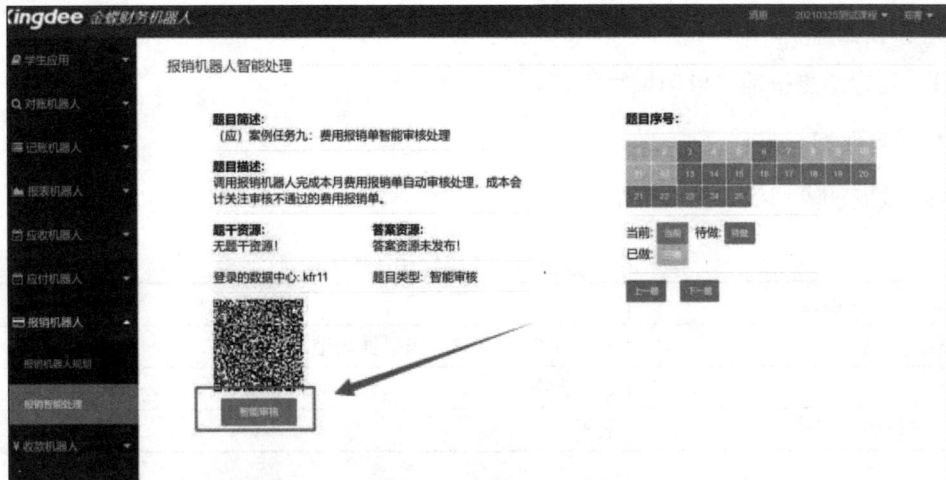

图12-12　报销单智能审核处理

图12-13　报销单智能审核处理结果

12.3　差旅费报销

12.3.1　任务一　(应)差旅报销单规划

↗ 业务场景

差旅费报销单用于报销，是一个业务、财务集成的表单。员工出差时需要根据出差过程中产生的费用信息填写差旅报销单，因为对公司报销规范理解不到位，经常出现填错的情况，占用了员工大量的时间，员工希望通过智能财务的规划设置，将该部分工作交由智能财务机器人来完成。

⏫ 实验步骤

❑ 设置差旅报销单自动填写规划。

⏫ 实验数据

实验数据如表12-5至表12-9所示。

表 12-5　差旅报销单规划——整体规划

项目	内容
多张票据	单据头信息以第一张票据为准
制单人	qy+学号
票据识别校验	校验

表 12-6　差旅报销单规划——增值税发票

项目	内容
申请日期	${增值税发票.日期}+3
事由	'业务需求出差'+${增值税发票.发票所属地}
开始日期	${增值税发票.开票日期}
结束日期	${增值税发票.开票日期}
费用类型	'差旅费'
出发地点	'当地'
目的地点	'当地'
交通工具	'其他'
住宿费用	${增值税发票.价税合计(小写)}(填写条件：住宿费发票)
其他费用	${增值税发票.价税合计(小写)}(填写条件：其他发票)
备注	${增值税发票.货物或应税劳务名称}

表 12-7　差旅报销单规划——火车票

项目	内容
申请日期	${火车票.日期}+3
事由	'业务需要出差'+${火车票.始发站}+${火车票.终点站}
开始日期	${火车票.发车日期}
结束日期	${火车票.发车日期}
费用类型	'差旅费'
出发地点	${火车票.始发站}
目的地点	${火车票.终点站}
交通工具	'高铁'
长途交通费	${火车票.价格}
备注	'高铁票'

表 12-8 差旅报销单规划——行程单

项目	内容
申请日期	${行程单.日期}+3
事由	'业务需要出差'+${行程单.始发站}+${行程单.终点站}
开始日期	${行程单.日期}
结束日期	${行程单.日期}
费用类型	'差旅费'
出发地点	${行程单.始发站}
目的地点	${行程单.终点站}
交通工具	'飞机'
市内交通费	${行程单.合计金额}
备注	'机票'

表 12-9 差旅报销单规划——出租车票

项目	内容
申请日期	${出租车票.日期}+3
事由	'业务需求出差'
开始日期	${出租车票.日期}
结束日期	${出租车票.日期}
费用类型	'差旅费'
出发地点	'当地'
目的地点	'当地'
交通工具	'其他'
市内交通费	${出租车票.金额}
备注	'市内打车费'

↗ 操作指导

进入智能财务规划教学平台，依次单击"报销机器人"|"报销机器人规划"选项，打开报销机器人规划界面，在该界面可以查看建议的规划的要求。根据企业实际业务情况设定差旅报销单的填单规则(具体信息请参考实验数据)。此部分内容涵盖差旅报销单的整体规划和各类单据的检索信息设置两个主要维度。

先进行报销机器人的整体规划设置，包括录入"多张票据"和"制单人"的详细信息，操作界面如图12-14所示。

接下来，进行各类单据的检索信息设置，即针对增值税发票、火车票、行程单和出租车票4种单据的详细设置。这4个单据的内容设置界面可通过切换相应的页签进行访问。

首先，根据表12-6提供的信息，详细填写增值税发票的检索内容，具体操作如图12-15所示。其次，依据表12-7的内容，完成火车票检索信息的填写，具体操作如图12-16所示。然后，按照表12-8的要求，填写行程单的检索信息，具体操作如图12-17所示。最后，根据表12-9的信息，填写出租车票的检索内容，具体操作如图12-18所示。

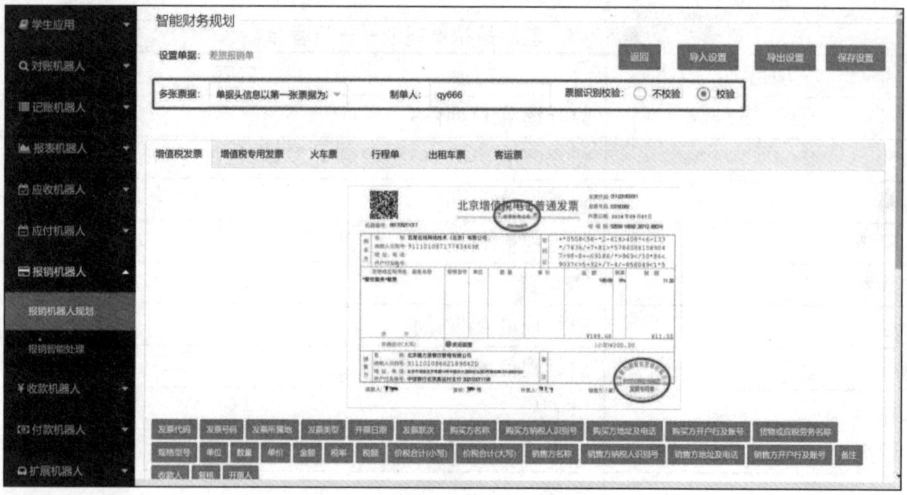

图12-14　差旅报销单规划——整体规划

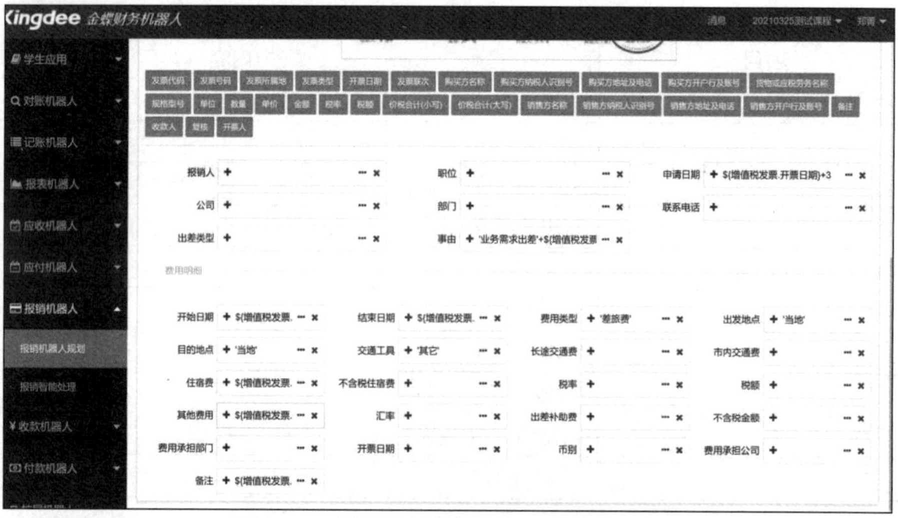

图12-15　差旅报销单规划——增值税发票

图12-16　差旅报销单规划——火车票

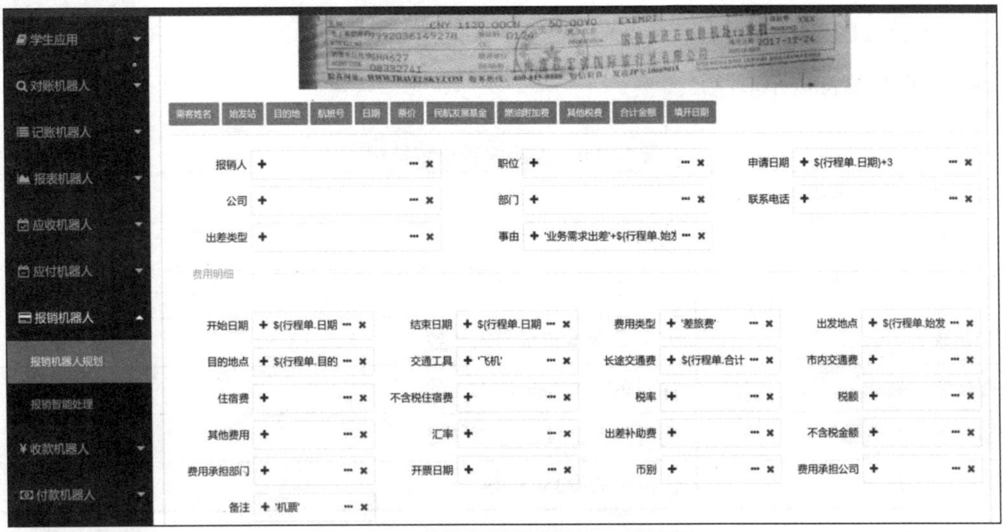

图12-17 差旅报销单规划——行程单

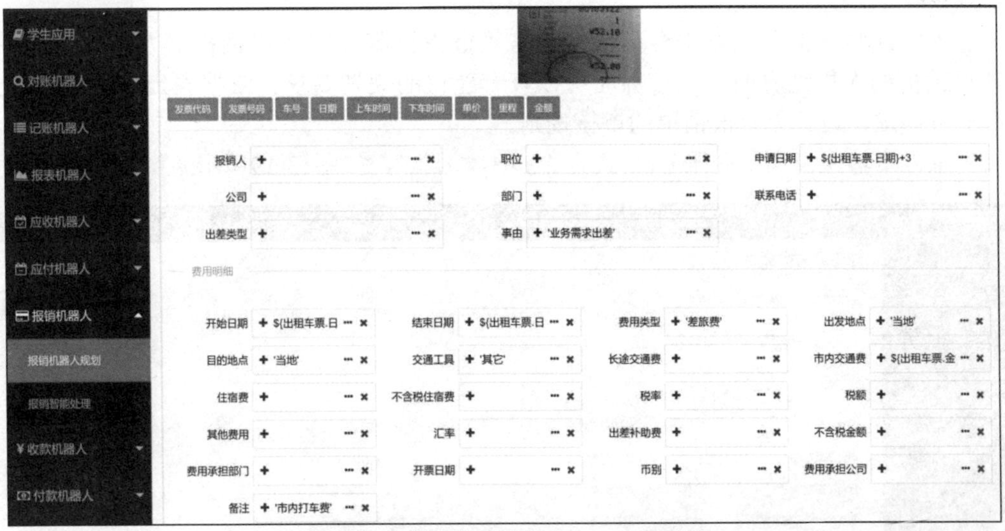

图12-18 差旅报销单规划——出租车票

12.3.2 任务二 (应)差旅报销单审核规划

↗ 业务场景

成本会计肖利华每天需要抽出大量时间对员工提交的差旅报销单进行审核，审核的重点是票据和报销人是否统一、发票真伪、报销金额超标等情况，工作量较大，导致肖利华没有时间做其他的成本管控。他希望通过智能财务的规划设置，将该部分工作交由智能财务机器人来完成。

↗ 实验步骤

❑ 设置差旅报销单审核规划。

↗ **实验数据**

实验数据如表12-10所示。

表 12-10　差旅报销单审核规划

校验点名称	校验要求
人工参与	参与
审核人	xlh+学号
高铁票乘客确认	火车票乘客和报销人一致
行程单乘客确认	行程单乘客与报销人一致
费用类型填写规范	费用类型必须填写差旅费
住宿费额度检查	住宿费额度350元/晚

↗ **操作指导**

进入智能财务规划教学平台，依次单击"报销机器人"|"报销机器人规划"选项，打开报销机器人规划界面，在该界面可以查看建议的规划要求。依据表12-10所示的企业实际业务需求，设置差旅报销单的审核规则。

先录入审核人肖利华的账号(格式为"xlh+学号")，如图12-19所示。

图12-19　差旅报销单审核规划

接下来，单击"新增"按钮，依次添加各项审核检查点。依据表12-10提供的信息，详细填写各项规则设置，具体包括高铁票乘客确认(见图12-20)、行程单乘客确认(见图12-21)、费用类型填写规范(见图12-22)及住宿费额度检查(见图12-23)。

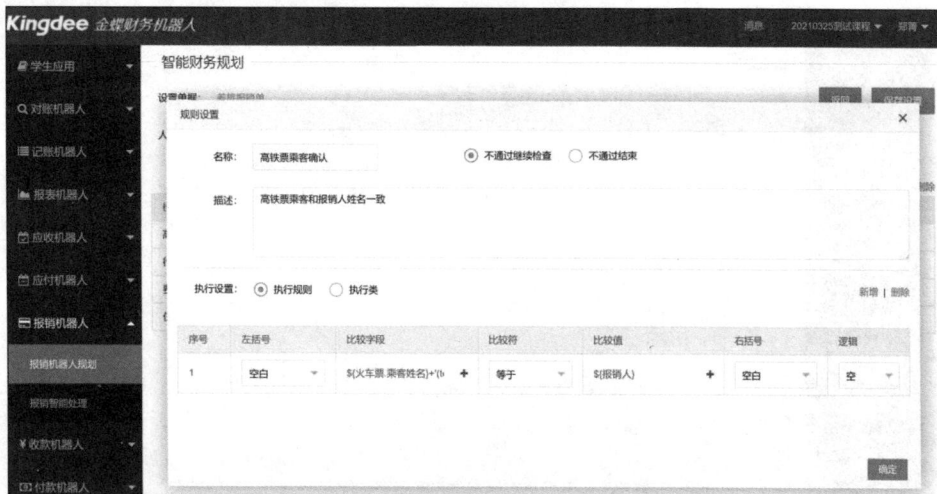

图12-20 报销机器人规划——高铁票乘客确认

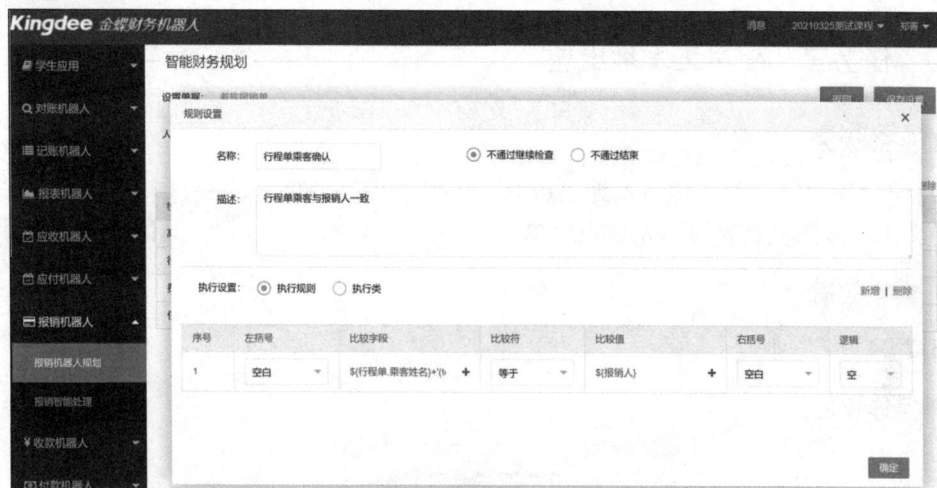

图12-21 报销机器人规划——行程单乘客确认

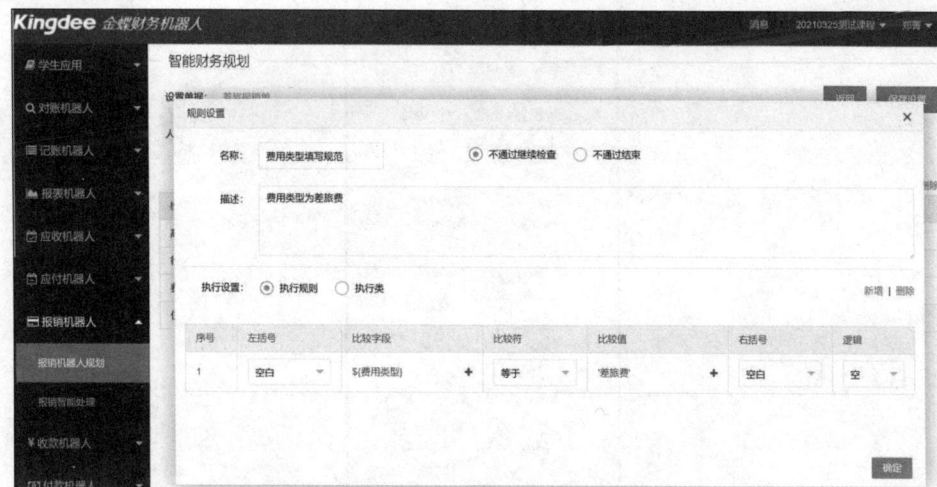

图12-22 报销机器人规划——费用类型填写规范

图12-23　报销机器人规划——住宿费额度检查

12.3.3　任务三 (应)员工本地出差

↗ 业务场景

2021年2月10日，秦义拜访本地供应商，因供应商基地偏远，故打车前往。根据该情况，秦义调用报销机器人填写差旅报销单。

↗ 实验数据

图12-24为实验数据。

↗ 操作指导

图12-24　出租车车票

进入智能财务规划教学平台，依次单击"报销机器人"|"报销智能处理"选项，打开报销机器人智能处理界面，找到案例任务三，单击题干资源获取并保存原始票据图片，单击"智能处理"按钮，启动机器人自动进行报销处理(见图12-25)。

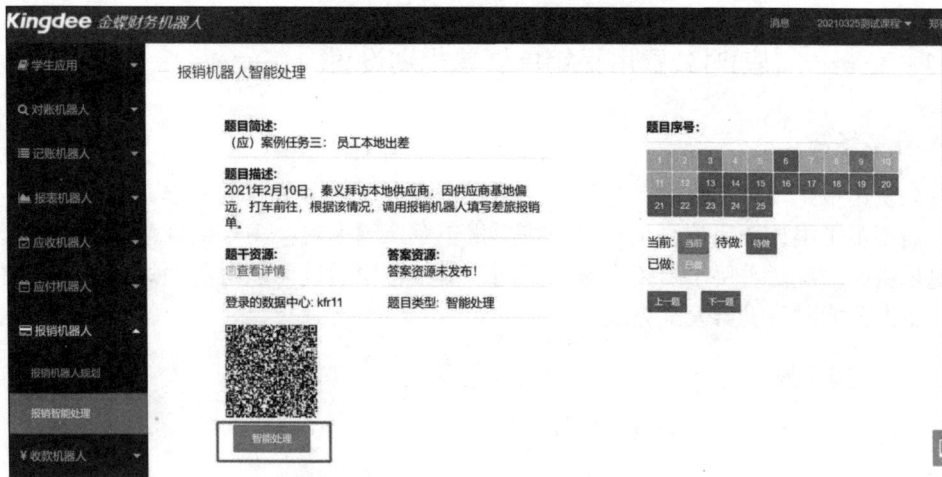

图12-25 报销智能处理

12.3.4 任务六 (应)差旅报销单智能审核处理

↗ 业务场景

成本会计调用报销机器人完成本月差旅报销单自动审核处理，成本会计关注不可自动审核的检查点。

↗ 操作指导

进入智能财务规划教学平台，依次单击"报销机器人"|"报销智能处理"选项，打开报销机器人智能处理界面，找到案例任务六，单击"智能审核"按钮，启动机器人自动进行报销审核处理。同时，成本会计做最后的审核确认，判断是否审核通过(见图12-26)。

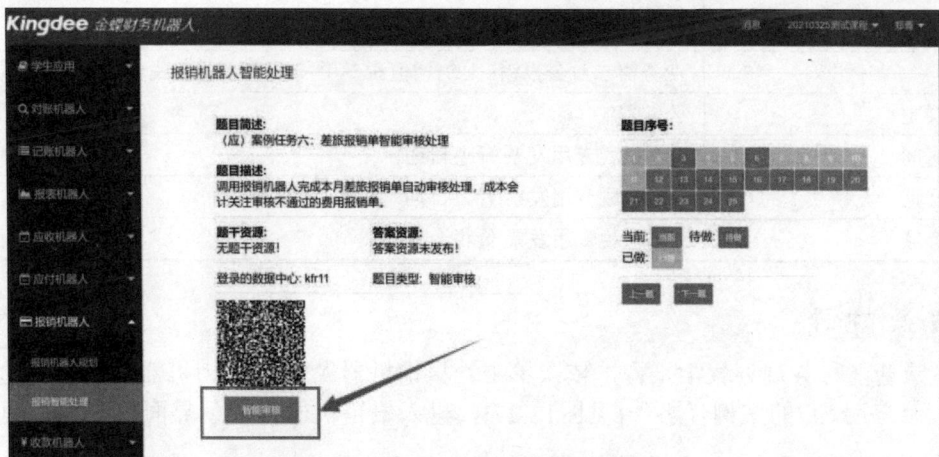

图12-26 差旅报销单智能审核处理界面

12.4 对公费用报销

12.4.1 任务一 (应)对公费用报销单填单规划设置

↗ 业务场景

对公费用报销单用于报销，是一个公司报销业务、财务集成的表单。公司日常费用发生后，需要员工根据费用信息填写对公费用报销单，因为对公司报销规范理解不到位，经常出现填错的情况，占用了员工大量的时间，员工希望通过智能财务的规划设置，将该部分工作交由智能财务机器人来完成。

↗ 实验步骤

❑ 设置差旅报销单自动填写规划。

↗ 实验数据

实验数据如表12-11、表12-12所示。

表 12-11 对公报销单规划——整体规划

项目	内容
多张票据	单据信息参考一张票据
制单人	qy+学号
票据识别校验	校验

表 12-12 对公费用报销单规划——增值税专用发票

项目	内容
申请日期	${增值税专用发票.开票日期}
收款人类型	'供应商'
收款人	${增值税专用发票.销售方名称}
事由	'业务需求对公报销：'+${增值税专用发票.货物或应税劳务名称}
费用类型	'公关费'
发生时间	${增值税专用发票.开票日期}
开票日期	${增值税专用发票.开票日期}
报销金额	${增值税专用发票.价税合计(小写)}

↗ 操作指导

登录智能财务规划教学平台，依次单击"报销机器人"|"报销机器人规划"选项，选择题目序号为7的案例任务一(见图12-27)，进入报销机器人规划界面，在此查阅规划要求。

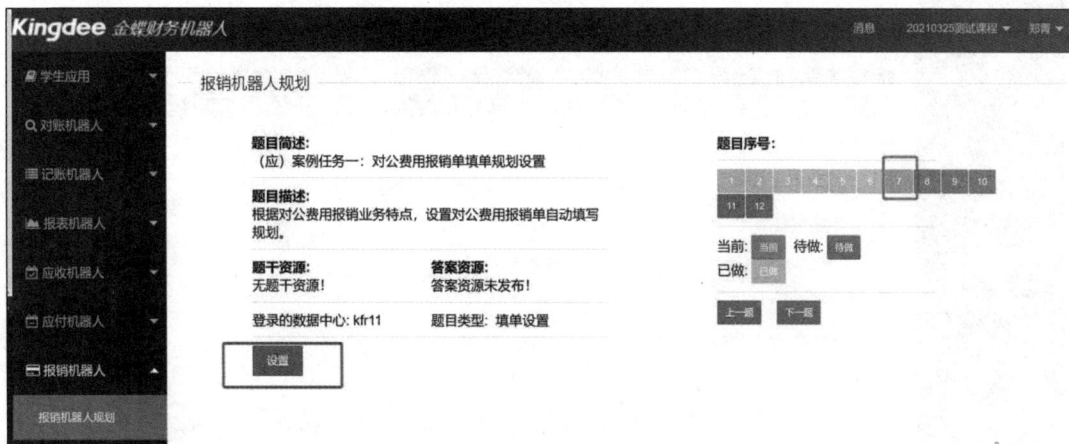

图12-27 报销机器人规划界面

根据企业实际业务需求，设定对公费用报销单的填单规则，具体信息参看实验数据。先做对公报销单的整体规划，依次填写"多张票据"和"制单人"的相关信息，并启用"票据识别校验"功能。完成填写后，单击"保存设置"按钮，确认所有更改（见图12-28）。

注意：鉴于所有报销业务均通过报销机器人模块进行处理，请确保针对不同类型的机器人（如费用报销机器人与对公报销机器人）进行设置时，选择正确的案例任务，以便进入相应的设置界面。

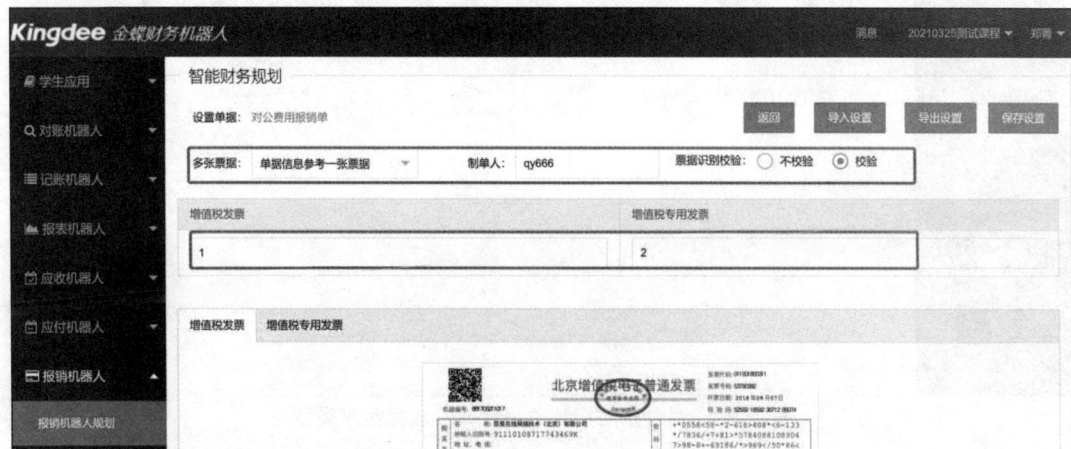

图12-28 对公费用报销单规划——整体规划

接下来，向下翻阅至"增值税发票"页签的填写界面，依据表12-12所提供的信息进行准确填写，具体操作步骤可参考图12-29。

需特别注意的是，在"费用类型"栏目中，要求补充包括公关费、广告费、物流运输费、专业维护费、猎头招聘费及水电费在内的多种费用类型。详细信息请参阅图12-30。

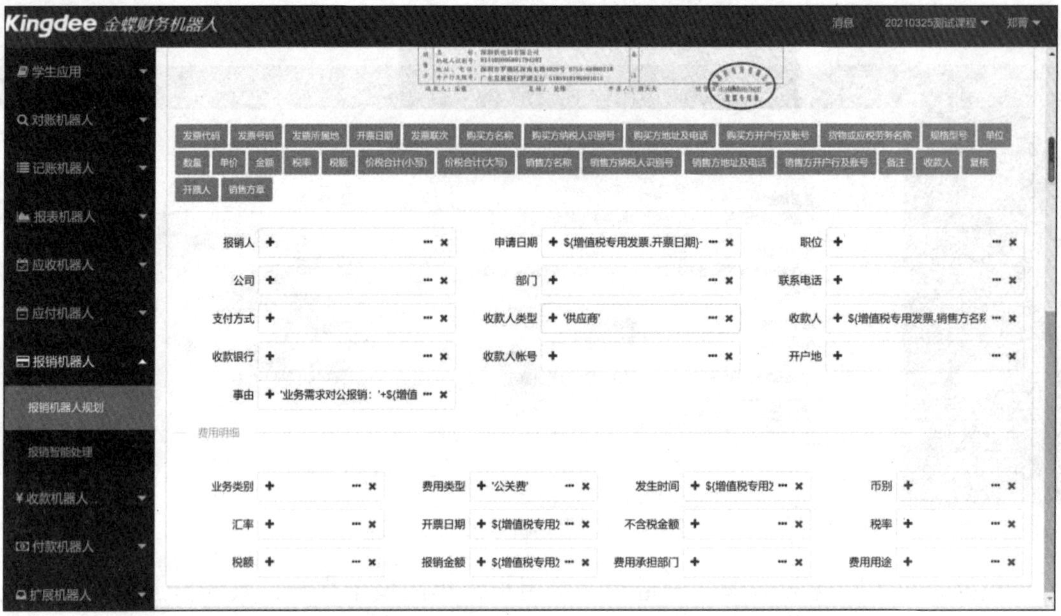

图12-29 对公费用报销单规划——填写"增值税发票"信息

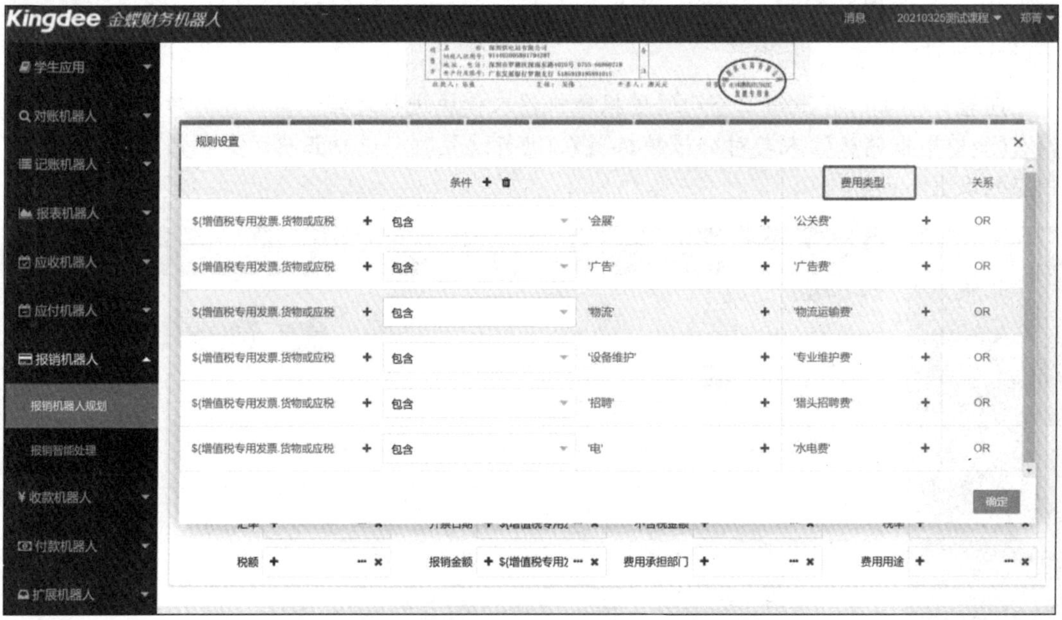

图12-30 对公费用报销单规划——填写费用类型

12.4.2 任务二 (应)对公费用报销单审核规划设置

↗ 业务场景

成本会计肖利华每天需要抽出大量时间对员工提交的对公费用报销单进行审核，审核的重点是发票抬头、发票真伪等情况，工作量较大，导致肖利华没有时间做其他的成本管控。他希望通过智能财务的规划设置，将该部分工作交由智能财务机器人来完成。

↗ **实验步骤**

❏ 设置差旅报销单审核规划。

↗ **实验数据**

实验数据如表12-13所示。

表 12-13 对公费用报销单审核规划设置

校验点名称	校验要求
人工参与	参与
审核人	xlh+学号
发票抬头校验	发票抬头必须为公司名称
发票真伪校验	发票为真发票
发票金额校验	报销金额和发票金额一致

↗ **操作指导**

进入智能财务规划教学平台,依次单击"报销机器人"|"报销机器人规划"选项,打开报销机器人规划界面,定位到题目序号为8的案例任务二(见图12-31)。在该界面,可以查看建议的规划要求。

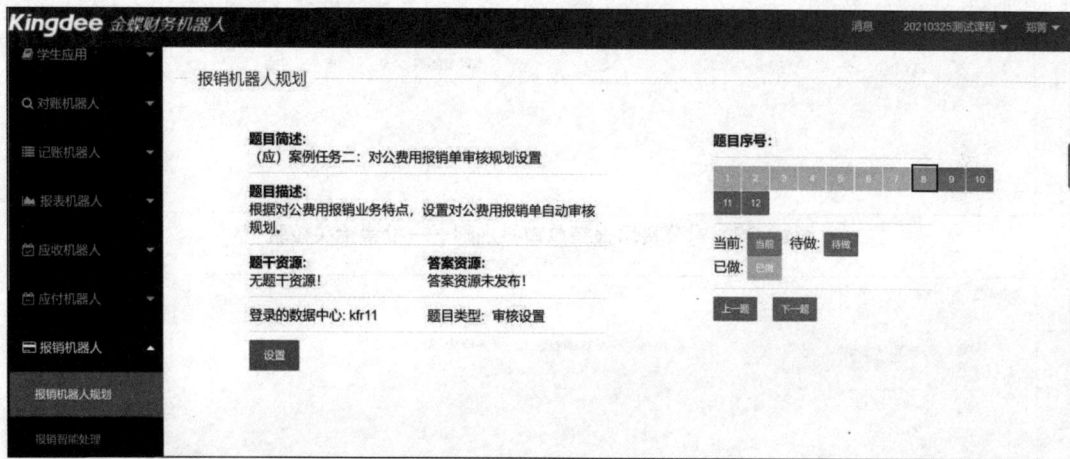

图12-31 报销机器人规划界面

根据表12-13所示的企业业务情况设置对公费用报销单审核规则。先输入审核人肖利华的账号(格式为"xlh+学号"),并选中"人工参与"选项,如图12-32所示。

根据表12-13所示的企业业务情况设置对公费用报销单审核规则。审核规则设置涵盖发票抬头校验(见图12-33)、发票真伪校验(见图12-34)、发票金额校验(见图12-35)3项内容,可通过单击"新增"按钮,逐一完成这3项内容的设置。

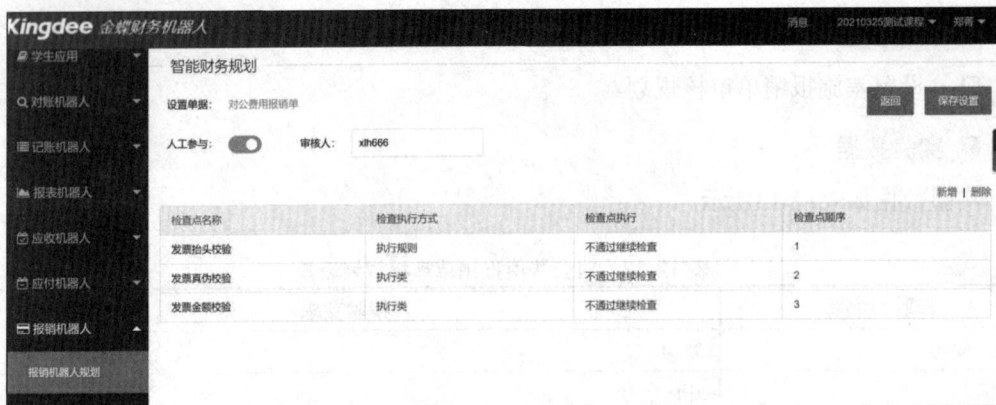

图12-32　设置对公费用报销单审核规则

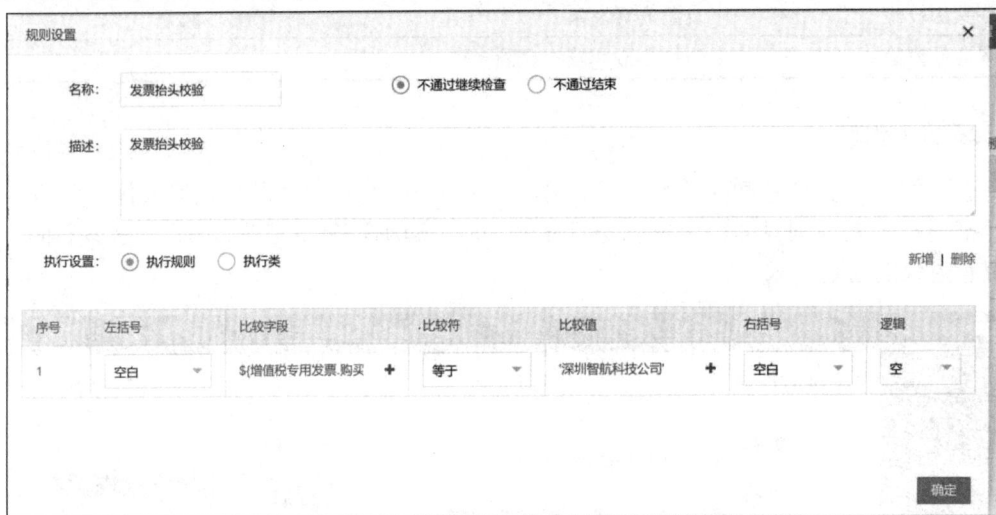

图12-33　对公费用报销单审核规则——发票抬头校验

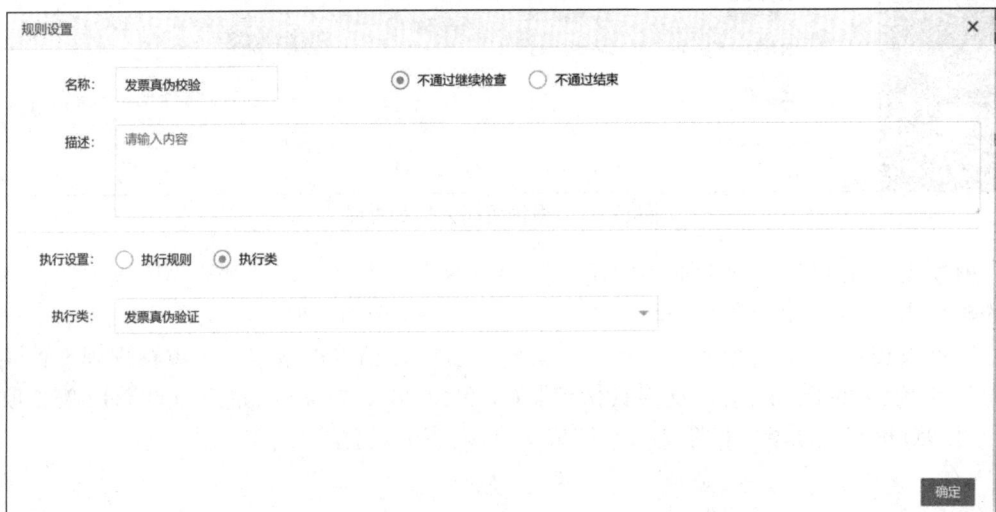

图12-34　对公费用报销单审核规则——发票真伪校验

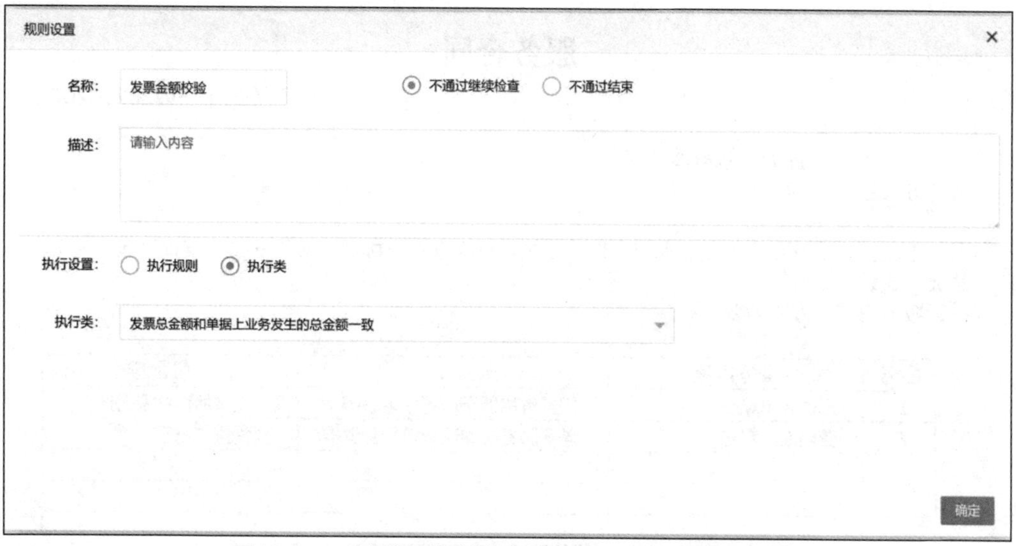

图12-35 对公费用报销单审核规则——发票金额校验

12.4.3 任务三 (应)报销公关费

↗ 业务场景

2021年2月26日，秦义完成一场新品发布会(高峰论坛)市场活动，需要报销后支付给公关公司，款项打至对公账号，调用报销机器人填写对公费用报销单。

↗ 实验数据

实验数据如图12-36、图12-37所示。

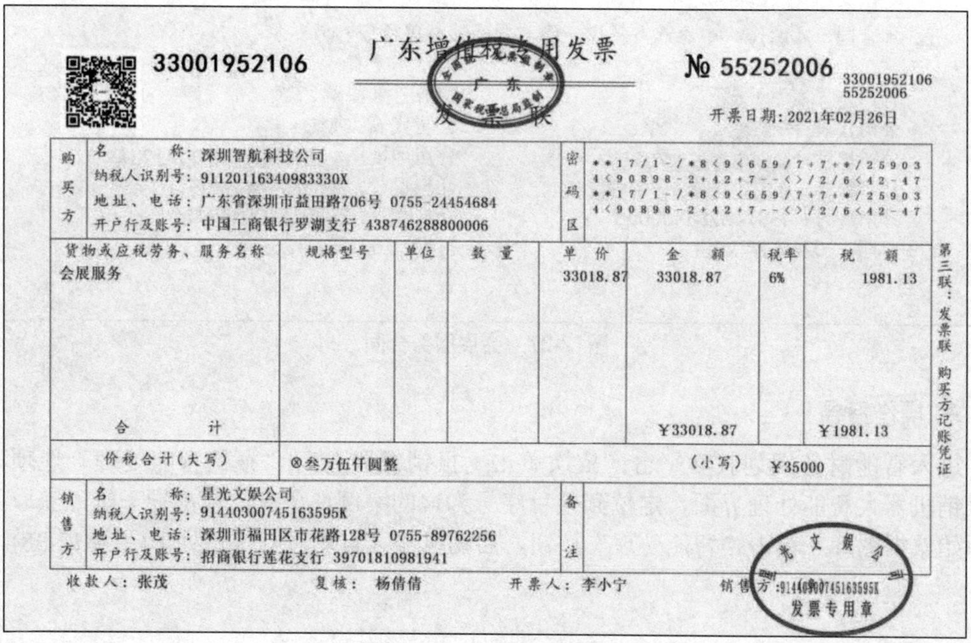

图12-36 会展服务发票

服务合同

合同编号：FW202102002

客户方（甲方）：**深圳智航科技公司**
服务方（乙方）：**星光文娱公司**

　　甲乙双方本着互相信任、真诚合作的原则，经双方友好协商，就乙方为甲方提供技术服务达成一致意见。

一、服务内容、方式和要求：

序号	服务内容	服务承诺	交付标准
1	提供会议场所	服务价格低于市场平均价格	会议场所容纳量需达50人
2	营销推广实施	遵守国家法律法规进行营销推广	营销推广方案

二、本合同于 **2021** 年 **2** 月 **26** 日签订，有效期 **1** 月，合同期满自动中止。

三、工作条件和协作事项

　　甲方有义务给乙方提供办公环境，并根据乙方要求准备资料；乙方负责根据服务内容和服务承诺对甲方提供服务支持；乙方按交付标准完成服务后，甲方出具验收证明给乙方。

四、付款方式

　　1、合同付款货币为 **人民币** ，服务费总金额为 **10 000** ，税率为 **13** % ；

　　2、甲方按以下条款支付服务费：

序号	付款时间	付款方式	付款金额	备注
1	2021-3-26	电汇	10 000	

五、本合同一式两份，甲乙双方各执一份，合同签字盖章后有效。

客户方（盖章）　　　　　　　　　　服务方（盖章）
公司代表：李宏亮　　　　　　　　　公司代表：孙高
公司地址：深圳市益田路706号　　　公司地址：深圳市福田区市花路128号
开户银行：中国工商银行罗湖支行　　开户银行：招商银行莲花支行
开户账号：438746288800006　　　　开户账号：39701810981941
日期：2021年2月26日　　　　　　　日期：2021年2月26日

图12-37　会展服务合同

↗ 操作指导

　　进入智能财务规划教学平台，依次单击"报销机器人"|"报销智能处理"选项，打开报销机器人智能处理界面，定位到题目序号为14的案例任务三。单击题干资源获取并保存原始票据图片。单击"智能处理"按钮，启动机器人自动进行报销处理(见图12-38)。

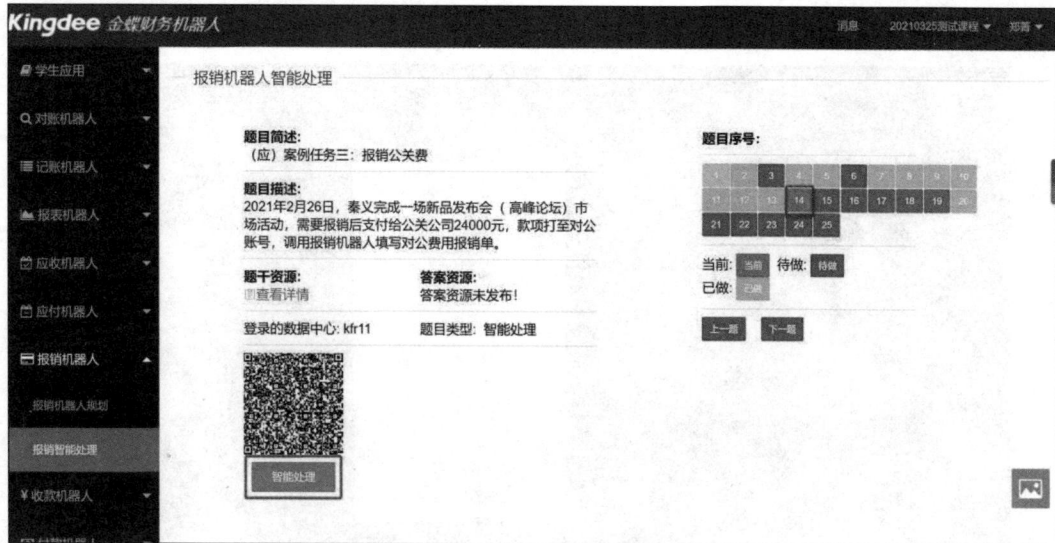

图12-38 报销公关费智能处理

12.4.4 任务九 (应)对公费用报销单智能审核处理

↗ 业务场景

成本会计调用报销机器人完成本月对公费用报销单自动审核处理，成本会计关注不可自动审核的检查点。

↗ 操作指导

进入智能财务规划教学平台，依次单击"报销机器人"|"报销智能处"选项，打开报销机器人智能处理界面，定位到题目序号为14的案例任务九。单击"智能审核"按钮，启动机器人自动进行报销审核处理(见图12-39)。

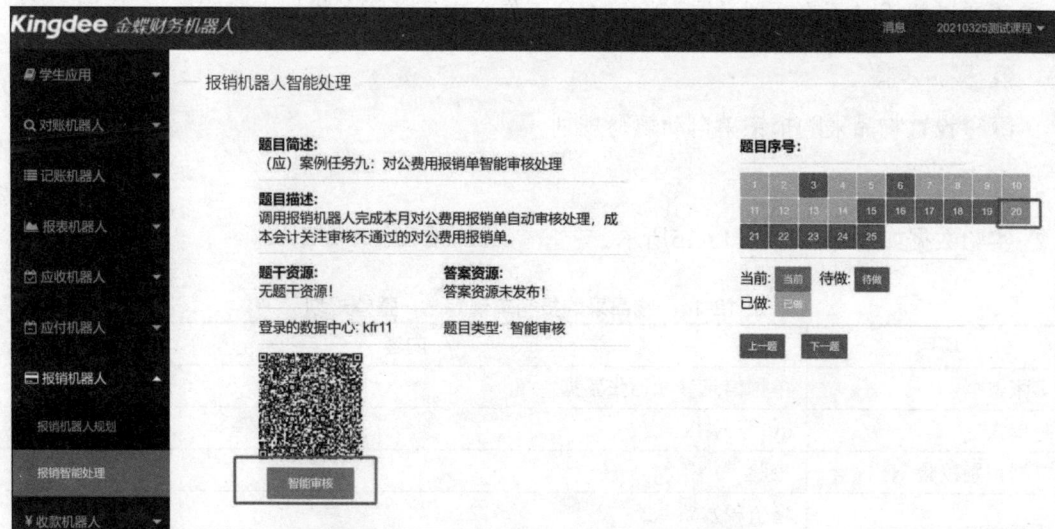

图12-39 对公费用报销单智能审核处理界面

对公费用报销单智能审核处理结果见图12-40。

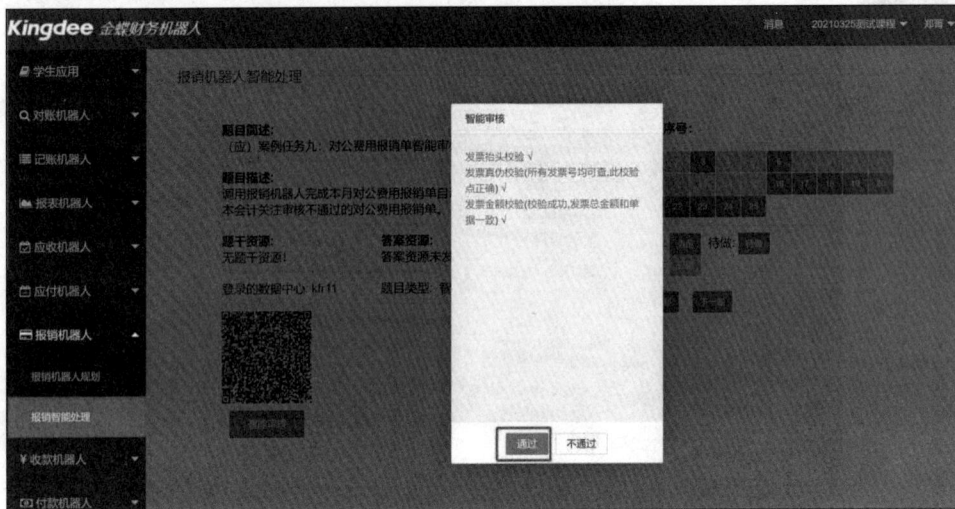

图12-40　对公费用报销单智能审核处理结果

12.5　物品采购报销

12.5.1　任务一 (应)物品采购报销单填单规划设置

↗ 业务场景

物品采购报销单用于报销员工为公司统一采购礼品等产生的费用，是一个公司报销业务、财务集成的表单。公司日常费用发生后，需要员工根据费用信息填写物品采购报销单，因为对公司报销规范理解不到位，经常出现填错的情况，占用了员工大量的时间，员工希望通过智能财务的规划设置，将该部分工作交由智能财务机器人来完成。

↗ 实验步骤

❑　设置物品采购报销单自动填写规划。

↗ 实验数据

实验数据如表12-14、表12-15所示。

表 12-14　物品采购报销单规划——整体规划

项目	内容
多张票据	单据信息参考一张票据
制单人	qy+学号
票据识别校验	校验
票据排序	增值税发票：2 增值税专用发票：1

表 12-15 物品采购报销单规划——增值税普通发票

项目	内容
申请日期	${增值税发票.开票日期}+3
收款人类型	'其他'
收款人	'秦义'
事由	'员工垫付物品采购报销:'+${增值税发票.货物或应税劳务名称}
采购物品	${增值税发票.货物或应税劳务名称}
费用类型	'礼品费'
发生日期	${增值税发票.开票日期}
不含税单价	${增值税发票.单价}
数量	${增值税发票.数量}
开票日期	${增值税发票.开票日期}
税率	${增值税发票.税率}-'%'

↗ **操作指导**

登录智能财务规划教学平台,依次单击"报销机器人"|"报销机器人规划"选项,定位到题目序号为10的案例任务一,如图12-41所示。

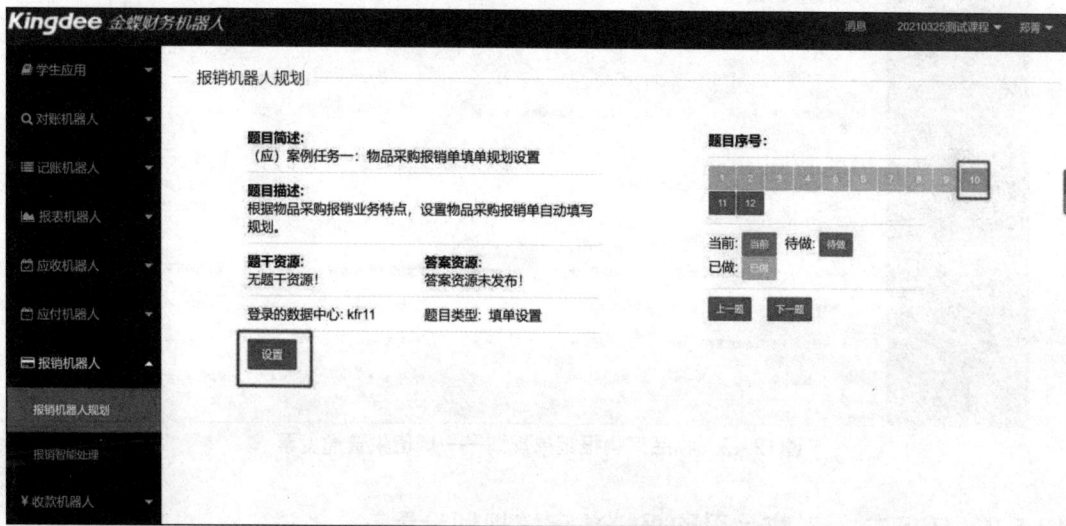

图12-41 报销机器人规划界面

进入报销机器人规划界面,可查阅规划要求。根据企业实际业务需求,设定物品采购费用报销单的填单规则(具体信息参看实验数据)。

首先,进行对公报销单的整体规划,依次填写"多张票据"和"制单人"的相关信息,并启用"票据识别校验"功能。完成填写后,单击"保存设置"按钮,以确认更改(见图12-42)。

图12-42　物品采购报销单规划——整体规划

随后，界面将下滑进入物品采购报销单的填写页面。根据表12-15所列内容，依次填写相关项目和费用明细，如图12-43所示。

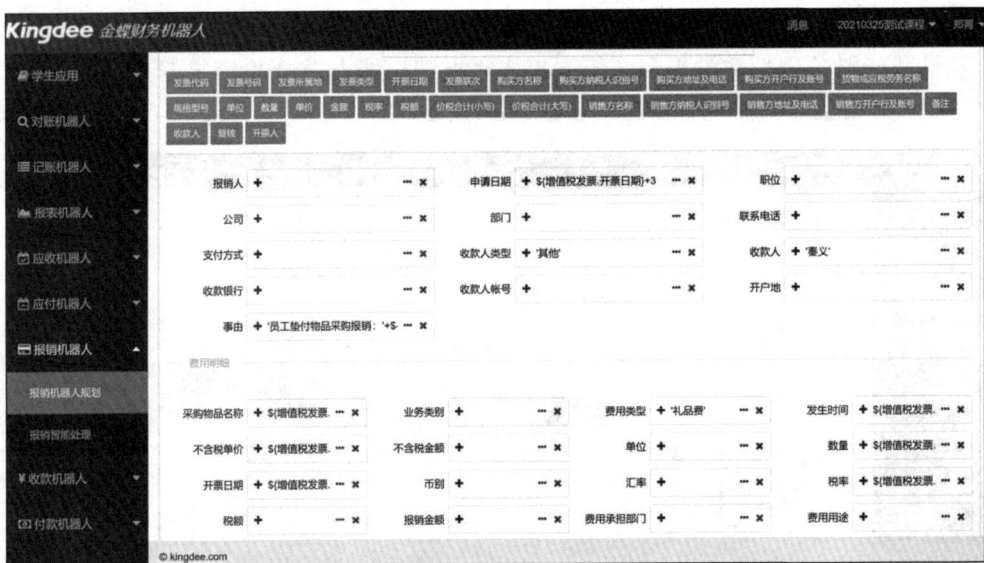

图12-43　物品采购报销单规划——增值税普通发票

12.5.2　任务二 (应)物品采购报销单审核规划设置

↗ 业务场景

成本会计肖利华每天需要抽出大量时间对员工提交的物品采购报销单进行审核，审核的重点是发票抬头、发票真伪等情况，工作量较大，导致肖利华没有时间做其他的成本管控工作。他希望通过智能财务的规划设置，将该部分工作交由智能财务机器人来完成。

↗ 实验步骤

❑　设置物品采购报销单审核规划。

↗ **实验数据**

实验数据如表12-16所示。

表 12-16 物品采购报销单审核规划

校验点名称	校验要求
人工参与	参与
审核人	xlh+学号
发票抬头校验	发票抬头必须为公司名称
发票真伪校验	发票为真发票
发票金额校验	报销金额和发票金额一致

↗ **操作指导**

进入智能财务规划教学平台，依次单击"报销机器人"|"报销机器人规划"选项，打开报销机器人规划界面，定位到题目序号为11的案例任务二(见图12-44)。

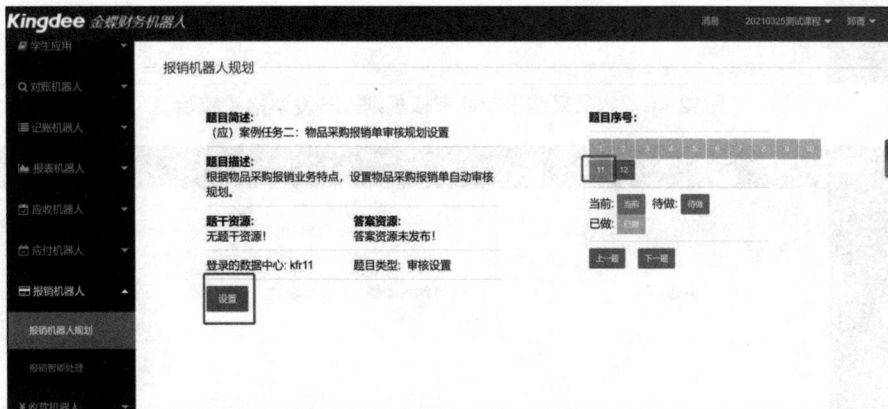

图12-44 报销机器人规划界面

在报销机器人规划界面，可以查看建议的规划要求。输入审核人肖利华的账号(格式为"xlh+学号")，并选中"人工参与"选项，如图12-45所示。

图12-45 设置物品采购报销单

根据表12-16所示的企业业务情况，设置物品采购报销单审核规则，主要涵盖发票抬头校验(见图12-46)、发票真伪检验(见图12-47)、发票金额校验(见图12-48)等。通过单击"新增"按钮，逐一完成这三项内容的设置。

图12-46　物品采购报销单审核规则——发票抬头校验

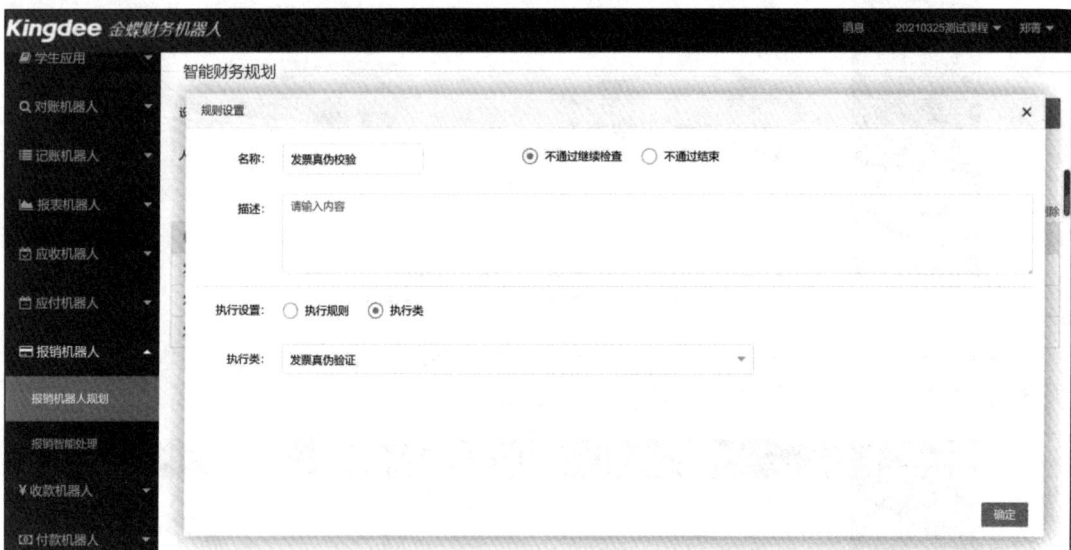

图12-47　物品采购报销单审核规则——发票真伪校验

12.5.3　任务三 (应)员工报销购买的部门活动礼品

↗ 业务场景

2021年2月17日，秦义在京东网络平台购买10个充电宝作为部门活动奖励礼品，调用报销机器人填写物品采购报销单。

图12-48 物品采购报销单审核规则——发票金额校验

↗ 操作指导

进入智能财务规划教学平台，依次单击"报销机器人"|"报销智能处理"选项，打开报销机器人智能处理界面，定位到题目序号为22的案例任务三，单击题干资源获取并保存原始票据图片，单击"智能处理"按钮，启动机器人自动进行报销处理(见图12-49)。

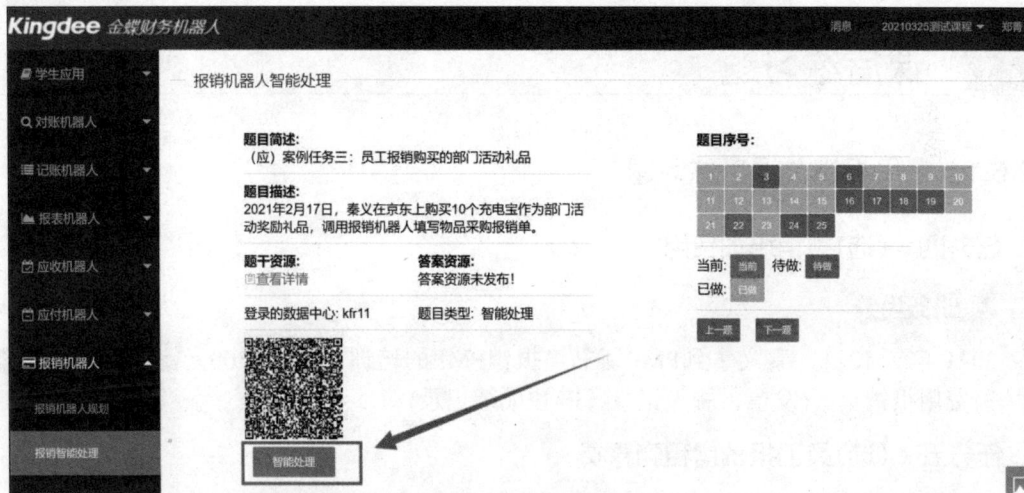

图12-49 报销智能处理

12.5.4 任务五 (应)物品采购报销单智能审核处理

↗ 业务场景

成本会计调用报销机器人完成本月物品采购报销单自动审核处理，成本会计关注不可自动审核的检查点。

操作指导

进入智能财务规划教学平台，依次单击"报销机器人" | "报销智能处理"选项，打开报销机器人智能处理界面，找到案例任务五，单击"智能审核"按钮，启动机器人自动进行报销审核处理，同时成本会计做最后的审核确认，判断是否审核通过(见图12-50)。

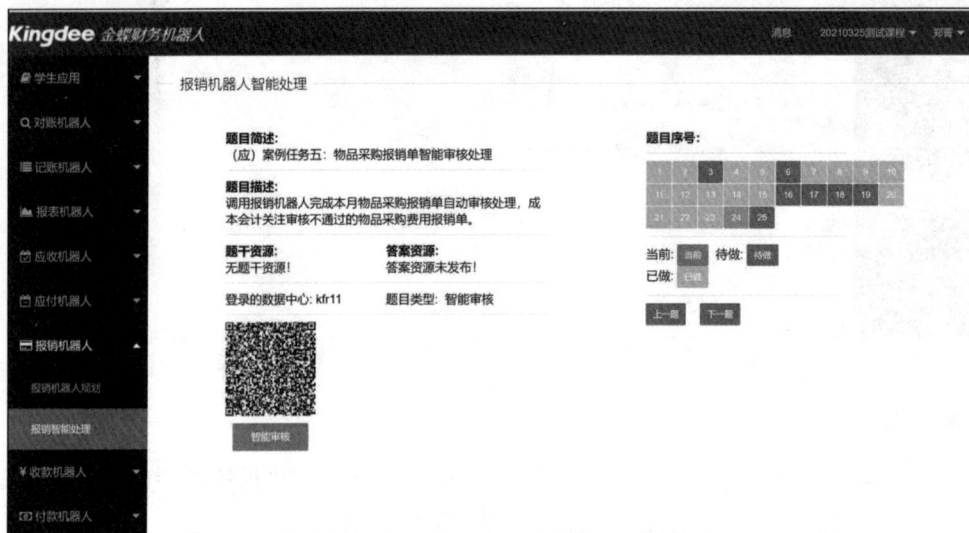

图12-50　报销单智能审核处理

12.6　课后练习题

12.6.1　费用报销单课后练习题

任务四　(选)报销培训费用

业务场景

2021年2月12日，秦义拿到PMP证书，报销PMP的培训费共计3500元，调用报销机器人填写费用报销单。(发票、聊天记录、PMP成绩记录)

任务五　(选)员工报销房租物管费

业务场景

2021年2月1日，秦义报销上月房租物管费共计1655元，调用报销机器人填写费用报销单。(发票)

任务六　(选)报销购买标书的费用

业务场景

为参与环保局批量采购环境监测无人机投标项目，秦义个人垫付了标书购买费用共计500元，调用报销机器人填写费用报销单。(发票)

任务七 （选)加班打车费报销

↗ 业务场景

秦义晚上加班报销快车打车费187元，调用报销机器人填写费用报销单。(的士票)

任务八 （选)会议费报销

↗ 业务场景

秦义因公需要参加行业会议，报销会议费共计3 400元，调用报销机器人填写费用报销单。(发票)

任务十 （选)费用报销单生成付款单规划设置

↗ 业务场景

费用报销单审核通过后，出纳需要根据审核通过的费用报销单信息生成付款单，出纳李兴每天都要花大量时间做费用报销单的付款单，李兴希望通过智能财务的规划设置，将该部分工作交由智能财务机器人来完成。

↗ 实验步骤

设置费用报销单生成付款单的转换规则。
设置费用报销单生成付款单过滤方案。
设置费用报销单生成付款单智能执行路径。

↗ 实验数据

实验数据如表12-17～表12-19所示。

表 12-17 费用报销单生成付款单的转换规则设置

项目	内容
复制规则编码	BXD-FKD
复制规则名称	费用报销单生成付款单(供复制用)
编码	BXD-FKD copy+学号
名称	费用报销单生成付款单+学号
付款账户	工商银行宝安支行
付款科目	银行存款

表 12-18 费用报销单生成付款单过滤方案设置

项目	内容
方案名称	已审核待生成付款单
过滤条件	日期：2021-02-01—2021-02-28 单据状态：审核 是否已生成付款单：否

表 12-19　费用报销单生成付款单执行路径设置

项目	内容
操作人	lx+学号
操作对象	网页端
操作路径	"财务会计"|"费用管理"|"费用核算"|"费用报销单"
操作按钮	关联生成
筛选方案	已审核待生成付款单

任务十一　(选)费用报销单关联生成付款单

↗ 业务场景

出纳李兴设置完费用报销单生成付款单规划后，调用报销机器人对当月费用报销单进行生成付款单处理。

12.6.2　差旅费报销课后练习题

任务四　(选)员工邻近城市出差

↗ 业务场景

2021年2月14日，秦义拜访广州客户并请客户吃饭，根据该情况，调用报销机器人填写差旅报销单。(高铁票、发票)

任务五　(选)员工出差洽谈业务

↗ 业务场景

2021年2月11日，秦义去佛山拜访客户，调用报销机器人填写差旅报销单。(高铁票、住宿发票)

任务七　(选)差旅报销单生成付款单规划设置

↗ 业务场景

差旅报销单审核通过后，出纳需要根据审核通过的差旅报销单信息生成付款单，出纳李兴每天都要花费大量时间做差旅报销单的付款单，李兴希望通过智能财务的规划设置，将该部分工作交由智能财务机器人来完成。

↗ 实验步骤

❑　设置差旅报销单生成付款单的转换规则。
❑　设置差旅报销单生成付款单过滤方案。
❑　设置差旅报销单生成付款单智能执行路径。

↗ 实验数据

实验数据如表12-20～表12-22所示。

表 12-20　差旅报销单生成付款单的转换规则设置

项目	内容
复制规则编码	CLFBAD-FKD
复制规则名称	差旅费报销单生成付款单(供复制用)
编码	CLFBAD-FKDcopy+学号
名称	差旅费报销单生成付款单+学号
付款账户	工商银行宝安支行
付款科目	银行存款

表 12-21　差旅报销单生成付款单过滤方案设置

项目	内容
方案名称	已审核待生成付款单
过滤条件	日期：2021-2-1—2021-2-28 单据状态：审核通过 是否已生成付款单：否

表 12-22　差旅报销单生成付款单执行路径设置

项目	内容
操作人	lx+学号
操作对象	网页端
操作路径	"财务会计"|"费用管理"|"费用核算"|"差旅费报销单"
操作按钮	关联生成
筛选方案	已审核待生成付款单

任务八　(选)差旅报销单生成付款单智能处理

↗ 业务场景

出纳李兴设置完差旅费报销单生成付款单规划后，调用报销机器人对当月差旅费报销单进行生成付款单处理。

12.6.3　对公费用报销课后练习题

任务四　(选)报销广告投放费

↗ 业务场景

2021年2月，公司租用2版铁橱窗广告栏分别在地铁入口和地铁内投放广告，秦义拿到深圳市地铁集团有限公司开具的广告投放费发票，调用报销机器人填写对公费用报销单。(发票)

任务五　(选)报销物流运输费

↗ 业务场景

秦义报销月结的物流运输费，调用报销机器人填写对公费用报销单。

任务六 （选）报销专业维护费

↗ 业务场景

无人机生产设备需每月定期维护，秦义获取发票后，调用报销机器人填写对公费用报销单。

任务七 （选）报销猎头招聘费

↗ 业务场景

2021年2月19日，根据与猎头公司签订的招聘协议，公司招聘高级人员需付费1万元，该人员目前已入职，秦义获取猎头公司开具的招聘费发票，调用报销机器人填写对公费用报销单。

任务八 （选）报销厂房水电费

↗ 业务场景

2021年2月28日，厂房电费共计6789元，秦义根据供电局开具的发票，调用报销机器人填写对公费用报销单。

任务十 （选）对公费用报销单挂账规划设置

↗ 业务场景

对公费用报销单审核通过后，当月不付款，因此总账会计聂小莉需要对审核通过的对公费用报销单进行挂账处理，聂小莉希望通过智能财务的规划设置，将该部分工作交由智能财务机器人来完成。

↗ 实验步骤

❏ 设置对公费用报销单挂账转换规则。
❏ 设置对公费用报销单挂账过滤方案。
❏ 设置智能执行路径。

↗ 实验数据

实验数据如表12-23～表12-25所示。

表 12-23　对公费用报销单挂账转换规则设置

项目	内容
复制规则编码	DGFYBXDSCPZ
复制规则名称	对公费用报销单挂账(供复制用)
编码	DGFYBXDSCPZcopy+学号
名称	对公费用报销单挂账+学号
凭证类型	记_姓名
复制规则编码	DGFYBXDSCPZ

表 12-24 对公费用报销单过滤方案设置

项目	内容
方案名称	已审核待挂账
过滤条件	日期：2021-02-01—2021-02-28 状态：审核通过

表 12-25 对公费用报销单挂账执行路径设置

项目	内容
操作人	nxl+学号
操作对象	网页端
操作路径	"财务会计"｜"费用管理"｜"费用核算"｜"对公费用报销单"
操作按钮	挂账
筛选方案	已审核待挂账

任务十一 （选）对公费用报销单挂账智能处理

➚ 业务场景

总账会计聂小莉设置完对公费用报销单挂账规划后，调用报销机器人对当月的对公费用报销单做挂账处理。

12.6.4 物品采购报销课后练习题

任务四 （选）员工报销购买的部门优秀员工奖品

➚ 业务场景

2021年2月18日，秦义在京东网络平台购买5个扫地机器人作为部门优秀员工的奖品，调用报销机器人填写物品采购报销单。

任务六 （选）物品采购报销单挂账规划设置

➚ 业务场景

物品采购报销单审核通过后，当月不付款，因此总账会计聂小莉需要对审核通过的物品采购报销单进行挂账处理，聂小莉希望通过智能财务的规划设置，把该部分工作交由智能财务机器人来完成。

➚ 实验步骤

❑ 设置物品采购报销单挂账转换规则。
❑ 设置物品采购报销单挂账过滤方案。
❑ 设置智能执行路径。

➚ 实验数据

实验数据如表12-26～表12-28所示。

表 12-26　物品采购报销单挂账转换规则设置

项目	内容
复制规则编码	WPCGFBXDSCPZ
复制规则名称	物品采购报销单挂账(供复制用)
编码	WPCGFBXDSCPZcopy+学号
名称	物品采购报销单挂账+学号
凭证类型	记_姓名
科目	2241.01 其他应付款_个人
辅助账行核算项目组合	职员：秦义

表 12-27　物品采购报销单挂账过滤方案设置

项目	内容
方案名称	已审核待挂账
过滤条件	日期：2021-02-01—2021-02-28 状态：审核通过

表 12-28　物品采购报销单挂账执行路径设置

项目	内容
操作人	nxl+学号
操作对象	网页端
操作路径	"财务会计"｜"费用管理"｜"费用核算"｜"物品采购报销单"
操作按钮	挂账
筛选方案	已审核待挂账

任务七　(选)物品采购报销单挂账智能处理

↗ 业务场景

　　总账会计聂小莉设置完物品采购报销单挂账规划后，调用报销机器人对当月的物品采购报销单做挂账处理。